Acoustic Guitar Hit Collection
Part One

Wise Publications
part of The Music Sales Group
London / New York / Paris / Sydney / Copenhagen /
Berlin / Madrid / Hong Kong / Tokyo

Published by
Wise Publications
14-15 Berners Street, London W1T 3LJ, UK.

Exclusive Distributors:
Music Sales Limited
Distribution Centre, Newmarket Road, Bury St Edmunds, Suffolk IP33 3YB, UK.
Music Sales Pty Limited
20 Resolution Drive, Caringbah, NSW 2229, Australia.

Order No. AM1002485
ISBN: 978-1-84938-921-1
This book © Copyright 2010 Wise Publications,
a division of Music Sales Limited.

Cover design by Tim Field.
Printed in the EU.

*Previously sold seperately as The Big Acoustic Guitar Chord Songbook Female AM975315 and
The Big Guitar Chord Songbook More Eighties Hits AM91931*

www.musicsales.com

Adia

Words & Music by
Sarah McLachlan & Pierre Marchand

Am F C Em G

E D7 C/E G/D Dm C7/B♭

B♭dim7 Dm7 Em7 E7 G7 F/G

Capo third fret

Verse 1
```
        Am      F           C
        Adia I do believe I failed you
        Am      F               Em   G
        Adia I know I've let you down.
        C                   F
        Don't you know I tried so hard
         C        E    Am
        To love you in my way
         D7       C    G
        It's easy, let it go...
```

Verse 2
```
        Am      F             C
        Adia I'm empty since you left me,
        Am          F           Em   G
        Trying to find a way to carry on
        C                   F
        I search myself and everyone
         C/E                G/D
        To see where we went wrong
```

Pre-chorus 1
```
           Dm          G
There's no-one left to finger,
            C               F
There's no-one here to blame
           Dm          G
There's no-one left to talk to honey,
              C           C7/B♭      F
And there ain't no-one to buy our innocence.
```

                            G   C   B♭dim7
Chorus 1   'Cause we are born innocent,
                                    F   Dm7   G   Em7
                Believe me Adia, we are still innocent.
                        B♭dim7   Dm7
                It's easy, we all falter,
                            E7
                Does it matter?

                        Am   F   C
Verse 3   Adia I thought that we could make it
                    Am   F   Em   G
                    I know I can't change the way you feel.
                    C   F
                    I leave you with your misery
                        C/E   G/D
                    A friend who won't betray.

                        Dm   G
Pre-chorus 2   I pull you from your tower
                        C   F
                    I take away your pain,
                        Dm   G   C
                    And show you all the beauty you possess
                            C7/B♭   F
                    If you'd only let yourself believe that,

                        G   C   B♭dim7
Chorus 2   We are born innocent,
                                    F   Dm7   G   Em7
                Believe me Adia, we are still innocent,
                        B♭dim7   Dm7
                It's easy, we all falter
                            E7
                Does it matter?

Instrumental |D7 |C |G |Am   D7 |G |G7 |

Chorus 3

                C   **B♭dim7**
'Cause we are born innocent,

             F   **Dm7**   **G** **Em7**
Believe me Adia, we are still innocent.

      B♭dim7   **Dm7**
It's easy, we all falter . . .

                     F/G **G**
But does it matter?

Outro

             C   **Em**   **F**
Believe me Adia, we are still innocent.

Dm7   **G**   **C**   **B♭dim7**
  'Cause we are born innocent,

             F   **Dm7**   **G** **Em7**
Believe me Adia, we are still innocent.

      B♭dim7   **Dm7**
It's easy, we all falter . . .

                G **E7**
But does it matter?

Anchorage

Words & Music by
Michelle Johnston

G   Dadd9/F#   C   D   G/B   Am7   D/F#

Intro ‖: G   Dadd9/F# | C   D | G   Dadd9/F# | C   D :‖

Verse 1

G   Dadd9/F#   C   D
I took time out to write to my old friend,
G   Dadd9/F# C   D
I walked across that burning bridge
G   Dadd9/F#   C   D
Mailed my letter off to Dallas
        G   Dadd9/F#   C   D
But her reply came from   Anchorage,
     G   Dadd9/F# C   D
Alaska,   she said:

Verse 2

G   Dadd9/F#   C   D
Hey girl,   it's about time you wrote,
        G   Dadd9/F#   C   D
It's been over two years you know, my old friend
        G   Dadd9/F#   C   D
Take me back to the days of the foreign telegrams
        G   Dadd9/F#   C   D
And the all-night rock 'n' rollin'   hey 'Chel,
        G   Dadd9/F#   C   D
We was wild then.

Verse 3

G   Dadd9/F#   C   D
Hey 'Chel, you know it's kinda funny
G   Dadd9/F# C   D
Texas always   seems so big
        G   Dadd9/F#   C   D
But you know you're in the largest   state in the Union,
             G   Dadd9/F# C   D
When you're   anchored down in   Anchorage.

Verse 4

```
      G             Dadd9/F♯        C              D
      Hey girl,      I think the last time I saw you
         G            Dadd9/F♯        C    D
      Was on me and Leroy's wedding day.
      G       Dadd9/F♯    C         D            G
      What was the    name of that love song you played?
   Dadd9/F♯   C    D            G
      I forgot how it goes,
   Dadd9/F♯   C         D          G   Dadd9/F♯  C   D
      I don't recall how it goes.
```

Instrumental

```
| C     G/B    | Am7    D/F♯    | C     G/B    | Am7    D/F♯    |

| C     G/B    | Am7    D/F♯    | G     Dadd9/F♯ | C     D       ‖
```

Chorus 1

```
      G            Dadd9/F♯    C    D
      Anchorage.                    Anchored down in
      G            Dadd9/F♯    C    D
      Anchorage.
```

Verse 5

```
      G            Dadd9/F♯  C              D
      Leroy got a better job, so we moved.
      G            Dadd9/F♯        C              D
      Kevin lost a tooth, now he's started school,
            G            Dadd9/F♯        C      D
      I got a brand new eight month old baby girl.
      G         Dadd9/F♯      C    D
      I sound like a   house-wife,   hey 'Chel,
      G         Dadd9/F♯      C    D
      I think I'm a   house-wife.
```

Verse 6

```
      G   Dadd9/F♯       C              D
      Hey girl, what's it like to be in New York?
      G            Dadd9/F♯      C        D
      New York City,     im - agine that!
            G            Dadd9/F♯     C        D
      Tell me,    what's it like to be a skateboard punk rocker?
      G         Dadd9/F♯     C         D
      Leroy says, "Send a picture"
      G         Dadd9/F♯  C    D
      Leroy says,    "Hello",
      G         Dadd9/F♯  C    D       G            Dadd9/F♯
      Leroy says,        "Aw, keep on rocking girl!"
   C      D         G         Dadd9/F♯   C    D
      Yeah,   keep on rocking.
```

Verse 7

      G   Dadd9/F♯   C   D
         Hey 'Chel, you know it's kinda funny

G   Dadd9/F♯   C   D
Texas always seems so big

           G   Dadd9/F♯ C
But you know you're in the largest state in the Union,

D   G   Dadd9/F♯   C   D
When you're anchored down in Anchorage.

       G   Dadd9/F♯   C D
Oh Anchorage,   anchored down in

G   Dadd9/F♯   C   D
Anchorage,

       G   Dadd9/F♯   C   D
Oh Anchorage.

Outro | G   Dadd9/F♯ | C   D | G   Dadd9/F♯ | C   D | G ||

Anticipation

Words & Music by
Carly Simon

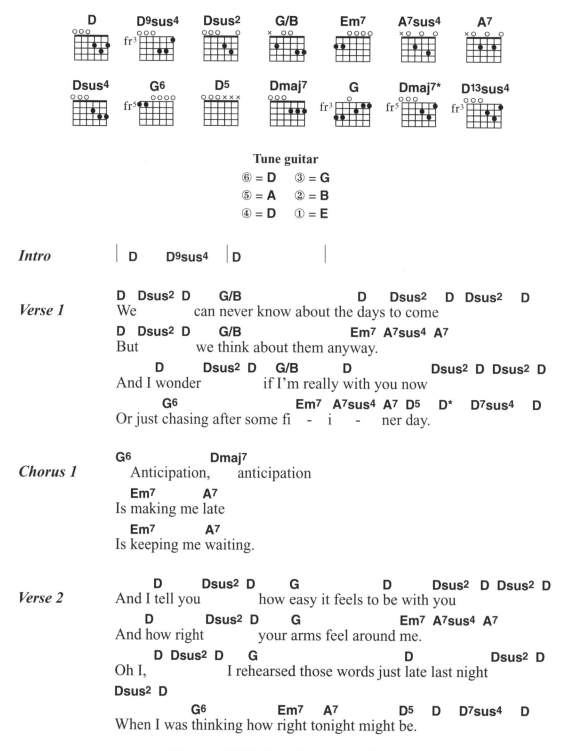

Tune guitar

⑥ = D   ③ = G
⑤ = A   ② = B
④ = D   ① = E

Intro
| D   D9sus4 | D |

Verse 1

D Dsus2 D   G/B   D   Dsus2 D Dsus2 D
We   can never know about the days to come

D Dsus2 D   G/B   Em7 A7sus4 A7
But   we think about them anyway.

        D   Dsus2 D G/B   D   Dsus2 D Dsus2 D
And I wonder   if I'm really with you now

        G6   Em7 A7sus4 A7 D5   D*   D7sus4   D
Or just chasing after some fi - i - ner day.

Chorus 1

G6   Dmaj7
   Anticipation,   anticipation

Em7   A7
Is making me late

Em7   A7
Is keeping me waiting.

Verse 2

        D   Dsus2 D   G   D   Dsus2 D Dsus2 D
And I tell you   how easy it feels to be with you

        D   Dsus2 D   G   Em7 A7sus4 A7
And how right   your arms feel around me.

        D Dsus2 D   G   D   Dsus2 D
Oh I,   I rehearsed those words just late last night

Dsus2 D
         G6   Em7   A7   D5   D   D7sus4   D
When I was thinking how right tonight might be.

Chorus 2

G6   Dmaj7
Anticipation,   anticipation

Em7   A7
Is making me late

Em7   A7
Is keeping me waiting.

Verse 3

D   Dsus2 D   G   D   Dsus2 D Dsus2 D
And tomorrow,   we might not be together

D   Dsus2 D   G   Em7   A7sus4 A7
I'm no prophet,   Lord I don't know natures wa - a - ys

D Dsus2 D G   D   Dsus2 D Dsus2 D
So I'll try   to see into your eyes right now

G6   Em7   A7   D
And stay right here, 'cause these are the good old days.

Dmaj7* D13sus4 D
These are the good old days.

Coda

G6   Em7   A7   D
And stay right here, 'cause these are the good old days.

Dmaj7* D13sus4 D
These are the good old days.

Dmaj7* D13sus4 D
These are the good old days.

Dmaj7* D13sus4 D
These are the good old days.

Dmaj7* D13sus4 D   D13sus4 D
These are........ the good old days.

Baby, Now That I've Found You

Words & Music by
Tony Macauley & John MacLeod

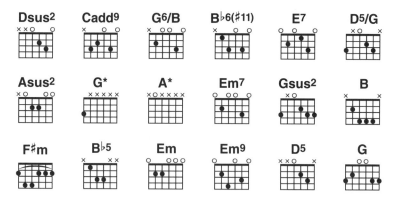

Capo first fret

Intro | Dsus2 | Cadd9 | G6/B | B♭6(♯11) | Dsus2 | E7 | D5/G | Asus2 |

Verse 1

Dsus2 Cadd9
Baby,   now that I've found you

G6/B
I won't let you go

B♭6(♯11)
I built my world around you

Dsus2
I need you so,

E7
Baby even though

D5/G   **Asus2**
You don't need me now.

Dsus2 Cadd9
Baby,   now that I've found you

G6/B
I won't let you go

B♭6(♯11)
I built my world around you

Dsus2
I need you so,

E7
Baby even though

D5/G
You don't need me,

cont.

       Asus² | **Dsus²** |

You don't need me, no, no.

| **Cadd⁹**   **G*** **A*** | **Dsus²** | **Cadd⁹**   **G*** **A*** |

Verse 2

Dsus²   **Em⁷**

  Baby, baby, when first we met

  Gsus²   **Asus²**

I knew in this heart of mine,

Dsus²   **Em⁷**

  That you were someone I couldn't forget

      Gsus²   **Asus²**

I said right, and abide my time.

  B

    Spent my life looking

F♯m

For that somebody

B   **F♯m**   **B**   **B♭5**

  To make me feel like new

Asus²   **Em**

  Now you tell me that you wanna leave me

G   **Asus²**   **Dsus² Cadd⁹** **G6/B B♭6(♯11)**

  But darling, I just can't let you,   ooh.

                                                  x2

Instrumental ‖: **Dsus²** | **Cadd⁹** | **G6/B** | **B♭6(♯11)**| **Dsus²** | **E7** | **D5/G** | **Asus²** :‖

Verse 3

Dsus²   **Em⁷**

  Baby, baby, when first we met

  Gsus²   **Asus²**

I knew in this heart of mine

Dsus²   **Em⁷**

  That you were someone I couldn't forget

      Gsus²   **Asus²**

I said right, and abide my time.

  B

    Spent my life looking

F♯m

For that somebody

B   **F♯m**   **B**   **B♭5**

  To make me feel like new

Asus²   **Em⁹**

  Now you tell me that you wanna leave me

G   **Asus²**   **Dsus² Cadd⁹** **G6/B B♭6(♯11)**

  But darling, I just can't let you. _____

Verse 4

Dsus2 Cadd9
        Now that I found you

G6/B   Bb6(#11)
  I built my world around you

  Dsus2   E7   D5/G   Asus2
I need you so, baby even though you don't need me now.

Dsus2 Cadd9
Baby, now that I've found you

        G6/B
I won't let you go

         Bb6(#11)
I built my world around you

Dsus2
I need you so,

    E7
Baby even though,

        D5/G
You don't need me

        Asus2 | Dsus2 |Cadd9   G* A* |
You don't need me, no, no.

Outro   ‖: Dsus2 |Cadd9   G* A* :‖ D5   ‖

14

Back Of My Hand

Words & Music by
Gemma Hayes

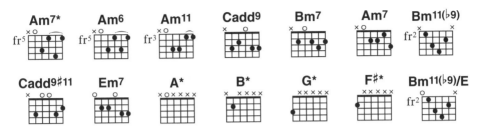

Capo second fret, tune guitar slightly flat.

Intro | Am7* | Am7* Am6 | Am11 | Am11 | Cadd9 | Bm7 |

Verse 1
    Am7
Oh I'll be seeing you tomorrow
   Cadd9   **Bm7**
I'll be seeing you again,
    Am7
God knows we've said so little
   Cadd9   **Bm7**
I'll go so far as to call you a friend.
     Am7
But there's something in your ways
    Cadd9   **Bm7**
That keeps me vying for a connection,
    Am7
And I know you feel the same
    Cadd9 **Bm7**
It's become a, a two-way addiction.

Chorus 1
    Am7
Come on and give me your heart
   Bm11(♭9)
Write it on the back of my hand,
  Cadd9 **Cadd9#11** | **Cadd9** | **Cadd9#11** |
And say it's forever.

Guitar solo 1 | Am7 | Am7 | Cadd9 | Bm7 | Am7 | Am7 | Cadd9 | Bm7 |

Verse 2

    Am7
Well we never really said goodbye
    Cadd9   **Bm7**
Kinda left it in the air,
     Am7   **Cadd9** **Bm7**
And as the train pulled off I knew you loved her more.
     Am7
Oh, no, no, no, no
    Cadd9   **Bm7**
I am not afraid to lose,
     Am7
Oh, no, no, no ———
      Cadd9   **Bm7**
Just give me some time and I'll walk to a different groove.

Chorus 2

     Am7
Go on and give her your heart
      Bm11(♭9)
Write it on the back of her hand
   Cadd9   **Cadd9♯11** | **Cadd9** | **Cadd9♯11** |
And say it's forever.
      Am7
Go on now and give her your heart
      Bm11(♭9)
Write it on the back of her hand
   Cadd9   **Cadd9♯11** **Cadd9**   **Cadd9♯11**
And say   it's   forever. ———————

Guitar solo 2 | Am7 | Am7 | Cadd9 | Bm7 |

Bridge

   N.C. **(A*)**   **(B*)**   **(G*)**   **(F♯*)**
That's alright, that's ok, the thoughts of you are leaving
     (A*)   **(B*)**   **(G*)**   **(F♯*)**
That's alright, that's ok, the thoughts of you are leaving
   Am7 **Bm11(♭9)**   **Cadd9** | **Cadd9♯11** | **Em7** | **Bm7** |
Anyway,   are fading away.

Chorus 3

Am⁷
Come on and give her your heart

Bm¹¹⁽♭⁹⁾
Write it on the back of her hand

Cadd⁹ Cadd⁹♯¹¹   Cadd⁹ Cadd⁹♯¹¹ | Am⁷ |
And   say it's for -   ev   -   er.

Link

| Am⁷ | Bm¹¹⁽♭⁹⁾ | Bm¹¹⁽♭⁹⁾ |

Outro

Am⁷   Bm¹¹⁽♭⁹⁾/E
Come on and give me your heart,

Am⁷   Bm¹¹⁽♭⁹⁾
Come on and give me your heart,

Am⁷
Come on and give me your heart.   *to fade*

17

Carey

**Words & Music by
Joni Mitchell**

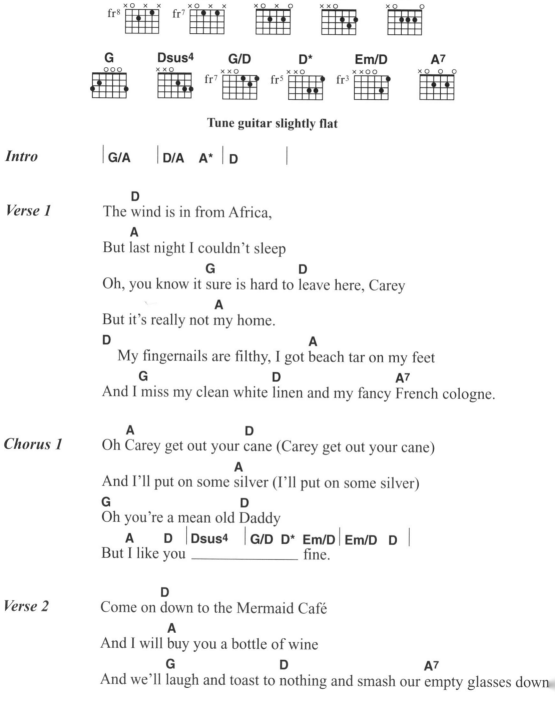

Tune guitar slightly flat

Intro | G/A | D/A A* | D |

Verse 1
       D
The wind is in from Africa,
   A
But last night I couldn't sleep
                G   D
Oh, you know it sure is hard to leave here, Carey
             A
But it's really not my home.
D   A
    My fingernails are filthy, I got beach tar on my feet
     G   D   A7
And I miss my clean white linen and my fancy French cologne.

Chorus 1
       A   D
Oh Carey get out your cane (Carey get out your cane)
            A
And I'll put on some silver (I'll put on some silver)
G   D
Oh you're a mean old Daddy
     A   D | Dsus4 | G/D D* | Em/D | Em/D D |
But I like you _____ fine.

Verse 2
        D
Come on down to the Mermaid Café
     A
And I will buy you a bottle of wine
     G   D   A7
And we'll laugh and toast to nothing and smash our empty glasses down

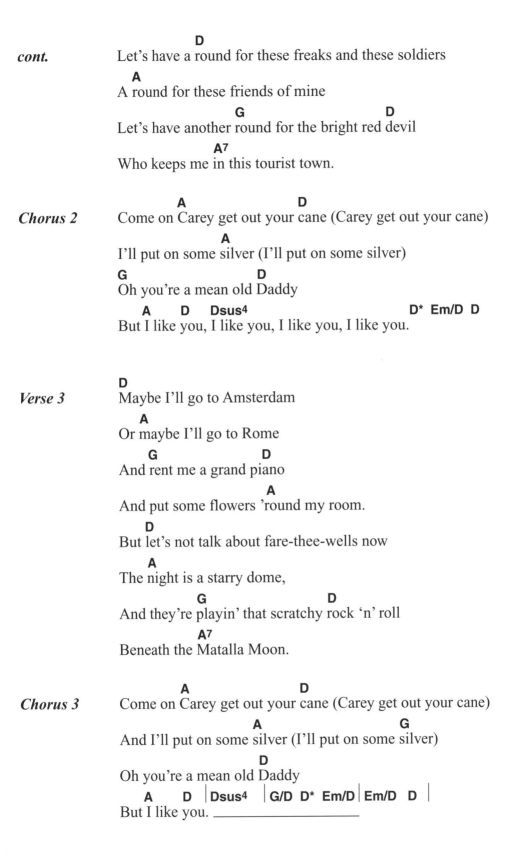

                                  D
cont.   Let's have a round for these freaks and these soldiers

                   A
          A round for these friends of mine

                       G   **D**
          Let's have another round for the bright red devil

                   A⁷
          Who keeps me in this tourist town.

                   A   **D**
Chorus 2   Come on Carey get out your cane (Carey get out your cane)

                        A
          I'll put on some silver (I'll put on some silver)

G   **D**
Oh you're a mean old Daddy

            A   **D**   **Dsus⁴**   **D* Em/D D**
          But I like you, I like you, I like you, I like you.

                   D
Verse 3   Maybe I'll go to Amsterdam

                   A
          Or maybe I'll go to Rome

                     G   **D**
          And rent me a grand piano

                       A
          And put some flowers 'round my room.

              D
          But let's not talk about fare-thee-wells now

             A
          The night is a starry dome,

                     G   **D**
          And they're playin' that scratchy rock 'n' roll

                A⁷
          Beneath the Matalla Moon.

                   A   **D**
Chorus 3   Come on Carey get out your cane (Carey get out your cane)

                        A   **G**
          And I'll put on some silver (I'll put on some silver)

                    D
          Oh you're a mean old Daddy

            A   **D** |**Dsus⁴** |**G/D D* Em/D**|**Em/D D** |
          But I like you. _____

Verse 4

        D
The wind is in from Africa
      A
But last night I couldn't sleep,
             G   **D**
Oh you know it sure is hard to leave here
           A
But it's really not my home.
D
Maybe it's been too long a time
          A
Since I was scrambling down in the street
           G   **D**
Now they got me used to that clean white linen
          A7
And that fancy French cologne.

Chorus 4

       A   **D**
Oh Carey get out your cane (Carey get out your cane)
           A
I'll put on my finest silver (I'll put on my finest silver)
  G   **D**
We'll go to the Mermaid Café
   A   **D**
Have fun tonight.
     G   **D**
I said, oh you're a mean old Daddy
   A   **D** |**Dsus4** |**G/D D* Em/D**|**Em/D D** ‖
But you're out of sight.

Chuck E's In Love

**Words & Music by
Rickie Lee Jones**

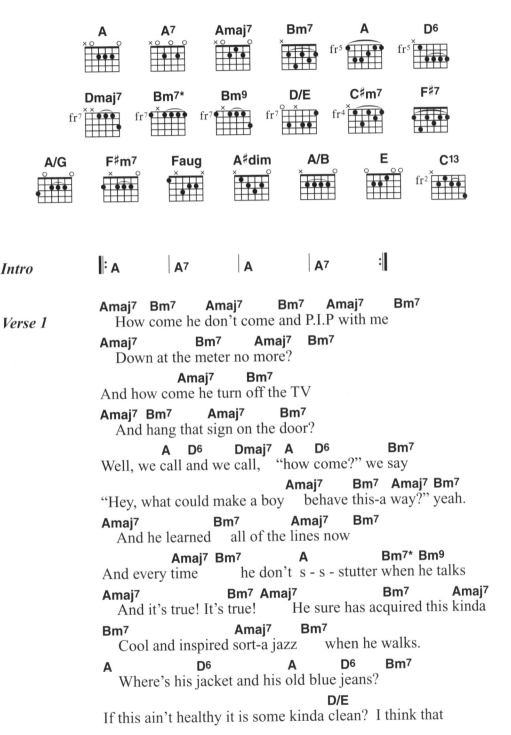

Intro

‖: A │ A7 │ A │ A7 ‖ :‖

Verse 1

Amaj7　Bm7　　Amaj7　　　Bm7　Amaj7　　Bm7
　　How come he don't come and P.I.P with me

Amaj7　　　　Bm7　　Amaj7　Bm7
　　Down at the meter no more?

　　　　　　　　Amaj7　　Bm7
And how come he turn off the TV

Amaj7　Bm7　　Amaj7　　　Bm7
　　And hang that sign on the door?

　　　　　　　　A　D6　　Dmaj7　A　D6　　　Bm7
Well, we call and we call,　"how come?" we say

　　　　　　　　　　　　　Amaj7　　Bm7　Amaj7　Bm7
"Hey, what could make a boy　behave this-a way?" yeah.

Amaj7　　　　Bm7　　　Amaj7　Bm7
　　And he learned　all of the lines now

　　　　　Amaj7　Bm7　　　　A　　　　Bm7*　Bm9
And every time　　he don't s - s - stutter when he talks

Amaj7　　　　　Bm7　Amaj7　　　Bm7　　　　Amaj7
　　And it's true! It's true!　He sure has acquired this kinda

Bm7　　　　　　Amaj7　　Bm7
　　Cool and inspired sort-a jazz　when he walks.

A　　　　　　D6　　　　A　D6　Bm7
　　Where's his jacket and his old blue jeans?

　　　　　　　　　　　　　　D/E
If this ain't healthy it is some kinda clean?　I think that

Chorus 1

A   Bm7*   Bm9 Bm7* D/E
    Chuck E's in love,

A   Bm7*   Bm9 Bm7* D/E
Chuck E's in love,

A   Bm7*   Bm9 Bm7* D/E
Chuck E's in love,

A   Bm7* Dmaj7
Chuck E's in love.

Bridge 1

                                           C#m7
I don't believe what you're saying to me

                 F#13
This is something I've got to see

        A   A/G   F#m   Faug
Is he here?   I look in on the pool hall

          A   A/G   F#m   Faug
Well, is he here?   I look in the drugstore

        A   A#dim   A/B   E
Is he here? "No, he don't come here no more."

Verse 2

Amaj7   Bm7   Amaj7 Bm7
   Well I'll tell you what,   I saw him

Amaj7   Bm7   Amaj7   Bm7
   He was sittin'   behind us down at the Pantages

Amaj7 Bm7 Amaj7   Bm7   Amaj7   Bm7
And whatever is   that he's got up his   sleeve

              Amaj7 Bm7
Well I hope it isn't contagious.

A   D6 Dmaj7 A   D6
   What's her name?   Is that her there?

A   D6   Dmaj7 A   D6
   Oh, Christ I think he's even   combed his hair!

A   D6 Dmaj7 A   D6
   And is that her?   Well then, what's her name?

A   D6   Dmaj7 A   D6
   Oh, it's never gonna be the same.

A   D6 A   D6
   That's not her, I know what's wrong,

Bm7   D/E
   'Cause Chuck E's in love with the little girl who's singing this song!

And don't you know

Chorus 2

A Bm7*   Bm9 Bm7* D/E
Chuck E's in love,

A Bm7*   Bm9 Bm7* D/E
Chuck E's in love,

A Bm7*   Bm9 Bm7* D/E
Chuck E's in love,

A Bm7*   Bm9 Bm7* D/E A Bm7* D/E
Chuck E's in,   Chuck E's in love,

           A Bm7* D/E A
Chuck E's in love, he's in lo-o-ove with me.

Outro | A | A7 | A | A7 | A | A7 | A | C13 | A ‖

Circle

Words & Music by
Edie Brickell, Kenneth Withrow, John Houser,
John Bush & Brandon Aly

D5   A6/C#   Bm7   A   G

Asus4   D   A/C#   Bm   Em

Intro

‖: D5 A6/C# | Bm7 A | G | Asus4 A :‖

Verse 1

D A/C#   Bm   A
Me,   I'm a part of your circle of friends
     D A/C#   Bm   A
And we,   notice you don't come around.
D A/C#   Bm   A
Me,   I think it all depends
       D A/C#   Bm
On you,   touching ground with us.

Chorus 1

        A   D   A6/C#
But, I quit, I give up,
            Bm7   A   G   Asus4   A
Nothing's good enough for anybody else, it seems,
            D   A6/C#
And I quit, I give up,
            Bm7   A   G   Asus4   A
Nothing's good enough for anybody else, it seems, and
Bm   D
    And, being alone
        Em   G   Bm
Is the - is the best way to be.
                 D
When I'm by myself it's the
Em   G   Bm
   Best way to be,
                 D
When I'm all alone it's the

cont.

Em   G   Bm
  Best way to be,

        D
When I'm by myself

Em   A
Nobody else can say good(bye.)

Link 1 | D5   A/C♯ | Bm7 A | G | Asus4 A |
  bye.

Verse 2

            D   A/C♯ Bm
Everything is temporary   anyway,

A   D
  When the streets are wet -

A/C♯   Bm   A
  The colours slip into the sky.

     D   A/C♯   Bm
But I don't know why, that means you and I are

            A
That means you and I...

Chorus 2

     D   A6/C♯
I quit, I give up,

        Bm   A   G   Asus4 A
Nothing's good enough for anybody else, it seems,   yeah,

     D   A6/C♯
I quit, I give up,

        Bm   A   G   Asus4 A
Nothing's good enough for anybody else, it seems,   and,

Bm   D
  And, being alone

     Em   G   Bm
Is the, is the best way to be.

        D
When I'm by myself it's the

Em   G   Bm
  Best way to be

        D
When I'm all alone it's the

Em   G   Bm
  Best way to be,

        D
When I'm by myself

          Em   **A**
Nobody else can say . . .

Outro

   D **A/C♯**   **Bm7**   **A**
Me,   I'm a part of your circle of friends

      D **A/C♯**   **Bm7**
And we,   notice you don't come around . . .

| **D A/C♯ Bm A** | **G A D** | ‖
Ha-la-la-la-la-la-la-la-la!

Come On Come On

Words & Music by
Mary-Chapin Carpenter

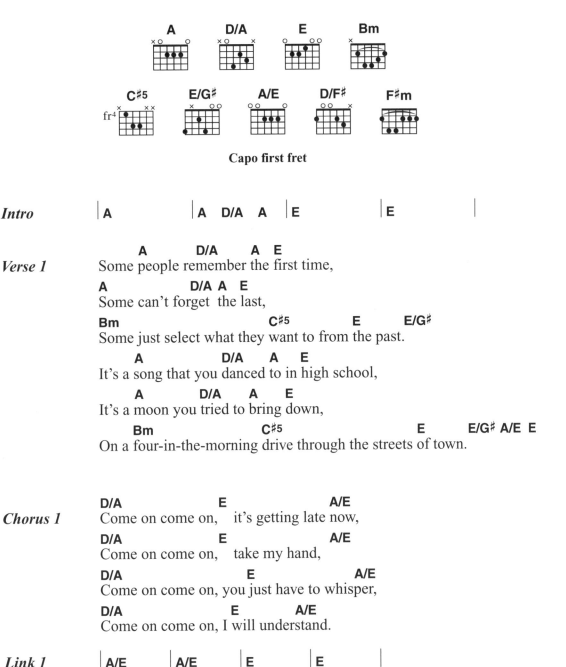

Capo first fret

Intro

|A |A D/A A |E |E |

Verse 1

       A   D/A   A E
Some people remember the first time,

A   D/A A E
Some can't forget the last,

Bm   C#5   E   E/G#
Some just select what they want to from the past.

       A   D/A   A E
It's a song that you danced to in high school,

       A   D/A   A   E
It's a moon you tried to bring down,

       Bm   C#5   E   E/G# A/E E
On a four-in-the-morning drive through the streets of town.

Chorus 1

D/A   E   A/E
Come on come on,   it's getting late now,

D/A   E   A/E
Come on come on,   take my hand,

D/A   E   A/E
Come on come on, you just have to whisper,

D/A   E   A/E
Come on come on, I will understand.

Link 1

|A/E |A/E |E |E |

Verse 2

        A/E   E   A/E   E
It's a photograph taken in Paris, at the end of the honeymoon

  Bm   C#5   E
In 1948, late in the month of June.

      A/E   E   A/E   E
Your parents smile for the camera in sienna shades of light

        Bm   C#5   E   A/E
Now you're older than they were then that summer night.

Chorus 2

D/A   E/G#   A/E
Come on come on,   it's getting late now,

D/A   E/G#   A
Come on come on,   take my hand,

D/A   E/G#   A
Come on come on, you just have to whisper,

D/A   E   A/E
Come on come on, I will understand.

Bridge

       D/F#   F#m
It's a need you never get used to, so fierce and so confused,

          D/F#   E   A
It's that loss you never get over the first time you lose.

Piano Solo

| D/A | E/G# A | |

| D/A | E/G# A | |

| D/A | E/G# A | |

| D/A | E | |

Verse 3

      A/E   D/A A/E E   A/E   D/A A/E E
And tonight I am thinking of someone, seventeen years a - go,

  Bm   C#5   (D/A)
We rode in his daddy's car down the river (road).

Chorus 2

D/A   E/G#   A/E
Come on come on,   it's getting late now,

D/A   E/G#   A
Come on come on,   take my hand,

D/A   E/G#   A
Come on come on, you just have to whisper,

D/A   E   A/E
Come on come on, I will understand.

cont.

D/A   E/G♯   A   A/E
Come on come on,   it's getting late now,

D/A   E/G♯   A
Come on come on,   take my hand,

D/A   E/G♯   A   A/E
Come on come on, you just have to whisper,

D/A   E   A
Come on come on.

Outro

	D/A		E/G♯	A		
D/A		E/G♯	F♯m		
D/F♯		E/G♯	A		
D/F♯		E	A		

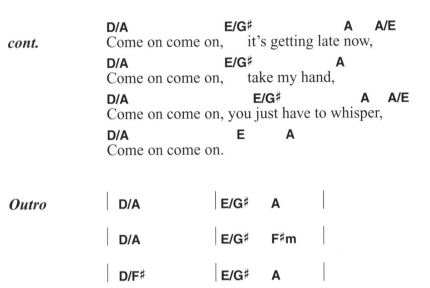

29

C'mon Billy

**Words & Music by
P J Harvey**

Am   C   Dm   Em

Intro | Am   C | Am   C | Am   C | Am   C ‖

Verse 1

Am   C
  C'mon Billy,

Am   C
  Come to me

Am   C
  You know I'm waiting,

 Dm C   Dm C Am
I love you end-lessly.

               C
C'mon Billy,

Am   C
  You're the only one,

Am   C
  Don't you think it's time now

 Dm C   Dm C Am
You met your on - ly son?

Verse 2

              C
I remember,

Am   C
  Lovers play

Am   C
  The corn was golden

 Dm C Dm C Am
We lay in it   for days.

              C
I remember,

Am   C
  The things you said,

Am   C
  My little Billy,

 Dm C   Dm C Am
Come to   your lov - er's bed.

Bridge 1

           Am
Come home,   is my plea

Em   **Am**
  Your home now is here with me.

Dm   **Am**
  Come home,   to your son

Em
  Tomorrow might never come.

Verse 3

Am   **C**
  C'mon Billy,

Am   **C**
  You look good to me,

Am   **C**
  How many nights now

    Dm **C** **Dm C**
Your child in - side of . . .

Am   **C**
  Don't forget me,

Am   **C**
  I had your son,

Am   **C**
  Damn thing went crazy,

    Dm **C**   **Dm C Am**
But I swear you're the on - ly one.

Instrumental | Dm | Am | Em | Am | Dm | Am | Em | Em ‖

Outro

Am   **C**
  Come along Billy, come to me

Am   **C**
  Come along Billy, come to me

Am   **C**
  Come along Billy, come to me

Dm   **C** **Dm**   **C**
Come along Billy, come to   me

Am   **C**
  Come along Billy, come to me

Am   **C**
  Come along Billy, come to me

Am   **C**
  Come along Billy, come to me

Dm   **C** **Dm C** **Am**
Come along and come   to   me.

Concrete Sky

Words & Music by
Beth Orton & Johnny Marr

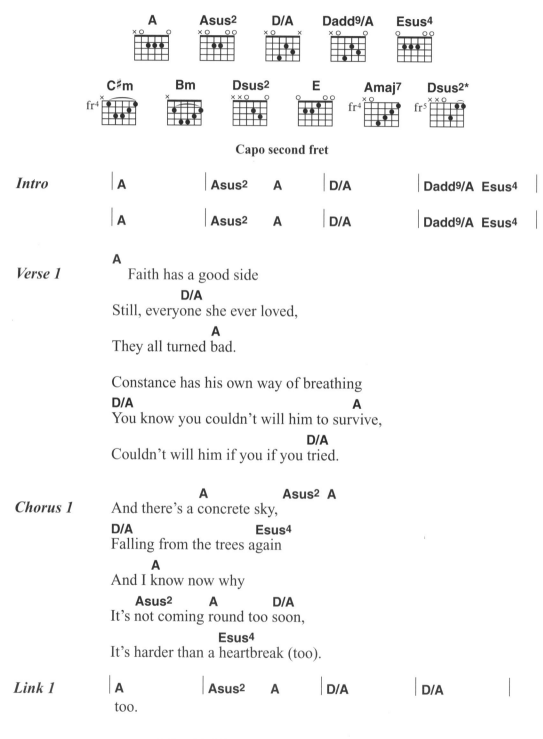

Capo second fret

Intro | A | Asus2   A | D/A | Dadd9/A   Esus4 |

               | A | Asus2   A | D/A | Dadd9/A   Esus4 |

Verse 1
    A
    Faith has a good side
       D/A
Still, everyone she ever loved,
       A
They all turned bad.

Constance has his own way of breathing
D/A   A
You know you couldn't will him to survive,
             D/A
Couldn't will him if you if you tried.

Chorus 1
       A   Asus2   A
And there's a concrete sky,
D/A   Esus4
Falling from the trees again
     A
And I know now why
   Asus2   A   D/A
It's not coming round too soon,
       Esus4
It's harder than a heartbreak (too).

Link 1 | A | Asus2   A | D/A | D/A |
    too.

Verse 2

     A
I've seen your good side
        D/A   **A**
But I still don't know just what it is that you might want.

See, you got your own way of moving
      D/A
And you know you could save it.

Bridge 1

C♯m   **Bm**
Save my soul
C♯m   **Bm**
 Save some for you
C♯m   **Bm**
 Hold my   soul
  Dsus2   **E**
I feel like I'm falling,
  Dsus2   **E**
I feel like I'm falling.

Chorus 2

           A   **Asus2** **A**
And there's a concrete sky,
D/A   **Esus4**
Falling from the trees again
     A
And I know now why
   Asus2   **A**   **Dadd9/A**
It's not coming round too soon
         Esus4 |**A** |**Asus2** **A** |**Dadd9/A** |
It's harder than a heartbreak too,
   Dadd9/A   **Esus4**   **A** |**Asus2** **A** |**Dadd9/A** |**Dadd9/A**|
It's tough enough what love will do.

Verse 3

     A
  So much time
         D/A
Got lost in my mind

But I know now what I must rely on
      A
It's a sound, forgetting,
       D/A
And the worst thing.

cont.

  A
  I've been out walking,
       D/A
  Don't do too much talking
       A
  Don't take too much time,
        D/A
  Wouldn't take all your time

  'Cause it's as precious as mine.

Bridge 2

  C♯m **Bm**
  Save my soul
  C♯m   **Bm**
   Save some for you,
  C♯m   **Bm**
   Save your soul
   Dsus2   **E**
  I feel like I'm falling,
   Dsus2   **E**
  I feel like I'm falling.

Chorus 3

      A   **Asus2 A**
  And there's a concrete sky
  D/A   **Esus4**
  Falling from the trees again
    A
  And I know now why
   Asus2 **A**   **D/A**
  It's not coming round too soon
       Esus4 **A**   **Asus2** **A**
  It's harder than a heartbreak too.
  D/A   **Esus4** **A** **Asus2 A**
   It's tough enough what love will do
  D/A   **Amaj7**
   And it's as precious as mine,
  Dsus2*   **Amaj7**
   And it's as precious as mine.

Outro

  | **Dsus2*** | **Dsus2*** | |

                 x3
  ‖: **A** | **Asus2 A** | **D/A** | **Dadd9/A Esus4** :‖ **A** ‖
  with vocal ad lib.

34

Crazy On You

**Words & Music by
Ann Wilson, Nancy Wilson & Roger Fisher**

Am   Dsus4   B5/A   Am7   Am/C   E7   G/D

A/C#   Bm/A   G   D/F#   Dm   E   F   G*

C   Bm/E   Em   F#m   D   C#m   Bm7   A

Intro

| Am | Dsus4 B5/A Am7 | Am | Dsus4 Am/C E7 | G/D A/C# E7 |

| Am | Dsus4 B5/A Am7 | Am | Dsus4 Bm/A | Bm/A |

| Am | Dsus4 B5/A Am7 | Am | Dsus4 Am | Am |

| G | D/F# | E7 | Dm | E |

(slow) . . . . free time . . . .

              x4

‖: Am | F :‖ Am | G | F |

Verse 1

   Am   C
If we still have time, we might still get by

    Dm   E
Every time I think about it, I wanna cry

   Am
With bombs and the devil,

     C
And the kids keep comin'

    Dm   E
No way to breathe easy, no time to be young.

                x2

Link 1   ‖: Am   Bm/E | Bm/E :‖

Pre-chorus 1

     Dm   **Em**   **C**   **F**
But I tell myself that I'm doin' alright,

         Dm   **E**
There's nothin' left to do at night,

Chorus 1

         Am   **F** **G***
But go crazy on you,

Am   **F** **G***
Crazy on you,

          Am   **G**   **F**
Let me go crazy, crazy on you. . . oh . . .

Verse 2

      Am   **C**
My love is the evening breeze, touchin' your skin

     Dm   **E**
The gentle, sweet singin' of leaves in the wind,

     Am   **C**
The whisper that calls after you in the night

    Dm   **E**
And kisses your ear in the early light. . .

Link 2

                            x2
‖: **Am**   **Bm/E** | **Bm/E**   :‖

Pre-chorus 2

    Dm   **Em**   **C**   **F**
And you don't need to wonder, you're doin' fine,

    Dm   **E**
And my love, the pleasure's mine . . .

Chorus 2

         Am   **F** **G***
Let me go crazy on you,

Am   **F** **G***
Crazy on you,

         Am   **G**   **F**   **Am**
Let me go crazy, crazy on you . . . oh . . .

Bridge

F♯m   **D**
Wild man's world is cryin' in pain

C♯m   **D**
Whatcha gonna do when everybody's insane?

C♯m   **D**
So afraid of one who's so afraid of you

         C♯m   **Bm7** **A**
What you gonna do?_____

E
Ah._____

Chorus 3

    Am   **F**   **G***
Crazy on you,

    Am   **F**   **G***
Crazy on you,

          Am   **G**   **F**
Let me go crazy, crazy on you. . . oh . . .

Verse 3

    Am   **C**
I was a willow last night in a dream,

    Dm   **E**
I bent down over a clear running stream,

    Am   **C**
I sang you the song that I heard up above

     Am
And you kept me alive

     E
With your sweet flowing love.

Chorus 4

    Am   **F**   **G***
Crazy,   yeah

    Am   **F**   **G***
Crazy on you,

         Am   **G**   **F**
Let me go crazy, crazy on you. . . oh,

Chorus 5

     Am   **F**   **G***
Crazy on you,

    Am   **F**   **G***
Crazy on you,

         Am   **G**   **F**
Let me go crazy, crazy on you. . . yeah!

Instrumental |**Am** |**F** **G*** |**Am** |**F** **G*** |**Am** |**G** |**F** |**Am** ||

|**F♯m** |**D** |**C♯m** |**D** |**C♯m** |**D** |**C♯m** |**Bm7** |

|**Bm7** |**A** |**A** |

    E
Ah _____

Chorus 6

    Am   **F**   **G***
Crazy on you,

    Am   **F**   **G***
Crazy on you,

         Am   **G**   **F**   **Am**
Let me go crazy, crazy on you. . . oh . . .

Cry

**Words & Music by
David Gavurin & Harriet Wheeler**

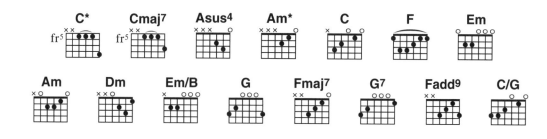

Intro   ‖: C* Cmaj7 | Asus4 Am* :‖

‖: C | C F :‖

Verse 1
    Em   **Am**
   And I'm standing on a platform,
  F   **Dm**
   Now I'm staring from a train,
  Em/B   **Am**
   And all the trees roll back beside but I'm so oblivious
          F   **Dm**
To the dark,   to the light, it's all the same.

Pre-chorus 1
  G   **Fmaj7**
  You gave me so   much,
  G7   **Fmaj7** **Fadd9**
  And now it's of the earth.

Chorus 1   **C**
And it makes me cry,
  F   **C**
   And it makes me cry,
  F   **C**
   It makes me cry,
  F   **C/G**   **F**
   It can make me cry.

Verse 2

Em   Am
   And you're standing here beside me,

F   Dm
   In a picture in a frame

Em/B   Am
   And your voice could never fade it's so familiar,

           F   Dm
Things you said in my head, every day.

Pre-chorus 2

G   Fmaj7
   You gave me so   much

G7   Fmaj7   Fadd9
   And now it's of the earth.

Chorus 2

               C
And it makes me   cry,

F   C
   And it makes me   cry,

F   C
   It makes me   cry,

F   C/G   F
   And it can make me   cry.

Instrumental

| G | F | Am | F |

| G | F | Em | F |

Pre-chorus 3

G   Fmaj7
   You're with me so   much

G7   Fmaj7   Fadd9
   Though you're never with me anymore.

Chorus 3

               C
And it makes me   cry,

F   C
   And it makes me   cry,

F   C
   And it makes me   cry,

F   C/G
   It can make me   cry.

F   C
Ooh, it makes me   cry,

F   C
   And it makes me   cry,

F   C
Yeah, and it makes me   cry,

F   C/G   F   C
   And it can make me   cry.

39

Days

Words & Music by
Ray Davies

A   E   D   F   C   G   Am

Intro | A | A |

Verse 1
    A   E
Thank you for the days _____
         D   A   D   A   E   A
Those endless days, those sacred days   you gave   me.
                             E
I'm thinking of the days _____
     D   A   D   A   E   A
I won't forget a single day believe me.
     D   A
I bless the light,
     D   A   D   A   E   A
I bless the light that lights on you believe me.
          D   A
And though you're gone
          D   A   D   A   E   A
You're with me every single day believe me.

Chorus 1
     F   C   G
Days I'll remember all my life,
     F   C   G
Days when you can't see wrong from   right,
         F   C
You took my   life
         F   C   F   C   G   C
But then I knew that very soon you'd leave me.
       F   C
But it's alright,
         F   C   F   C   G   C
Now I'm not frightened of this world believe me.

Bridge

       E   Am
I wish today, could be tomorrow,

          E
The night is long

               Am   G   F
It just brings sorrow let it wait,

     E
Ah. ____

Verse 2

                 A   E
Thank you for the days ____

        D   A   D   A   E   A
Those endless days, those sacred days   you gave   me.

                  E
I'm thinking of the days ____

        D   A   D   A   E   A
I won't forget a single day believe me.

Chorus 2   As Chorus 1

Link

     E
Days.____

Verse 3   As Verse 2

Outro

       D   A
I bless the light

       D   A   D   A   E   A
I bless the light that shines on you believe me

         D   A
And though you're gone

           D   A   D   A   E   A
You're with me every single day believe me.

     A
Days.____

Distractions

**Words & Music by
Henry Binns, Sam Hardaker & Sia Furler**

Am7   Am6   Fmaj7/A   Am   D   B♭7   G#aug

C/G   F#m7♭5   Fmaj7   Bm7/E   D7sus2   C#7sus2   C7sus2   Dm/G

Capo first fret

Intro | Am7 | Am6 | Fmaj7/A | Am6 |

| Am | D | B♭7 | Am |

| Am | D | B♭7 | Am |

Verse 1
Am   D
Fancy a,   a big house
B♭7   Am
Some kids and a horse.
                    D
I can not quite,   but nearly
B♭7   Am
Guarantee, a divorce.

Link 1 | Am | D | B♭7 | Am |

Verse 2
Am   D
I think that I   love you
B♭7   Am
I think that I do,
     Am7 D   B♭7   Am
So go on mister, make Miss me Mrs you.

Chorus 1
Am   G#aug   C/G   F#m7♭5
I love you,   I love you,   I love you,   I do
Fmaj7   Bm7/E   D7sus2
I only make jokes to distract myself
C#7sus2   C7sus2   Dm/G   Bm7/E
From the truth, from the truth.

© Copyright 2001 Universal/MCA Music Limited (40%)/EMI Music Publishing Limited (50%)/
Warner/Chappell Music Publishing Limited (6.67%)/Carlin Music Corporation (3.33%).
All Rights Reserved. International Copyright Secured.

42

Link 2 | Am | D | B♭7 | Am |

Verse 3

Am　　　D
Fancy a, a fast car

B♭7　　　Am
A bag full of loot,

　　　　　D
I can nearly guarantee

　　　B♭7　　　　　Am
You'll end up with the boot.

Chorus 2

　　　Am　　　G♯aug　　C/G　　　F♯m7♭5
I love you, I love you, I love you, I do

　　Fmaj7　　Bm7/E　　D7sus2
I only make jokes to distract myself

C♯7sus2　　C7sus2　　　　Dm/G　　Bm7/E
　From the truth, from the truth.

　　　Am　　　G♯aug　　C/G　　　F♯m7♭5
And I love you, I love you, I love you, I do

　　Fmaj7　　Bm7/E　　D7sus2
I only make jokes to distract myself

C♯7sus2　　C7sus2　　　　Dm/G　　Bm7/E
　From the truth, from the truth.

Outro ‖: Am | G♯aug | C/G | F♯m7♭5 |

| Fmaj7 Bm7/E | D7sus2 C♯7sus2 | C7sus2 | Dm/G Bm7/E :‖

| Fmaj7 Bm7/E | D7sus2 C♯7sus2 | C7sus2 | Dm/G Bm7/E | Am ‖

Don't Know Why

Words & Music by
Jesse Harris

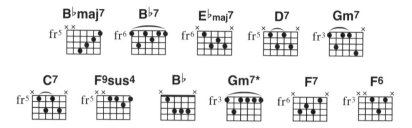

Intro
| B♭maj7 B♭7 | E♭maj7 D7 | Gm7 C7 | F9sus4 |

Verse 1

B♭maj7 B♭7   E♭maj7   D7
I waited 'til I saw the sun

Gm7   C7   F9sus4   B♭
  I don't know why I didn't come

B♭maj7   B♭7   E♭maj7   D7
I left you by the house of fun

Gm7   C7   F9sus4   B♭
  I don't know why I didn't come

 Gm7   C7   F9sus4   B♭
I   don't know why I didn't come.

Verse 2

B♭maj7   B♭7   E♭maj7   D7
  When I saw the break of day

Gm7   C7   F9sus4   B♭
  I wished that I could fly away.

B♭maj7   B♭7 E♭maj7   D7
  Instead of kneeling in the sand

Gm7   C7   F9sus4   B♭
Catching teardrops in my hand.

Chorus 1

 Gm7   C7   F7
My heart is drenched in wine,

 Gm7*   C7   F7   F6
But you'll be on my mind forever.

Verse 3

B♭maj7 B♭7   **E♭maj7**   **D7**
Out across the endless sea

Gm7   **C7**   **F9sus4**   **B♭**
I would die in ecstasy

B♭maj7   **B♭7 E♭maj7**   **D7**
But I'll be a bag of bones

Gm7 **C7**   **F9sus4**   **B♭**
Driving down the road alone.

Chorus 2

Gm7   **C7**   **F7**
My heart is drenched in wine,

  Gm7* **C7** **F7**   **F6**
But you'll be on my mind forever.

Instrumental ‖: **B♭maj7** **B♭7** | **E♭maj7 D7** | **Gm7 C7** | **F9sus4** :‖

Verse 4

B♭maj7   **B♭7**   **E♭maj7**   **D7**
Something has to make you run

Gm7   **C7**   **F9sus4**   **B♭**
I don't know why I didn't come.

B♭maj7 B♭7 **E♭maj7**   **D7**
I feel as empty as a drum,

Gm7   **C7**   **F9sus4**   **B♭**
I don't know why I didn't come,

Gm7   **C7**   **F9sus4**   **B♭**
I don't know why I didn't come,

Gm7   **C7**   **F9sus4**   **B♭**
I don't know why I didn't come.

Diamonds And Rust

Words & Music by
Joan Baez

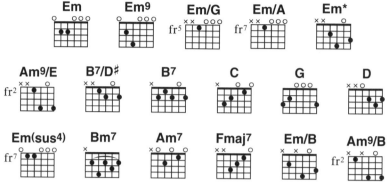

Capo first fret

Intro

| Em | Em9 Em | Em | Em9 Em | Em/G | Em/A | Em* | Am9/E |

| Em* | B7/D♯ | B7 | Em | Em9 Em | Em | Em9 Em | |

Verse 1

    Em   Em9 Em   C
Well I'll be damned,   here comes your ghost again

                G
But that's not unusual,

                D
It's just that the moon is full

                  Em   Em9   Em
And you happened to call.

    Em   Em9 Em   C
And here I sit,   hand on the telephone,

              G
Hearing a voice I'd known

              D
A couple of light years ago,

                  Em   Em9   Em   Em9
Heading straight for a fall.

Verse 2

    Em   Em9   Em   C
As I remember, your eyes were bluer than Robin's ebbs,

              G
My poetry was lousy, you said

                        D
Where are you calling from?
                Em   **Em⁹** **Em**
A booth in the Midwest.
Em   **Em⁹ Em**   **C**
  Ten years ago I bought you some   cufflinks,
             G
You brought me something
               D
We both know what memories can bring
                    Em   **Em⁹**
They bring diamonds and rust.

Instrumental | Em | Em(sus⁴) | Em* | Am/E | Em* | B⁷/D♯ |

             | B⁷ | Em | Em⁹ Em | Em | Em⁹ Em |

               Em   **Em⁹**   **C**
Verse 3 Well you burst on the scene already a legend,
                 G
The unwashed phenomenon,
              D
The original vagabond,
                Em   **Em⁹**   **Em**
You strayed into my arms.
      Em   **Em⁹** **Em**   **C**
And there you stayed,   temporarily lost at sea,
            G
The Madonna was yours for free
                D   **Em** | Em |
Yes, the girl on the half shell could keep you unharmed.

               Bm⁷
Bridge Now I see you standing with brown leaves falling all around,
                  Am⁷
And snow in your hair,
                Bm⁷
Now you're smiling out the window of that crummy hotel
                 Am⁷
Over Washington Square.
      C   **G**
Our breath comes out white clouds, mingles and hangs in the air,
         Fmaj⁷   **G**
Speaking strictly for me, we both could've died then and there.

Instrumental | B7 | Em/B | Am9/B | Em/B | B7 |

| B7 || Em | Em9 Em | Em | Em9 Em |

Verse 4

                Em   Em9 Em   C
Now you're telling me   you're not nostalgic,

                       G
Then give me another word for it

               D
You were so   good with words

                          Em   Em9
And at keeping things there.

             Em   Em9   Em
'Cause I need some of that vagueness now,

                        C
It's all coming back too clearly,

                  G
Yes, I loved you dearly

                             D
And if you're offering me diamonds and rust

               Em   Em9   Em
I've already paid.

Outro   ‖: Em | Em9 Em :‖   *Repeat to fade*

Hands

**Words & Music by
Jewel & Patrick Leonard**

Em*   Emadd9   Em   C   G   D   Am7

Capo first fret

Intro | Em* | Em(add9) Em | Em* | Em(add9) Em |

Verse 1

   Em   C
If I could tell the world just one thing

           G   D
It would be that we're all O.K.

Em
   And not to worry

        C
'Cause worry is wasteful

       G   D
And useless in times like these.

    Em*   C
  I won't be made useless,

G   D
  I won't be idle with despair.

    Em*   C
  I will gather myself around my faith

      G   D
For light does the darkness most fear.

Chorus 1

  G   D   Am7
  My hands are small, I know,

            G   D   C
But they're not yours they are my own,

           G   D   Am7
But they're not yours they are my own

         G   D   Em*
And I am never broken.

Link 1 | Em(add9) Em | Em* | Em(add9) Em |

Verse 2

        Em   **C**
Poverty stole your golden shoes
G   **D**
  It didn't steal your laughter.
Em   **C**
  And heartache came to visit me
    G   **D**
But I knew it wasn't ever after.
Em*   **C**
We'll fight, not out of spite
    G   **D**
For someone must stand up for what's right,
     Em*   **C**
'Cause where there's a man who has no voice
G   **D**
There ours shall go singing.

Chorus 2

G   **D**   **Am7**
  My hands are small, I know,
     G   **D**   **C**
But they're not yours they are my own,
     G   **D**   **Am7**
But they're not yours they are my own,
   G   **D**   **Em**
And I am never broken.

Bridge

G   **D** **Em**   **C**
  In the end only kindness matters
G   **D** **Em**   **C**
  In the end only kindness matters.

Verse 3

Em*   **C**   **G**   **D**
  I will get down on my knees,   and I will pray,
Em*   **C**   **G**   **D**
  I will get down on my knees,   and I will pray,
Em*   **C**   **G**   **D**
  I will get down on my knees,   and I will pray.

Chorus 3

G   **D**   **Am7**
  My hands are small, I know,
     G   **D**   **C**
But they're not yours they are my own,
     G   **D**   **Am7**
But they're not yours they are my own,
   G   **D**   **Em**
And   I am never broken.

cont.

G   D   Am7

My hands are small, I know,

        G   D   C

But they're not yours they are my own,

        G   D   Am7

But they're not yours they are my own,

    G   D   Em

And I am never broken

G   D   C D Em

We are   never bro - ken.

Link 2 | C | D | Em | C | D | Em |

Outro

      C D   Em

We are God's eyes

C D   Em

  God's hands

C D   Em

  God's heart

    C D   Em

We are God's eyes.

to fade

Falling Into You

Words & Music by
Kasey Chambers

Bm   C   D   G/B   Am11   Cadd9   Em

Capo second fret

Verse 1

N.C.   Bm
I've been crushed like paper,
C   D
I've been washed like rain.
G/B   Bm
I've been scared of sleeping,
C   D
In case I wake up the same.
G/B   Bm
I've been broken and battered,
C   D
I've been lost in my home.
G/B   Bm
I've been cryin' a river,
C   D
I've been cold as a stone.

Chorus 1

Cadd9   D
But falling into you,
G/B   Am11   Em
It carries me far enough away.
C   D
And everything you do
G/B   Am11   Em | Em   D |
It lightens up my darker side of day.
C   D
I just hope that the wind
                         G/B | G/B |
Doesn't blow you away.

Verse 2

Bm
I've been left unattended,
C   D
I've been thrown like a ball.
G/B   Bm
I've been rolled with the punches,
C   D
And I didn't feel a thing at all.
G/B   Bm
I've been crossed by the wires,
C   D
I've been blinded by the light.
G/B   Bm
I've been burnt by the fire,
C   D
I've been kept out of sight.

Chorus 2

Cadd9   D
But falling into you,
 G/B   Am11   Em
It carries me far enough away
C   D
And everything you do
 G/B   Am11   Em
It lightens up my darker side of day.
C   D
I just hope that the wind
             G/B Am13
Doesn't blow you away.
C   D
I just hope that the wind
             G/B | G/B | G/B   ‖
Doesn't blow you away.

Five String Serenade

Words & Music by
Arthur Lee

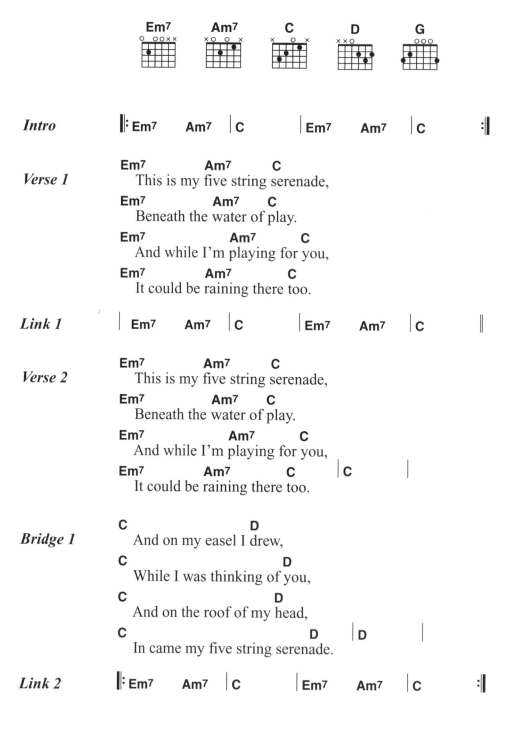

Intro ‖: Em7   Am7 |C |Em7   Am7 |C   :‖

Verse 1

Em7   Am7   C
This is my five string serenade,
Em7   Am7   C
Beneath the water of play.
Em7   Am7   C
And while I'm playing for you,
Em7   Am7   C
It could be raining there too.

Link 1 |Em7   Am7 |C |Em7   Am7 |C   ‖

Verse 2

Em7   Am7   C
This is my five string serenade,
Em7   Am7   C
Beneath the water of play.
Em7   Am7   C
And while I'm playing for you,
Em7   Am7   C |C |
It could be raining there too.

Bridge 1

C   D
And on my easel I drew,
C   D
While I was thinking of you,
C   D
And on the roof of my head,
C   D |D |
In came my five string serenade.

Link 2 ‖: Em7   Am7 |C |Em7   Am7 |C   :‖

Verse 3

Em7   Am7   C
This is my five string serenade,

Em7   Am7   C
Beneath the water of play.

Em7   Am7   C | C |
And while I'm playing for you,

Em7   Am7   C
It could be raining there too.

Bridge 2

C   D
And on my easel I drew,

C   D
While I was thinking of you,

C   D
And on the roof of my head,

C   D | D |
In came my five string serenade.

Link 3

‖: G   Am7 | C | G   Am7 | C   :‖

Verse 4

Em7   Am7   C
This is my five string serenade,

Em7   Am7   C
Beneath the water of play.

Em7   Am7   C
And while I'm playing for you,

Em7   Am7   C
It might be raining there too.

Link 4

| Em7   Am7 | C | Em7   Am7 | C   ‖

Coda

Em7   Am7   G
This is my five string serenade.

4th Of July

Words & Music by
Aimee Mann

F#m7   G#m7   Asus2   C#m   D   A   B   E

Capo first fret

Intro ‖: F#m7 | G#m7 | Asus2 | Asus2 :‖

Verse 1

G#m7   C#m   Asus2
Today's the fourth of July

G#m7   C#m   Asus2
Another June has gone by

G#m7   C#m   D   A
And when they light up our town I just think

F#m7   G#m7   Asus2
What a waste of gunpowder and sky.

Link 1 | F#m7 | G#m7 | Asus2 | Asus2 |

Verse 2

G#m7   C#m Asus2
I'm certain I am alone

G#m7   C#m   Asus2
In harbouring thoughts of our home

G#m7   C#m   D   A
It's one of my faults that I can't quell my past

F#m7   G#m7   Asus2
I ought to have gotten it gone

F#m7   G#m7   Asus2
I ought to have gotten it . . .

Chorus 1

B   A   E   C#m   F#m7 B A
Oh, baby, I wonder - if when you are older, someday

B   A   E   C#m   F#m7
You'll wake up and say, "My God, I should have told her,"

B   A
What would it take?

B   A   E   C#m   F#m7 |B | A | A |
But now here I am and the world's gotten colder

A   G#m7   A
And she's got the river down which I sold her.

Link 2 |A |Asus2 |Asus2 |G♯m7 |Asus2 |Asus2 |Asus2 |Asus2 |

Verse 3

G♯m7   C♯m   Asus2
   So that's today's memory lane

G♯m7   C♯m   Asus2
   With all the pathos and the pain

G♯m7   C♯m   D   A
   Another chapter in a book where the chapters are

F♯m7   G♯m7   Asus2
Endless and they're always the same

   F♯m7   G♯m7   Asus2
A verse, then a verse, and refrain.

Chorus 2

B   A   E   C♯m   F♯m7 B   A
Oh, baby, I wonder Ð if when you are older, someday

B   A   E   C♯m   F♯m7
You'll wake up and say, "My God, I should have told her,"

B   A
What would it take?

B   A   E   C♯m   F♯m7 |B |A |A |
But now here I am and the world's gotten colder

   A   G♯m7   A
And she's got the river down which I sold her.

|A |A |A |

   A   G♯m7   A
Yeah, she's got the river down which I sold her.

Hey, Man!

Words & Music by
Nelly Furtado, Gerald Eaton, Brian West & Kevin Volans

G   D   Dadd9/11   Cadd9   Am   D/F♯   C   Am7

x2

Intro   ‖: G | G | D G | D   :‖

Verse 1

Dadd9/11   Cadd9
Hey, man, don't look so scared

Am
You know I'm only testing you out.

Dadd9/11   Cadd9
Hey man, don't look so angry

Am
You're real close to figuring me out.

Dadd9/11   Cadd9
We are a part of a circle

Am
It's like a mobius strip

Dadd9/11   Cadd9
And it goes round and round until it loses a link.

Chorus 1

G   D/F♯ G D/F♯
And there's a shadow in the sky, and it looks like rain.

G   D/F♯ G D/F♯
And shit is gonna fly once again!

Verse 2

Dadd9/11   Cadd9   Am
Hey, man, we look at each other,   with ample eyes and,

Dadd9/11   Cadd9   Am
Why not some time to discover   what's behind your eyes?

Dadd9/11 Cadd9   Am
And I've got   so many questions   that I want to ask you

Dadd9/11 Cadd9   N.C.
I am so tired of mirrors - pour me a glass of your wine!

Chorus 2

G   D/F♯ G D/F♯
And there's a shadow in the sky, and it looks like rain.

G   D/F♯ G D/F♯
And shit is gonna fly once again!

Instrumental | G | C   G | G | C   G |

Verse 3

Dadd9/11   Am7
I've got a bunch of government cheques   at my door,

Dadd9/11   Am
Each morning I send them back but they only send me more.

Dadd9/11   Am7
I look at myself in the mirror, am I vital today?

Dadd9/11   Cadd9
Hey, man, I let my conscience   get in the way, oh!

Chorus 3

G   D/F♯   G   D/F♯
And there's a shadow in the sky, but it looks like rain.

G   D/F♯   G   D/F♯
And shit is gonna fly once again.

Outro

G   D/F♯   G   D/F♯
And I don't mean to rain on your parade

G   D/F♯   G   D/F♯
But pathos has got me once again . . .

       G
And I don't want ambivalence,

                 D/F♯   G   D/F♯
No I don't want ambivalence no more!

       G
No I don't want ambivalence

                 D/F♯   G   D/F♯
No I don't want ambivalence no more!

        G
I said I don't want ambivalence

             D   G   D
No I don't want ambivalence no more,   no   more.

       G
I said I don't want ambivalence

             D   G   D   G
No I don't want ambivalence no more,   no   more, ay, ay, ay . . .

vocal improvisation to fade

59

I Deserve It

Words & Music by
Madonna & Mirwais Ahmadzai

Am	G	D	C

Verse 1

Am   G   D
This guy was meant for me,

Am   G   D
And I was meant for him,

Am   G   D
This guy was   dreamt for me,

Am   G   D
And I was dreamt for him.

Am   G   D
This guy has danced for me,

Am   G   D
And I have danced for him,

Am   G   D
This guy has   cried for me,

Am   G   D
And I have cried for him.

Chorus 1

Am   C   G   D
Many miles, many roads I have travelled

Am   C   G   D
Fallen down on the way,

Am   C   G   D
Many hearts, many years have unravelled

Am   C   G
Leading up to today.

Link 1

| Am G | D | | Am G | D | ‖

Verse 2

Am   G   D
This guy has   prayed for me,

Am   G   D
And I have prayed for him,

Am   G   D
This guy was made for me,

Am   G   D
And I was made for him.

Chorus 2

Am   C   G   D
Many miles, many roads I have travelled
Am   C   G   D
Fallen down on the way,
Am   C   G   D
Many hearts, many years have unravelled
Am   C   G
Leading up to today.

Instrumental

| Am   G | D | Am   G | D |

| Am   G | D | Am   G | D |

Verse 3

Am G   D
I have no regrets
                Am
There's nothing to forget
G   D
All the pain was worth it.
Am   G   D
Not running from the past
              Am
I tried to do what's best
 G   D
I know that I deserve it.

Chorus 3

Am   C   G   D
Many miles, many roads I have travelled
Am   C   G   D
Fallen down on the way,
Am   C   G   D
Many hearts, many years have unravelled
Am   C   G
Leading up to today.
Am   C   G   D
Many miles, many roads I have travelled
Am   C   G   D
Fallen down on the way,
Am   C   G   D
Many hearts, many years have unravelled
Am   C   G
Leading up to today

And I thank you.

Outro

‖: Am   G | D | Am   G | D   :‖   *Repeat to fade*

If I Fall

Words & Music by
Alice Martineau

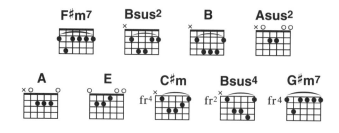

Intro | F#m7 | Bsus2 B | Asus2 | B A |

Verse 1
F#m7   B   A   B
Memories of a little girl   in my perfect world
       F#m7 B   A   B A
Won't cry   no need to know the reasons why.
F#m7   B   A   B
  My faith is so easy   in my carefree world
       F#m7   B   A   Asus2
I jump into my father's arms trusting that I'd be unharmed.

Chorus 1
        E   B   C#m   A
If I cry, if I fall into your arms tonight
           E   B   C#m   A
Will you be there,   and say that you care?
      E   B   C#m   A
If I try, if I call, call out your name tonight
           C#m
Will you be there (will you be there)?
            Bsus4   B
Will you say that you care (say that you care?)

Verse 2
F#m7   Bsus4 B A   Bsus4 B
Memories of a little   girl in my carefree world
       F#m7 Bsus4 B   A   Bsus4 B
A gold star is by my name, to me it was all a game.
F#m7   B   Bsus4 B A   B Bsus4 B
  My eyes so full of light,   so keen to do it right
F#m7   B   Bsus4   B A   Asus2
Impatient to be grown, not yet frightened of being alone.

Chorus 2

     E   B   C#m   A
If I cry, if I fall into your arms tonight
          E   B   C#m   A
Will you be there,   and say that you care?
       E   B   C#m   A
If I try, if I call, call out your name tonight
          C#m
Will you be there (will you be there?)
             Bsus4   B
Will you say that you care (say that you care?)

Bridge

       A   G#m7
I'm wrapped in my daydreams (wrapped in my daydreams)
       A   G#m7
I'm searching my history for the reason
     C#m   Bsus4 B
I'm all alone, I never felt so alone, alone.

Chorus 3

     E   B   C#m   A
If I cry, if I fall into your arms tonight
          E   B   C#m   A
Will you be there,   and say that you care?
       E   B   C#m   A
If I try, if I call, call out your name tonight
          C#m
Will you be there (will you be there?)
             Bsus4   B
Will you say that you care (say that you care?)

Solo |E |B |C#m |A   ‖

Outro

  C#m   Bsus4 B
   I never felt so alone, alone

|C#m |A |C#m |A   ‖

  C#m   A   C#m   A
   My eyes so full of light, so keen to do it right.

|C#m |A |C#m |A |

|C#m |A |C#m |A   ‖

I'm Not Sayin'

Words & Music by
Gordon Lightfoot

Chord diagrams: Cadd9 · C · G · Bm · D · G7 · A7

Capo third fret

Intro

| Cadd9 C Cadd9 | C | Cadd9 C Cadd9 | C |

| Cadd9 C Cadd9 | C | G C | G C |

Verse 1

```
 G            C           Bm       C
   I'm not saying that I love you,
 Bm        C            Bm C            G
   I'm not saying that I care   if you love me.
           C           D
I'm not saying that I care
           C           D              G
I'm not saying I'll be there when you want me.
```

Verse 2

```
             C           Bm   C
I can't give my heart to you,
 Bm          C              Bm C         G
   Or tell you that I'd sing your name   up to the sky.
           C          D
I can't let a promise stand
           C          D            G     G7
That I'll always be around when you need me.
```

Chorus 1

```
           C          D              G     G7
Now I may not be alone each time you see me
     C          D     G     G7
Along the street or in a small café.
           C          D          G
But still I won't deny your mistreating,
 A7                      D
Maybe if you let me have my way.
```

Verse 3

G   C   Bm C
  I'm not saying I'll be sorry

Bm   C   Bm C   G
  For the things that I might say that make you cry.

    C   D   C   D
I can't say I'll always do the things you want me to

     C   D   G
I'm not saying I'll be true but I'll try.

Instrumental |C |D |G |C |G |G |

        |G |G |G |G7 |

Chorus 2

     C   D   G   G7
Oh I may not be alone each time you see me

    C   D   G   G7
Or show up when I promised that I would,

    C   D   G
But still I won't deny your mistreating

A7   D
Maybe if you loved me like you should.

Verse 4

G   C   Bm C
  I'm not saying I'll be sorry

Bm   C   Bm C   G
  For the things that I might say that make you cry.

    C   D   C   D
I can't say I'll always do the things you want me to

    C   D   G
I'm not saying I'll be true but I'll try.

    C   D   C   D
I can't say I'll always do the things you want me to

    C   D   G
I'm not saying I'll be true but I'll try.

Outro |C |D |G |C |

      |G |G |G |G   ‖

Imagine

Words & Music by
John Lennon

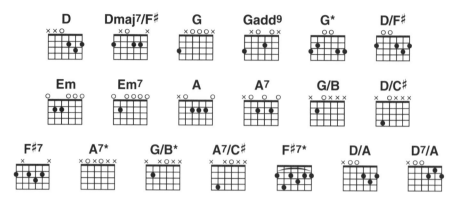

Capo fourth fret

Intro ‖: D   Dmaj7/F♯ | G   Gadd9 :‖

Verse 1

D   Dmaj7/F♯   G   Gadd9
Imagine there's no heaven

D   Dmaj7/F♯ G   Gadd9
It's easy if you try,

D   Dmaj7/F♯ G   Gadd9
No hell be - low us ____

D Dmaj7/F♯   G   Gadd9
Above us only sky. ____

G*   D/F♯   Em   Em7
Imagine all the people

A   A7   (G/B   D/C♯)
Living for today. ____

Verse 2

D   Dmaj7/F♯   G   Gadd9
Imagine there's no countries

D   Dmaj7/F♯ G   Gadd9
It isn't hard   to do.

D   Dmaj7/F♯   G
Nothing   to kill or die for,

D   Dmaj7/F♯   G
And no religion   too.

G*   D/F♯ Em   Em7
Imagine all   the people ____

A7   A
Living life in peace, you ____

© Copyright 1971 Lenono Music.
All Rights Reserved. International Copyright Secured.

Chorus 1

G*   A   D   F♯7
You may say that I'm a dreamer

Gadd9   A   D   F♯7
But I'm not the only one

Gadd9   A   D   F♯7
I hope someday you'll join us ____

Gadd9   A   (A7* G/B* A7/C♯)
And the world will live as one. _____

Verse 3

D   Dmaj7/F♯   G   Gadd9
Imagine no possessions

D Dmaj7/F♯ G   Gadd9
I wonder if you can,

D   Dmaj7/F♯   G
No need   for greed or hunger

D   Dmaj7/F♯ G
A brother - hood of man.

G*   D/F♯   Em   Em7
Imagine all   the people ____

A   A7
Sharing all the world.

You ____

G*   A   D/F♯   F♯7*
Chorus 2
You may say that I'm a dreamer

G*   A   D   D/F♯ F♯7*
But I'm not the only one ____

G*   A   D/F♯   F♯7*
I hope someday you'll join us ____

G*   A   D/A   D7/A
And the world will live as one. _____

G*   A   D   F♯7*
Chorus 3
You may say that I'm a dreamer

G*   A   D   F♯7
But I'm not the only one

G*   A   D   F♯7
I hope someday you'll join us ____

Gadd9   A7   N.C.   (A7* G/B* A7/C♯)
And the world will live as one. _____

Outro   ‖: D   Dmaj7/F♯ |G   Gadd9 :‖   *Repeat to fade*

Jasmine Hoop

Words & Music by
Kathryn Williams

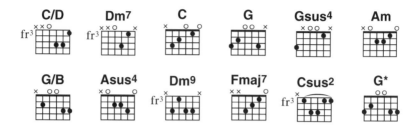

Intro |C/D |Dm7 |C |G |

Verse 1

C/D   Dm7 C   Gsus4
Window light   shines on the leaves of my plant

C/D   Dm7   C   G
And a Jasmine Hoop swings   on the highest branch.

C/D Dm7   C   Gsus4 G
We took cheap shots at each other on the phone

C/D Dm7   Am   G Gsus4
But it was my last chance before you were gone.

Bridge 1

C G/B   Am   Asus4 Am   C
You stand there ignoring all my friends

G/B   Am Asus4 Am C   G/B Am
'Cause you said I'm   all you can stand.

Chorus 1

Dm9 Fmaj7   Csus2   G*
I'm gonna tell you half the story so you'll come back

Dm9 Fmaj7   Csus2   G*
I'm gonna tell you half the answers so if you get one

Dm9 Fmaj7 Csus2   G*
You won't expect it,

Dm9 Fmaj7   Am   G*
Don't expect it dear,

Csus2 G/B Csus2   G/B   Csus2 G/B Am
I'm no - body's fool.

Verse 2

Dm9   Fmaj7 C   Gsus4   G
Window   light   shines on the leaves of my plant

Dm9   Fmaj7   C   G*
And a Jasmine Hoop swings   on the highest branch.

Dm9 Fmaj7   C   Gsus4 G
We took cheap shots at each other on the phone

Dm9   Fmaj7   Am   G*
But it was my last chance before you were gone.

Chorus 2

Dm9 Fmaj7   Csus2   G*
I'm gonna tell you half the story so you'll come back

Dm9 Fmaj7   Csus2   G*
I'm gonna tell you half the answers so if you get one

Dm9   Fmaj7 Csus2 G*
You won't expect it,

Dm9 Fmaj7   Am   G*
Don't expect it dear.

Instrumental | Dm9 | Fmaj7 | C | G* | Dm9 | Fmaj7 | Am | G* ||

Bridge 2

C   G/B   C G/B
You stand there ignoring all my friends

Am G/B C   G/B   Am | Am |
'Cause you said I'm all you can stand. _____

Chorus 3   As Chorus 2

Chorus 4

Dm9 Fmaj7   Csus2   G*
I'm gonna tell you half the story so you'll come back

Dm9 Fmaj7   Csus2   G*
I'm gonna tell you half the answers so if you get one

Dm9   Fmaj7 Csus2 G*
You won't expect it,

Dm9 Fmaj7   Am
Don't expect it dear.

Coda

C/D   Dm7 C   Gsus4   G
Window light   shines on the leaves of my plant

C/D   Dm7   C   G*
And a Jasmine Hoop swings   on the highest branch.

The Last Day Of Our Acquaintance

Words & Music by
Sinead O'Connor

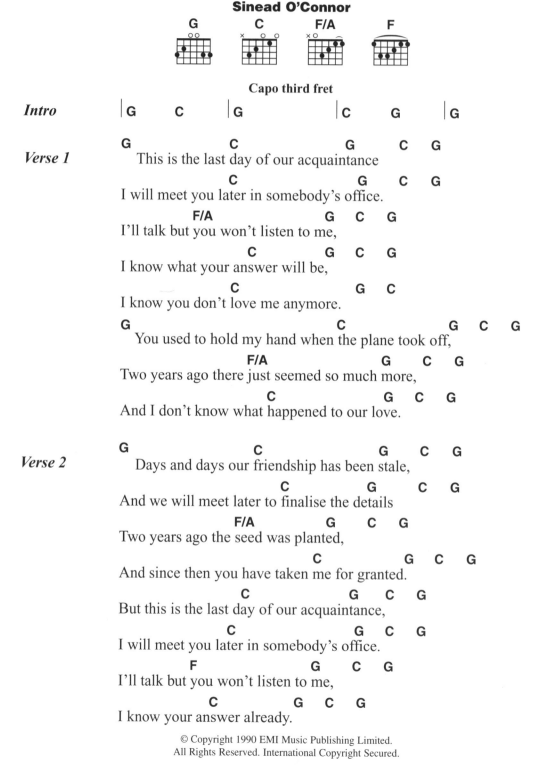

Capo third fret

Intro
| G   C | G | C   G | G | |

Verse 1

     G   C   G   C   G
This is the last day of our acquaintance

                 C   G   C   G
I will meet you later in somebody's office.

            F/A   G   C   G
I'll talk but you won't listen to me,

               C   G   C   G
I know what your answer will be,

               C   G   C
I know you don't love me anymore.

G   C   G   C   G
  You used to hold my hand when the plane took off,

              F/A   G   C   G
Two years ago there just seemed so much more,

                  C   G   C   G
And I don't know what happened to our love.

Verse 2

     G   C   G   C   G
  Days and days our friendship has been stale,

                  C   G   C   G
And we will meet later to finalise the details

            F/A   G   C   G
Two years ago the seed was planted,

                      C   G   C   G
And since then you have taken me for granted.

               C   G   C   G
But this is the last day of our acquaintance,

               C   G   C   G
I will meet you later in somebody's office.

            F   G   C   G
I'll talk but you won't listen to me,

              C   G   C   G
I know your answer already.

Verse 3

                        C   G   C   G
But this is the last day of our acquaintance,   oh, oh, oh.

                C   G   C   G
I will meet you later in somebody's office,   oh, oh, oh.

                  F   G   C   G
I'll talk but you won't listen to me,   oh, oh, oh.

                C   G   C   G
I know your answer already,   oh, oh, oh.

                C   G   C   G
I know your answer already,   oh, oh, oh.

                C   G   C   G
I know your answer already.

Last Rain

Words & Music by
Tanya Donelly

Bm   Dsus2   A   G   D   F#m   Em

Intro | N.C. | N.C. | Bm | Dsus2 |

| A | G | |

Verse 1
D   A   Bm   F#m
Some time today, it will rain.
Bm   Dsus2   A   G
One of the last of the nineteen hundreds.
D   A   Bm   F#m
Should we go out and try to save it?
Bm   Dsus2   A   G
Or just let it go like the days and decades.

Chorus 1
D   A   Em
This is my story in time,
    G   Bm
My piece of the sky.
    Dsus2 A
My story   line
    Em
My, my,
G | Bm | Dsus2 | A | G | |
How it flies.

Verse 2
    D   A   Bm   F#m
I am   so very proud to be here with you,
Bm   Dsus2   A   G
So glad to be here it's kind of pathetic.
D   A   Bm   F#m
I lose my voice in this noisy lock of ours,
Bm   Dsus2   A   G
I just let it go like the days I've wasted.

Chorus 2

```
         D        A          Em
     This is my story in time,
         G           Bm
     My piece of the sky.
           Dsus2 A
     My story   line
           Em   |Em           |
     My, my,
```

Instrumental

```
         |Bm        |Dsus2    |A         |G          |
     How it flies.

         |Bm        |Dsus2    |A         |G          |
     How it    flies.
```

Bridge

```
     Bm                  A
     Baby I'm not sentimental
     Em                  G
     About a change in the rain.
     Bm                    A
        You go on about the end of the world
     Bm                       A
        With your prophecies and psychics, well I'm sure that
     Bm                      A
        Rain is just rain it just falls dumbly down ever
     G         A
     I'm letting go of this.
```

Chorus 3

```
     D         A        Bm  G
     Some time today it will rain,
     D                  A        Bm                    G
     Some time today it will rain,     and you won't remember your name
     (Some          time    today,   it will rain)
     D         A        Bm
        This is my story in time
           G         D
     My piece of the sky.
                        (Some time today . . .)
             A     Bm
     My story line
             G
     My, my,
                D                        A
     How it flies.
            (Some time today it will rain.)
```

cont.

                                                  Bm

So this is where the story ends,

                                G

Talking to a silver pillow.

D   **A**   **Bm**   **G**

  Now that you know, my old heart will long

                D

Now it's gone.

Long, Long Time

Words & Music by
Gary White

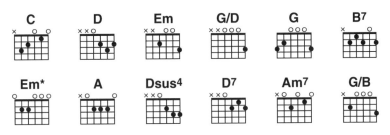

Capo second fret

Intro | C   D | Em   G/D | C   D | Em   G/D |

Verse 1

C D   Em   G/D
Love will abide,

C   D   G
Take things   in stride

C B7   Em*
Sounds like good advice

G/D   A   Dsus4
But there's no one there at my side, and

C   D7   Em G/D
Time   washes clean

C   D   G
Love's wounds unseen

C B7   Em*
That's what someone told me

G/D   A   D
But I don't know what it means, 'cause

Chorus 1

C   G
I've done everything I know

B7   Em* C
To try and make you mine.

       G   D   Em   C
And I think I'm gonna love you

       G   D   G   Am7 G/B
For a long,   long time.

Link 1 | C   D | Em   G/D | C   D | Em   G/D |

Verse 2

```
C D          Em   G/D
  Caught in my fears,
C         D        G
  Blinking back the tears
C B7             Em*
  I can't say you hurt me
G/D        A        D
  When you never let me near, and
C D     Em
I   never drew
C         D          G
  One response from you,
C D               Em
  All the while you fell
        A            D
All over girls you never knew, 'cause
```

Chorus 2

```
C              G
I've done everything I know
B7                   Em*  C
  To try and make you mine
     G         D      Em     C
And I think it's   gonna hurt me
     G    D    G      Am7 G/B
For a long,   long time.
```

Link 2

```
|C    D  |Em   G/D|C    D  |Em   G/D|
```

Verse 3

```
C D          Em   G/D
  Wait for the day,
C         D        G
  You'll go away
C B7             Em*
  Knowing that you warned me
G/D      A            D
  Of the price I'd have to pay, and
C    D     Em   G/D
Life's   full of loss
C            D    G
  Who knows   the cost,
C B7             Em*
  Living in the memory
        A        D7
Of a love that never was, 'cause
```

     C   **G**
I've done everything I know
B7   **Em*** **C**
   To try and change your mind
        G   **D**   **Em***   **C**
And I think I'm   gonna miss you
       G   **D**   **Em**   **G/D**
For a long,   long time.

Chorus 4

        C   **G**
'Cause I've done everything I know
B7   **Em*** **C**
   To try and make you mine
        G   **D**   **Em**   **C**
And I think I'm   gonna love you
       G   **D**   **G**   **Am7** **G/B**
For a long,   long time.

Outro | **C**   **D** | **Em** **G/D** | **C**   ‖

Late Night Grande Hotel

Words & Music by
Nanci Griffith

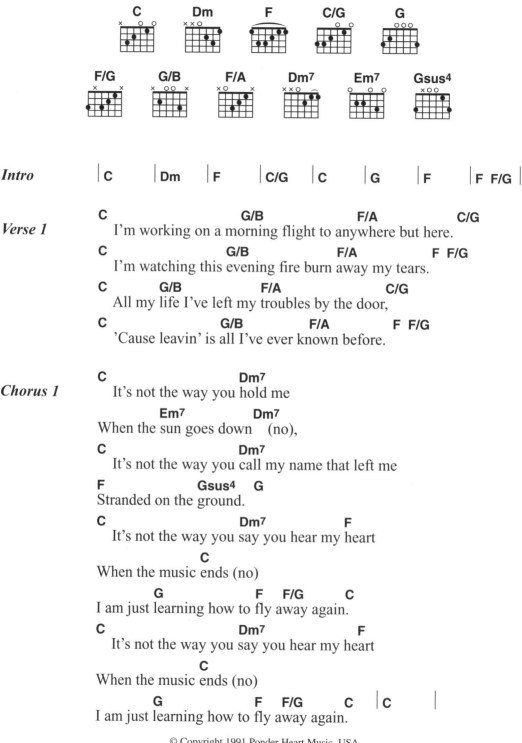

Intro
| C | Dm | F | C/G | C | G | F | F F/G |

Verse 1

C   G/B   F/A   C/G
I'm working on a morning flight to anywhere but here.

C   G/B   F/A   F F/G
I'm watching this evening fire burn away my tears.

C   G/B   F/A   C/G
All my life I've left my troubles by the door,

C   G/B   F/A   F F/G
'Cause leavin' is all I've ever known before.

Chorus 1

C   Dm7
It's not the way you hold me

           Em7   Dm7
When the sun goes down   (no),

C   Dm7
It's not the way you call my name that left me

F   Gsus4   G
Stranded on the ground.

C   Dm7   F
It's not the way you say you hear my heart

          C
When the music ends (no)

        G   F   F/G   C
I am just learning how to fly away again.

C   Dm7   F
It's not the way you say you hear my heart

          C
When the music ends (no)

        G   F   F/G   C | C |
I am just learning how to fly away again.

Verse 2

C   G/B
And maybe you were thinkin'
       F/A   C/G
That you thought you knew me well
C   G/B   F/A F F/G
But, no one ever knows the heart of anyone else
C   G/B   F/A   C/G
I feel like Garbo in this late night grande hotel,
C   G/B   F   F/G
'Cause living alone is all I've ever done well.

Chorus 2

C   Dm7
It's not the way you hold me
    Em7   Dm7
When the sun goes down (no),
C   Dm7
It's not the way you call my name that left me
F   G
Stranded on the ground
C   Dm7   F
It's not the way you say you hear my heart
       C
When the music ends (no)
    G   F F/G C
I am just learning how to fly away again.

Chorus 3

C   Dm7
It's not the way you hold me
    Em7   Dm7
When the sun goes down (no),
C   Dm7
It's not the way you call my name that left me
F   Gsus4
Stranded on the ground.
C   Dm7   F
It's not the way you say you hear my heart
    G C
When the music ends (no),
    G   F   C
I am just learning how to fly away again.
        G   F
It's not the way you say you hear my heart
    C
When the music ends (no)
    G   F F/G C
I am just learning how to fly away again.

Leavin'

Words & Music by
Shelby Lynne

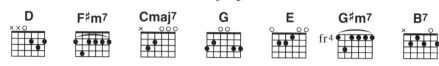

Capo third fret

Verse 1

D
Well I guess this is it babe,

F#m7
Reality has hit home hard

Cmaj7
No need in puttin' it off anymore

G
Just turn away and let me walk out the door.

D
You thought you had it all figured out

F#m7
But baby, you don't know what love's about,

Cmaj7
It's time for me to spend some time alone

G
I'm tired of trying to make this your happy home.

Chorus 1

E
(Hurts) I'm leavin',

G#m7
(Sad) This time it's for good

F#m7
You should have treated me

B7
The way you said you would.

E
(Hurts) I'm leavin',

G#m7
(Sad) And you can't make me stay

F#m7
I'm tired of hurtin' you

B7
This ain't no good anyway,

D | F#m7 | Cmaj7 | G   ‖
I'm leavin'.

Verse 2

D
I know it's gonna be hard on you

F♯m7
Once it really hits you that I'm gone.

Cmaj7
I spent too much time trying to make things right

G
When I really knew all along.

D
You'll be O.K. in time baby,

F♯m7
But it won't be today,

Cmaj7
As you walk around and try to find yourself

G
Take a look at the bed you made.

Chorus 2

E
I'm leavin',

G♯m7
This time it's for good

F♯m7
You should have treated me

B7
The way you said you would.

E
I'm leavin',

G♯m7
And you can't make me stay

F♯m7
I'm tired of hurtin' you

B7
This ain't no good anyway.

Outro

D
Hurts me so, I'm leavin'

F♯m7   **Cmaj7** **G**
Sad to go, o - ooh.

D   **F♯m7**
Hurts me so, sad to go

Cmaj7   **G**
Hurts me so,   sad to go.

| E | E | E |

Little Star

Words & Music by
Stina Nordenstam

B♭sus2   C   F

Verse 1

N.C.   B♭sus2
Little star, _____

          C
So you had to go.

F   C   B♭sus2
  You must have wanted him to know,

F   C   B♭sus2
  You must have wanted the world to know.

          F   C
Poor little thing,

B♭sus2   F   C B♭sus2
  And now they know.

Verse 2

N.C.   B♭sus2
Little star, _____

          C
I had to close my eyes.

F   C   B♭sus2
  There was a fire at the warehouse,

F   C   B♭sus2
  They re always waiting for a thing like this.

F   C   B♭sus2
  Came driving from all over town

        F   C   B♭sus2
For you, ___ little star.

Instrumental | B♭sus2 | B♭sus2 | C | C |

| F   C | B♭sus2 | F   C | B♭sus2 |

| F   C | B♭sus2 | F   C | B♭sus2 ||

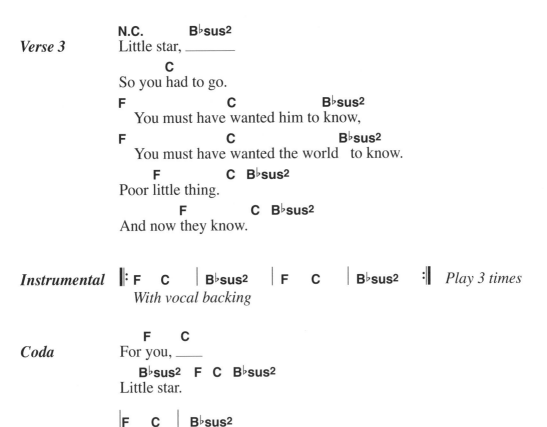

Verse 3

    N.C.   B♭sus2
Little star, _____

     C
So you had to go.

F   C   B♭sus2
  You must have wanted him to know,

F   C   B♭sus2
  You must have wanted the world   to know.

    F   C B♭sus2
Poor little thing.

      F   C B♭sus2
And now they know.

Instrumental ‖: F   C | B♭sus2 | F   C | B♭sus2 :‖ *Play 3 times*
  With vocal backing

      F   C
Coda   For you, ____

     B♭sus2 F C B♭sus2
Little star.

| F   C | B♭sus2

Lovin' You

Words & Music by
Minnie Riperton & Richard Rudolph

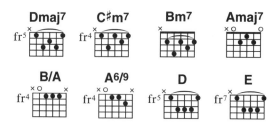

Intro ‖: Dmaj7   C#m7 | Bm7   Amaj7 :‖

Verse 1

Dmaj7 C#m7 Bm7   Amaj7
Lovin' you is easy 'cause you're beautiful

Dmaj7   C#m7 Bm7   Amaj7
  Makin' love with you, is all I wanna do.

Dmaj7   C#m7 Bm7   Amaj7
Lovin' you is more than just a dream come true

Dmaj7   C#m7 Bm7   Amaj7
  And everything that I do, is out of lovin' you.

Chorus 1

Dmaj7   C#m7
La la la la la, la la la la la

Bm7   Amaj7
La la la la la la la la la la

Dmaj7   C#m7
  Do do do do do

Bm7   Amaj7
Ah - ah - ah -ah - ah - ah.

Bridge 1

Bm7   C#m7
No one else can make me feel

      Bm7   C#m7   B/A   A6/9
The colours that you bring.

Bm7   C#m7
Stay with me while we grow old

      Bm7   C#m7   D   E
And we will live each day in springtime,

Verse 2

Dmaj7   C#m7   Bm7   Amaj7
 'Cause lovin' you has made my life so beautiful

Dmaj7   C#m7 Bm7   Amaj7
 And every day of my life is filled with lovin' you.

Dmaj7   C#m7 Bm7   Amaj7
 Lovin' you I see your soul come shinin' through

Dmaj7   C#m7   Bm7   Amaj7
 And every time that we   ooooh, I'm more in love with you.

Chorus 2

Dmaj7   C#m7
La la la la la, la la la la la

Bm7   Amaj7
La la la la la la la la la la

Dmaj7   C#m7
Do do do do do

Bm7   Amaj7
Ah - ah - ah -ah - ah - ah.

Bridge 2

Bm7   C#m7
No one else can make me feel

    Bm7   D/E   B/A   A6/9
The colours that you bring.

Bm7   C#m7
Stay with me while we grow old

    Bm7   C#m7   D   E
And we will live each day in springtime,

Verse 3

Dmaj7   C#m7 Bm7   Amaj7
 'Cause lovin' you is easy 'cause you're beautiful

Dmaj7   C#m7 Bm7   Amaj7
 And every day of my life is filled with lovin' you.

Dmaj7   C#m7 Bm7   Amaj7
 Lovin' you I see your soul come shinin' through

Dmaj7   C#m7   Bm7   Amaj7
 And every time that we   ooooh, I'm more in love with you.

Chorus 3

Dmaj7   C#m7
La la la la la, la la la la la

Bm7   Amaj7
La la la la la la la la la la

Dmaj7   C#m7
 Do do do do do

Bm7   Amaj7
Ah - ah - ah -ah - ah - ah.

Outro   ‖: Dmaj7 C#m7 |Bm7 Amaj7   :‖   *ad lib. vocals to fade*

Luka

**Words & Music by
Suzanne Vega**

E   Bsus⁴   Asus²   C♯m7   Aadd⁹   B

Capo second fret

Intro | E | Bsus⁴ | Asus² | Bsus⁴ |

‖: C♯m7 | Bsus⁴   :‖: Aadd⁹ | Bsus⁴   :‖

Verse 1

      E   Bsus⁴
      My name is Luka,

Asus²   **Bsus⁴**
      I live on the second floor,

      E   Bsus⁴
      I live upstairs from you

Asus²   **Bsus⁴**
      Yes I think you've seen me before.

C♯m7   **Bsus⁴**
      If you hear something late at night

C♯m7   **Bsus⁴**
      Some kind of trouble

                     Aadd⁹
Some kind of fight,

            Bsus⁴
Just don't ask me what it was,

Aadd⁹   **Bsus⁴**
      Just don't ask me what it was,

Aadd⁹   **Bsus⁴**
      Just don't ask me what it was.

Verse 2

      E   Bsus⁴
      I think it's 'cause I'm clumsy,

Aadd⁹   **Bsus⁴**
      I try not to talk too loud,

      E   Bsus⁴
      Maybe it's because I'm crazy,

Aadd⁹   **Bsus⁴**
      I try not to act too proud.

C♯m7   **Bsus⁴**   **C♯m7**
      They only hit   until you cry,

cont.

               Bsus⁴   **Asus²**
After that   you don't ask why,

               Bsus⁴
You just don't argue anymore,

Asus²   **Bsus⁴**
You just don't argue anymore,

Asus²   **Bsus⁴**
You just don't argue anymore.

Instrumental | E | **Bsus⁴** | **Aadd⁹** | **Bsus⁴** |

             | E | **Bsus⁴** | **Asus²** | **Bsus⁴** |

Verse 3

    E   **Bsus⁴**
    Yes I think I'm okay,

Aadd⁹   **Bsus⁴**
    I walked into the door again

    E   **Bsus⁴**
    Well, if you ask that's what I'll say,

Aadd⁹   **Bsus⁴**   **C♯m⁷**
    And it's not your business anyway._____

          Bsus⁴
I guess I'd like to be alone

C♯m⁷   **Bsus⁴**   **Aadd⁹**
    With nothing broken, nothing thrown,

          Bsus⁴
Just don't ask me how I am,

Aadd⁹   **Bsus⁴**
    Just don't ask me how I am,

Aadd⁹   **Bsus⁴**
    Just don't ask me how I am.

Verse 4

    E   **Bsus⁴**
    My name is Luka,

Asus²   **Bsus⁴**
    I live on the second floor

    E   **Bsus⁴**
    I live upstairs from you

Asus²   **Bsus⁴**
    Yes I think you've seen me before.

C♯m⁷   **Bsus⁴**
    If you hear something late at night

C♯m⁷   **Bsus⁴**
    Some kind of trouble

          Aadd⁹
Some kind of fight,

cont.

Bsus4
Just don't ask me what it was,

Aadd9   **Bsus4**
Just don't ask me what it was,

Aadd9   **Bsus4**
Just don't ask me what it was.

C#m7   **Bsus4**   **C#m7**
They only hit   until you cry

    Bsus4   **Asus2**
And after that   you don't ask why

    Bsus4
You just don't argue anymore,

Asus2   **Bsus4**
You just don't argue anymore,

Asus2   **Bsus4**
You just don't argue anymore.

Outro

E	Bsus4	Asus2	Bsus4	
E	Bsus4	Asus2	Bsus4	
C#m	Bsus4	Asus2	Bsus4	
E	‖			

Malibu

**Words & Music by
Courtney Love, Eric Erlandson & Billy Corgan**

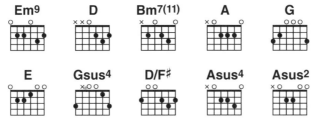

Intro ‖: Em9 │D │Bm7(11) │A :‖

Verse 1

Em9   D
Crash and burn

    Bm7(11)   A
All the stars explode tonight.

Em9   D
How'd you get so desperate?

    Bm7(11)   A
How'd you stay alive?

Em9   D
Help me please

        Bm7(11)   A
Burn the sorrow from your eyes,

     Em9   D
Oh, come on be alive again

Bm7(11)   A
Don't lay down and die.

Chorus 1

       G
Hey, hey

E   D
   You know what to do,

A   G E   D A
   Oh, baby, drive away   to Malibu.

Verse 2

Em9   **D**
Get well soon

             Bm7(11) A
Please don't go any higher.

Em9   **D**
How are you so burnt when

         Bm7(11)   **A**
You're barely on fire?

Em9   **D**
Cry to the angels

           Bm7(11)
I'm gonna rescue you,

         A   **Em9** **D**
I'm gonna set you free tonight, baby

Bm7(11)   **A**
Pour over me.

      G
Chorus 2   Hey, hey

E   **D**
  We're all watching you,

A   **G** **E**   **D**
  Oh, baby, fly away   to Malibu.

A   **G**
  Cry to the angels,

E   **D**
  And let them swallow you.

A   **G**
  Go and part the sea

E   **D**   **A**
Yeah, in Malibu.

        Gsus4   **D/F♯**
Bridge   And the sun goes down

              A   **(Asus4 A**
I watch you slip away

Asus2 A)   **Gsus4**   **D/F♯**
And   the sun goes down

         A   **(Asus4 A)**
I walk into the waves.

       Gsus4   **D/F♯**
And the sun goes down

           A   **(Asus4 A**
I watch you slip away

Asus2 A) G   **D/F♯** **A** **(Asus4 A)**
  And I   watched, _____

cont.

      Gsus4
And I knew

D/F♯   **A**   **(Asus4 A)**
Love would tear you apart.

        Gsus4
Oh and I knew

    D/F♯   **A**   **E**
The darkest secret of your heart.

Chorus 3

      G
Hey, hey

E   **D**
   I'm gonna follow you

A   **G**
   Oh baby, fly away

E   **D**
Yeah, to Malibu.

A   **G**
   Oceans of angels,

E   **D**
   Oceans of stars,

A   **G** **E**
   Down by the sea   is where you

           D   **A**
Drown your scars, oh-o

Outro

    G   **E**
I can't be near you

      D   **A**
The light just radiates,

    G   **E**
I can't be near you

      D
The light just radiates.

Martha's Harbour

Words & Music by
Julianne Regan, Tim Bricheno & Andrew Cousin

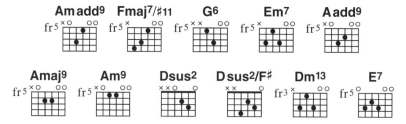

Tune guitar down a tone

Intro
$\:$ Amadd9 | Fmaj7/#11 | Amadd9 | Fmaj7/#11 | G6 | Em7 $\:$

Verse 1

Amadd9 Fmaj7/#11   Amadd9 Fmaj7/#11
   I sit by the harbour,

  G6   Em7
The sea calls to me.

Amadd9 Fmaj7/#11   Amadd9 Fmaj7/#11
   I hide in the water

  G6   Em7
But I need to breathe.

Chorus 1

Aadd9   Amaj9   Am9
    You are an ocean wave, my love,

Dsus2 Dsus2/F# Dsus2 Aadd9
Crashing at   the   bow.

      Amaj9   Am9
I am a galley slave, my love.

  Dsus2 Dsus2/F# Dsus2 Dm13   E7   Amadd9
If only I   could find out the way to sail you.

     Dm13   Em7
Maybe I'll just stow away. ____

Link
| Amadd9 | Fmaj7/#11 | Amadd9 | Fmaj7/#11 | G6 | Em7

Verse 2

Amadd9 Fmaj7/#11 Amadd9 Fmaj7/#11
I've been run aground,

  G6   Em7
So sad for a sailor.

Amadd9 Fmaj7/#11   Amadd9 Fmaj7/#11
I felt safe and sound

  G6   Em7
But needed the danger.

Chorus 2

Aadd9   Amaj9   Am9
You are an ocean wave, my love,

Dsus2 Dsus2/F# Dsus2 Aadd9
Crashing at   the   bow.

    Amaj9   Am9
I am a galley slave, my love.

  Dsus2 Dsus2/F# Dsus2 Dm13   E7   Amadd9
If only   I   could find out the way to sail you.

       Dm13   E7
Maybe I'll just stow away. _____

Chorus 3

Aadd9   Amaj9   Am9
You are an ocean wave, my love,

Dsus2 Dsus2/F# Dsus2 Aadd9
Crashing at   the   bow.

    Amaj9   Am9
I am a galley slave, my love.

  Dsus2 Dsus2/F# Dsus2 Dm13   E7   Amadd9
If only   I   could find out the way to sail you.

       Dm13   Em7
Maybe I'll just stow away. _____

Outro

| Amadd9 | Fmaj7/#11 | Amadd9 | Fmaj7/#11 | Amadd9 |
Stow a - way,

| Fmaj7/#11 | Amadd9 | Fmaj7/#11 | Amadd9 ‖
Stow a - way.

93

Merry Go Round

Words & Music by
Victoria Williams

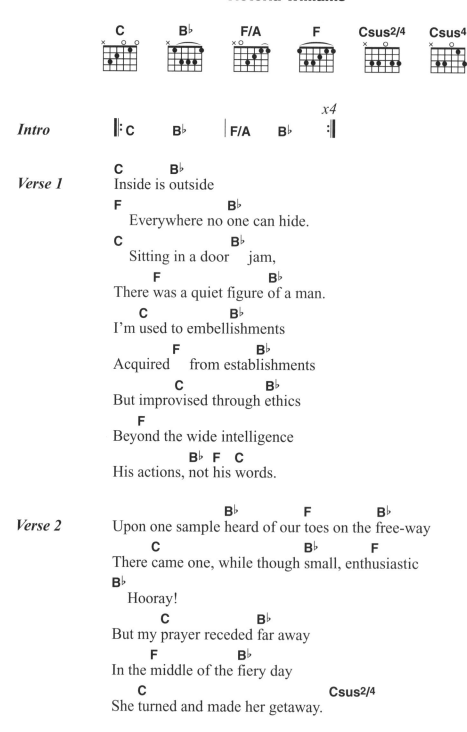

Intro

‖: C   B♭ | F/A   B♭   :‖   *x4*

Verse 1

C   B♭
Inside is outside
F   B♭
   Everywhere no one can hide.
C   B♭
   Sitting in a door   jam,
    F   B♭
There was a quiet figure of a man.
    C   B♭
I'm used to embellishments
      F   B♭
Acquired   from establishments
       C   B♭
But improvised through ethics
    F
Beyond the wide intelligence
      B♭   F   C
His actions, not his words.

Verse 2

       B♭   F   B♭
Upon one sample heard of our toes on the free-way
     C   B♭   F
There came one, while though small, enthusiastic
B♭
   Hooray!
     C   B♭
But my prayer receded far away
    F   B♭
In the middle of the fiery day
    C   Csus2/4
She turned and made her getaway.

        B♭
Oh she found a good deed in the sun,

Purple, green and yellow.
        F
Then she talked, she was like a, oh yeah, cheerful little fellow.
C F   **B♭** **F** **C**
Not knowing what he'd done.
       B♭   **F**   **C**
Yeah, they melted it in the fun.

Oh when he caned the wallet in the puddle,

Chorus 1
          B♭   **F**   **C**
Whoa-whoa the key to the merry-go-round, is the merry
    B♭   **F** **C**
The key to the fairy tale is the fairy,
   B♭
It sat on the bridge between Happy and Scarey
      F   **C**
The key to the merry-go-round, is the merry . . . oh

x4
Instrumental ‖:**C**   **B♭** |**F**   **B♭**   :‖

Verse 3
  C   **B♭**
Lost and found on common ground
    F   **B♭**   **C** **B♭** **F**
The rescue on the ladder must be   close.
  B♭   **C**   **B♭**   **F**
(Aha), Instead they got the brushes out, began to shout
   B♭   **C** **B♭** **F**
And   painted every room.
C   **F**   **B♭** **F**   **C**
Not knowing what they'd done
      B♭   **F**   **C**
Yeah, they painted in   the sun

Oh when many came to join and discover,

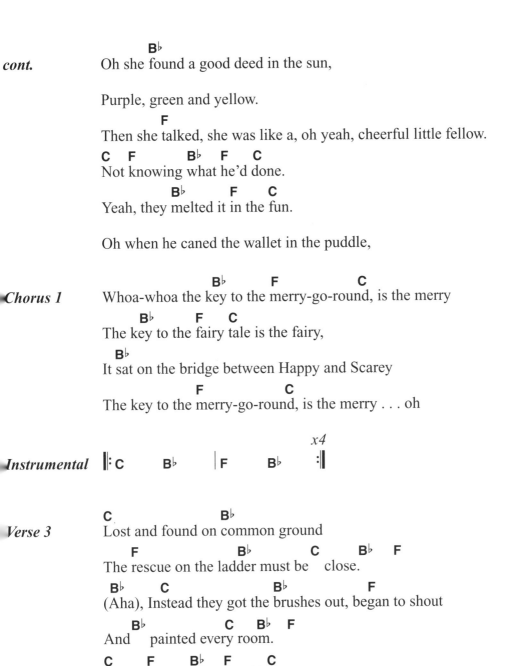

95

Chorus 2

       B♭   **F**   **C**
Oh-whoa, the key to the merry-go-round, is the merry

    B♭ **F** **C**
The key to the fairy tale is the fairy.

   B♭   **F**   **C**
The key to the merry-go-round, is the merry

     B♭ **F** **C**
The key to the fairy tale is the fairy

    B♭
It sat on the bridge between Happy and Scary.

Verse 4

     C   **B♭**   **F**
Too long did the young man tarry

     B♭
Who had stood, the good, cold forming masses.

   C   **B♭**   **F**   **B♭**
Now male, now sticky, the dough like molasses

   C **B♭** **F** **B♭**
Why I discuss,

   C **B♭** **F** **B♭** **C** **B♭** **F** **B♭**
Why I _____ discuss

   C **B♭** **F** **B♭**
Why I discuss,

 C   **B♭** **F** **B♭** | **C** | **C** | **C** | **C** |
  Why I_____ discuss.

Link | **C** | **Csus4** | **C** | **Csus4** |

Chorus 3

      C   **Csus4**
Oh the key to the merry-go-round, is the merry,

    C
The key to the merry-go-round, is the merry,

The key to the merry-go-round, is the merry,

     B♭   **F**   **C**
The key to the merry-go-round, is the merry,

     B♭   **F**   **C**
The key to the merry-go-round, is the merry.

Midnight At The Oasis

Words & Music by
David Nichtern

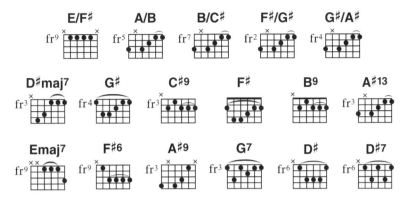

Intro

| E/F♯ A/B B/C♯ | F♯/G♯ G♯/A♯ |

Verse 1

D♯maj7   G♯ C♯9
Midnight at the oa - sis

D♯maj7   G♯ C♯9
Send your camel to bed

D♯maj7   G♯ C♯9
Shadows paintin' our fac - es

F♯ B9 F♯/G♯   A♯13
Traces of romance in our heads.

D♯maj7   G♯ C♯9
Heaven's holdin' a half-moon,

D♯maj7   G♯ C♯9
Shinin' just for us,

D♯maj7   G♯ C♯9 F♯ B9
Let's slip off to a sand dune, real soon

F♯/G♯   A♯13
And kick up a little dust.

Chorus 1

Emaj7 F♯6 A/B   B/C♯
Come on, Cactus is our friend

Emaj7 F♯6   A/B B/C♯
He'll point out the way

Emaj7 F♯6 A/B   B/C♯
Come on, till the evenin' ends

F♯/G♯   A♯9
Till the evenin' ends.

Verse 2

D♯maj7   G♯   C♯9
    You don't have to answer

D♯maj7   G♯   C♯9
    There's no need to speak,

D♯maj7   G♯ C♯9 F♯ B9
    I'll be your belly dancer,   prancer

    F♯/G♯   A♯13
And you can be my sheik.

Guitar Solo

‖: D♯maj7 | G♯   C♯9   *x3* :‖ F♯   B9 | F♯/G♯   A♯13 |

‖: Emaj7 F♯6 | A/B   B/C♯   *x3* :‖ F♯/G♯ A♯9 |

Verse 3

D♯maj7   G♯ C♯9
    I know your Daddy's a sultan

D♯maj7   G♯   C♯9
    A nomad known to all,

D♯maj7   G♯ C♯9   F♯   B9
    With fifty girls to attend him, they all send him

F♯/G♯   A♯13
Jump at his beck and call.

D♯maj7   G♯   C♯9
    But you won't need no harem honey

D♯maj7   G♯   C♯9
    When I'm by your side

D♯maj7   G♯ C♯9 F♯ B9
    And you won't need no camel,   no, no

    F♯/G♯   A♯9
When I take you for a ride.

Chorus 2

Emaj7 F♯6 A/B   B/C♯
Come on, Cactus is our friend

Emaj7 F♯6   A/B B/C♯
He'll   point out the way,

Emaj7 F♯6 A/B   B/C♯
Come on, till the evenin' ends

F♯/G♯   A♯9
Till the evenin' ends.

Verse 4

D♯maj⁷   G♯   C♯9
Midnight at the oa - sis

D♯maj⁷   G♯   C♯9
Send your camel to bed

D♯maj⁷   G♯   C♯9
Got shadows paintin' our fac - es

    F♯   B9   F♯/G♯   A♯13
And traces of romance in our heads._____

Outro   ‖: G♯   G7 | D♯   D♯7   :‖   *Repeat to fade*

Miss Chatelaine

**Words & Music by
k.d. lang & Ben Mink**

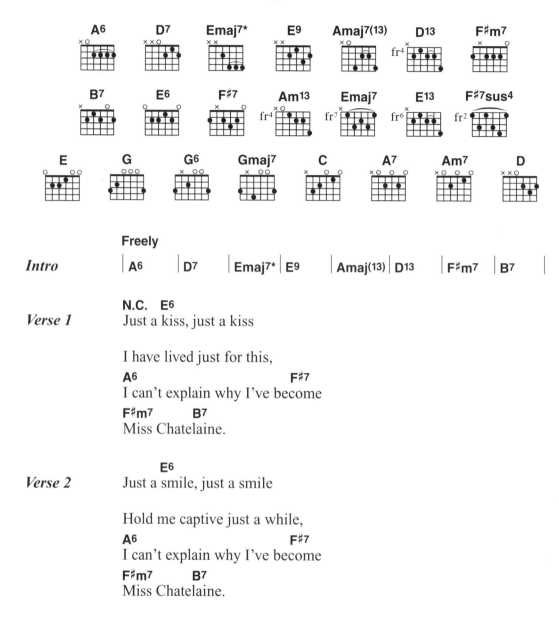

Freely

Intro | A6 | D7 | Emaj7* | E9 | Amaj(13) | D13 | F#m7 | B7 |

Verse 1

N.C.   E6
Just a kiss, just a kiss

I have lived just for this,
A6   F#7
I can't explain why I've become
F#m7   B7
Miss Chatelaine.

Verse 2

E6
Just a smile, just a smile

Hold me captive just a while,
A6   F#7
I can't explain why I've become
F#m7   B7
Miss Chatelaine.

Chorus 1

A6   Am13   Emaj7   E13
Every time your eyes meet mine
A6   Am13
Clouds of qualm
                 F#7sus4 B7
Burst into sun   -   shine.

Verse 3

        E6
Just a sigh, just a sigh

Words my love just reply,
A6   **F#7**
I can't explain why I've become
F#m7   **B7**
Miss Chatelaine
E E6   **E   E6**
    Miss Chatelaine.

Instrumental | **G**   **G6** | **Gmaj7**   **G6** | **G**   **G6** | **G** |

                 | **C** | **C** | **A7** | **Am7** | **D** |

        E6
Verse 4   Just a smile, a smile
                        N.C.   **E6**
Hold me captive just a while,
A6   **F#7**
I can't explain why I've become
F#m7   **B7**
Miss Chatelaine.

        A6   **Am13**   **Emaj7**   **E13**
Chorus 2   Every time your eyes meet mine
        A6   **Am13**
Clouds of qualm
                F#7sus4 **B7**
Burst into sun   -   shine.

        E6
Verse 5   Just a kiss, just a kiss

I have lived just for this,
Amaj7(13)   **F#7**
I can't explain why I've become
F#m7   **B7**
Miss Chatelaine.

        E6
Outro   Miss Chatelaine,

Miss Chatelaine,

Miss Chatelaine,

Miss Chatelaine.

Mysteries

Words & Music by
Beth Gibbons & Paul Webb

Gm   C   F   Dm   B♭   D7sus4   Dm7   B♭add#11

Intro | Gm | Gm | Gm   ‖

Verse 1
Gm   C   F
God knows how I adore life,
                    Dm   B♭   Gm   C
When the wind turns on the shore lies another day,
                    F
I cannot ask for more.

Bridge 1
                              Dm   B♭
When the time bell blows my heart
            Gm   C
And I have scored a better day,
                              F
Well nobody made this war of mine.

Chorus 1
                    Dm   B♭
And the moments that I enjoy
                    Gm   C
A place of love and mystery,
                    F
I'll be there anytime.
            Dm
Oh mysteries of love
            B♭
Where war is no more
Gm C   F
I'll be there anytime.

Instrumental   ‖: Dm   B♭ | Gm   C | F   :‖

Bridge 2

        Dm   **B♭**
When the time bell blows my heart

    Gm   **C**
And I have scored a better day,

        F
Well nobody made this war of mine.

Chorus 2

      Dm   **B♭**
And the moments that I enjoy

      Gm   **C**
A place of love and mystery

     F
I'll be there anytime.

Dm
Mysteries of love,

   B♭
Where war is no more

Gm **C**   **F**
I'll be there anytime.

Outro

x3

‖: Dm   B♭ | Gm   C | F   :‖

| D^{7}sus^4 Dm^7 B♭add$^{\sharp 11}$ | Gm C | F   ‖

Not A Pretty Girl

Words & Music by
Ani DiFranco

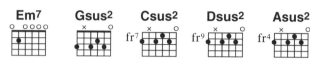

Tune guitar

⑥ = E ③ = G
⑤ = A ② = B
④ = B ① = D

Capo second fret

Intro ‖: Em7 | Gsus2 | Csus2 | Dsus2 :‖

Verse 1

       Em7   Gsus2
I am not a pretty girl
Csus2   Dsus2
   That is not what I   do,
       Em7   Gsus2
I ain't no damsel in distress
       Csus2   Dsus2
And I don't need to be rescued so.
      Em7   Gsus2
So put me down punk
         Csus2   Dsus2
Wouldn't you prefer a maiden fair?
       Asus2   Csus2
Isn't there a kitten stuck up a tree somewhere?

Verse 2

     Em7   Gsus2
I am not an angry girl,
      Csus2   Dsus2
But it seems like I've got everyone fooled.
        Em7   Gsus2
Every time I say something they find hard to hear
      Csus2   Dsus2
They chalk it up to my anger and never to their own fear.
     Em7   Gsus2
And imagine you're a girl,
      Csus2   Dsus2
Just trying to finally come clean

cont.

     Em⁷   **Gsus²**
Knowing full well they'd prefer you were dirty
Csus² **Dsus²**
 And smiling.
    Em⁷ **Gsus²**
And I am sorry
    Csus²   **Dsus²**
I am not a maiden fair
      Asus²   **Csus²**
And I am not a kitten stuck up a tree somewhere.

Instrumental ‖: **Em⁷** |**Gsus²** |**Csus²** |**Dsus²** :‖

        Em⁷   **Gsus²**
Verse 3 And generally, my generation
        Csus²   **Dsus²**
Wouldn't be caught dead working for the man
       Em⁷   **Gsus²**
And generally I agree with them
        Csus²   **Dsus²**
Trouble is, you gotta have yourself and alternate plan.
      Em⁷   **Gsus²**
And I have earned my disillusionment
      Csus²   **Dsus²**
I have been working all of my life
      Em⁷ **Gsus²**
And I am a patriot
      Csus²   **Dsus²**
I have been fighting the good fight.
        Em⁷   **Gsus²**
And what if there are no damsels in distress
     Csus²   **Dsus²**
What if I knew that and I called your bluff?
        Asus²
Don't you think every kitten figures out how to get down
Csus²
 Whether or not you ever show up.

  Em⁷ **Gsus²** **Csus²** **Dsus²**
Coda   I   am not a
  Em⁷   **Gsus²** **Csus²** **Dsus²**
Pretty girl,   I   don't really want to be a
  Em⁷   **Gsus²** **Csus²** **Dsus²**
Pretty girl,   I   want to be more than a
  Em⁷   **Gsus²** **Csus²** **Dsus²**
Pretty girl.

  ‖: **Em⁷** |**Gsus²** |**Csus²** |**Dsus²** :‖ **Em⁷**   ‖

No Mermaid

Words & Music by
Sinéad Lohan

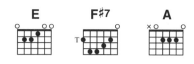

Capo first fret

Intro | (E) | (E) | (E) | (E) || E | E | E | E |

| E | E | E | E |

Verse 1
E
We went down to the edge of the water
F#7
You were afraid to go in,
A
You said there might be sharks out there in the ocean
            E
And I said I'm only going for a swim.

And I was swimming around in a circle,
F#7
I wasn't always in view
A
You said we might get into red flag danger
E
And I am alone when I'm not with you.

Chorus 1
            A
But I am no mermaid, I am no mermaid,
            E
And I am no fisherman's slave.
A
I am no mermaid, I am no mermaid,
            E
I keep my head above the waves.

Verse 2

E
We were swinging from the centre of the ceiling

F#7
You were afraid to give in,

A
I said I know I'll always live for this feeling

E
And you closed your eyes you said, never again.

And I was dancing in the middle of the desert

F#7
You said we'll burn under the hot sun,

A
I said I'd rather be the colour of pleasure

E
Than watch like you from under the thumb.

Chorus 2

A
And I am no mermaid, I am no mermaid,

E
And I am no fisherman's slave.

A
I am no mermaid, I am no mermaid,

E
I keep my head above the waves.

Verse 3

E
We went down to the edge of the water

F#7
You were afraid to go in,

A
You said there might be sharks out there in the ocean

E
And I said I'm only going for a swim.

And I was living around in a circle

F#7
I wasn't always in view

A
You said we might get into red flag danger

E
And I am alone when I'm not with you.

Chorus 3
     A
But I am no mermaid, I am no mermaid,
       E
And I am no fisherman's slave.
A
I am no mermaid, I am no mermaid,
      E
I keep my head above the waves.

Chorus 4
      A
And I am no mermaid, I am no mermaid,
      E
And I am no fisherman's slave.
A
I am no mermaid, I am no mermaid,
    E
I keep my head above the waves.

x2

Instrumental ‖: A | A | A | A | E | E | E | E :‖

Outro ‖: E | E | E | E :‖   *Repeat to fade*

Ode To My Family

Words & Music by
Dolores O'Riordan & Noel Hogan

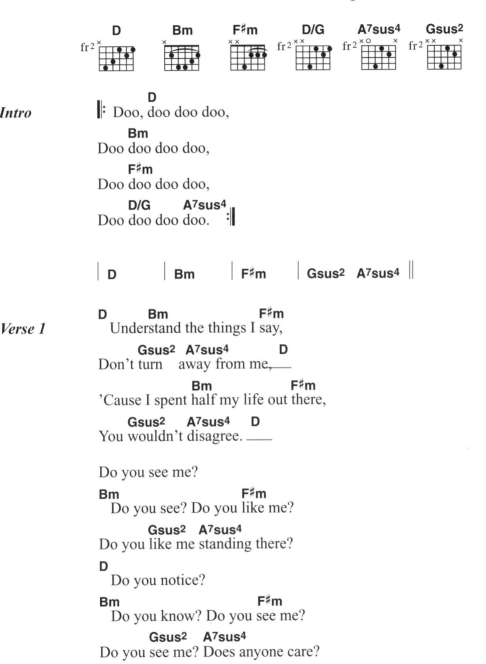

Intro

‖: Doo, doo doo doo, *(D)*

Doo doo doo doo, *(Bm)*

Doo doo doo doo, *(F♯m)*

Doo doo doo doo. :‖ *(D/G A7sus4)*

| D | Bm | F♯m | Gsus2 A7sus4 ‖

Verse 1

D   Bm   F♯m
　Understand the things I say,

　　Gsus2 A7sus4   D
Don't turn   away from me,——

　　　　　Bm   F♯m
'Cause I spent half my life out there,

　Gsus2   A7sus4   D
You wouldn't disagree. ——

Do you see me?

Bm   F♯m
　Do you see? Do you like me?

　　Gsus2 A7sus4
Do you like me standing there?

D
　Do you notice?

Bm   F♯m
　Do you know? Do you see me?

　　Gsus2 A7sus4
Do you see me? Does anyone care?

Chorus 1

D   Bm   F#m
  Unhappiness where's when I was young

     Gsus2   A7sus4   D
And we didn't give a damn, ____

           Bm
'Cause we were raised

     F#m   Gsus2 A7sus4   D
To see life as fun and take it if we can. ____

        Bm   F#m
My mother, my mother she hold me,

   Gsus2   A7sus4
She hold me when I was out there.

D   Bm   F#m
  My father, my father he liked me,

    Gsus2   A7sus4
Oh, he liked me. Does anyone care?

| D | Bm | F#m | Gsus2 A7sus4 ||

Verse 2

D   Bm   F#m
  Understand what I've become,

Gsus2 A7sus4   D
It wasn't my design, ____

        Bm
And people ev'rywhere think

F#m   Gsus2 A7sus4   D
Something better than I am. ____

        Bm
I miss you,

      F#m
I miss, 'cause I liked it,

     Gsus2   A7sus4
'Cause I liked it when I was out there.

D   Bm
  Do you know this?

           F#m
Do you know you did not find me?

     Gsus2   A7sus4
You did not find,   does anyone care?

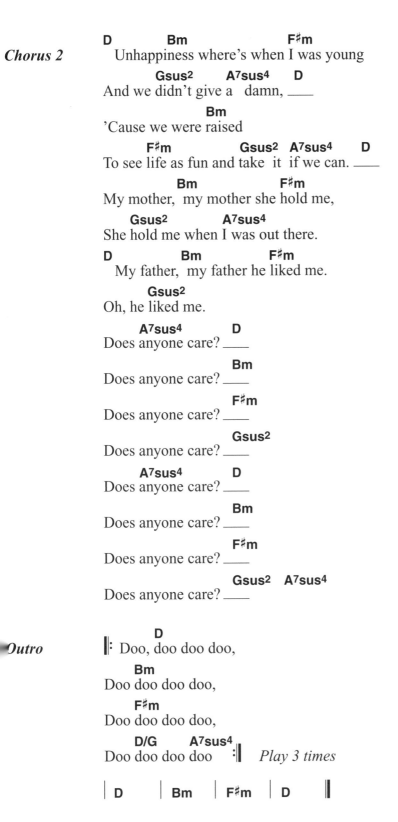

Chorus 2

         D   Bm   F#m
      Unhappiness where's when I was young
            Gsus2   A7sus4   D
   And we didn't give a   damn, ____
                        Bm
   'Cause we were raised
            F#m   Gsus2 A7sus4   D
   To see life as fun and take it if we can. ____
               Bm   F#m
   My mother, my mother she hold me,
         Gsus2   A7sus4
   She hold me when I was out there.
   D   Bm   F#m
     My father, my father he liked me.
            Gsus2
   Oh, he liked me.
         A7sus4   D
   Does anyone care? ____
                        Bm
   Does anyone care? ____
                        F#m
   Does anyone care? ____
                     Gsus2
   Does anyone care? ____
         A7sus4   D
   Does anyone care? ____
                        Bm
   Does anyone care? ____
                        F#m
   Does anyone care? ____
                     Gsus2   A7sus4
   Does anyone care? ____

Outro

               D
   ‖: Doo, doo doo doo,
         Bm
   Doo doo doo doo,
         F#m
   Doo doo doo doo,
            D/G   A7sus4
   Doo doo doo doo   :‖   *Play 3 times*

      | D | Bm | F#m | D   ‖

Oh Daddy

Words & Music by
Christine McVie

B♭maj7*   Cadd9   Dm   Gm   Am7   B♭maj7   C

Intro   ‖: B♭maj7* Cadd9 | Dm   :‖

Verse 1
Dm
Oh Daddy,

You know you make me cry
Cadd9
How can you love me?
Dm
I don't understand why.

Oh Daddy,

If I can make you see,
Cadd9
If there's been a fool around
Dm
It's got to be me,
Gm7   Am7   Dm
Yes,   it's got to be me.

Verse 2
Dm
Oh Daddy,

You soothe me with your smile
Cadd9
You're letting me know
Dm
You're the best thing in my life.

Oh Daddy,

If I can make you see,
Cadd9
If there's been a fool around

cont.

        Dm
It's got to be me

     Gm7   **Am7**   **Dm**
Yes,   it's got to be me.

Chorus 1

B♭maj7   **C**   **Dm**
Why are you right when I'm so wrong?

B♭maj7   **C**   **Dm**
I'm so weak but you're so strong.

B♭maj7   **C**   **Dm**
Everything you do is just alright,

   Gm7   **Am7**   **Dm**
And I can't walk away from you, baby, if I tried.

Instrumental | Dm | Dm | C | Dm |

 | Dm | Dm | C | Dm   Gm7 Am7 | Dm |

Chorus 2   As Chorus 1

Verse 3

Dm
Oh Daddy,

You soothe me with your smile

               Cadd9
You're letting me know

                  Dm
You're the best thing in my life.

Oh Daddy,

If I can make you see,

                Cadd9
If there's been a fool around

Gm7   **Am7**   **Dm**
  It's got   to be me

   Gm7   **Am7**   **Dm**
Yes,   it's got   to be me,

   Gm7   **Am7**   **Dm**
Yes,   it's got   to be me,

   Gm7   **Am7**   **Dm**   **Gm7**   **Am7**
Yes,   it's got   to be me. _____

Outro   ‖: Dm   Gm7 Am7 :‖   *Repeat to fade*

113

Part Of The Process

Words & Music by
Paul Godfrey, Ross Godfrey & Skye Edwards

Dm   C   G   D   A

Intro | Dm | Dm | Dm | Dm |

Verse 1

Dm
   Angry faces, cursing loud

Changing places, falling proud,
C   G
   Behind the bomb   no one cares.
Dm
   Time is money

We're taught to tear.

Chorus 1

D
   It's all part of the process,
A   C
   We all love looking down
               G
All we want is some success

But the chance is never around.
D
   It's all part of the process
A   C
   We all love looking down
               G
All we want is some success

But the chance is never around.

Link 1 | Dm | Dm | Dm | Dm |

Verse 2

Dm
How can we show, how to feel?

Situation ain't so real,
C   **G**
Chopping wood   won't stop the rage
Dm
We need targets on war we wage.

Chorus 2

D
It's all part of the process
A   **C**
We all love looking down
                  G
All we want is some success

But the chance is never around.
D
It's all part of the process
A   **C**
We all love looking down
                  G
All we want is some success

But the chance is never around.

Violin Solo | **D** | **A** | **C** | **G** |

Verse 3

Dm
You smash they grab, 'til it's gone

Attempt to grow and fix undone.
C   **G**
And I am the way   it's all to scale,
Dm
We're all companions on which we sail.

Chorus 3

D
It's all part of the process
A   **C**
We all love looking down
                  G
All we want is some success

But the chance is never around.

cont.

D
  It's all part of the process

A   C
  We all love looking down

                    G
All we want is some success

But the chance is never around.

Chorus 4

D
  And it's all part of the process

A   C
  We all love looking down

                  G
All we want is some success

But the chance is never around.
D
  And it's all part of the process

A   C
  We all love looking down

                  G
All we want it some success

And the chance . . .

Outro | D | A | C | G | D   ‖

Patience Of Angels

**Words & Music by
Boo Hewerdine**

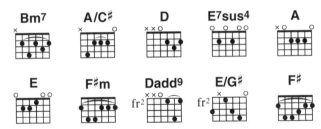

Intro

‖: Bm⁷   A/C♯ |D   E⁷sus⁴ :‖ *x4*

Verse 1

     A   **E**
From the top of the bus
    F♯m   **Dadd⁹**
She thought she saw him wave
      A   **E**
She saw   Tuesdays and forgetfulness
    F♯m   **Dadd⁹**
And a little money saved
     Bm⁷   **E**
Does she know? I don't know
     Bm⁷   **E**
But from here I can tell

Chorus 1

           A E/G♯   **Bm⁷** **D**
That it would try   the patience of angels
E   **A E/G♯**   **Bm⁷** **D** **E**
It would try   the patience of angels.

|**Bm⁷ A/C♯** |**D** **E⁷sus⁴** |**Bm⁷ A/C♯** |**D** **E⁷sus⁴** |
Angels.

Verse 2

        A   **E**
And you know something's wrong
     F♯m   **Dadd⁹**
When the morning hurts your eyes,
      A   **E**
And the baby won't stop crying
     F♯m   **Dadd⁹**
You'll be waiting till you die.

cont.

      Bm7 **E**
Would I be any good?

      Bm7   **E**
And if I was would I find

Chorus 2

           A E/G♯   **Bm7**   **D**
That it would try   the patience of angels

E   **A E/G♯**   **Bm7**   **D**   **E**
It would try   the patience of angels.

Verse 3

        A   **E**   **F♯m**   **Dadd9**
There's a door in a wall in a house in a street

     A   **E**   **Bm7**   **D**
In a town where no-one knows   her name,

         Bm7 A/C♯ **D** **E7sus4**
She's the patience of an - gels.

Instrumental

                        x2
‖: **Bm7**   **A/C♯** | **D**   **E7sus4** :‖

| **A** | **F♯** |

Verse 4

      Bm7   **E**
Does she know? I don't know

      Bm7   **E**
But from here I can tell,

        A   **E**   **F♯m**   **Dadd9**
There's a door in a wall in a house in a street

     A   **E**   **F♯m**   **Dadd9**
In a town where no-one knows   her name_____

        A   **E**   **F♯m**   **Dadd9**
There's a door in a wall in a house in a street

     A   **E**   **F♯m**   **D**
In a town where no-one knows   her name,

         Bm7 A/C♯ **D**
She's the patience of an - gels

   E7sus4 **Bm7 A/C♯** **D**   **E7sus4**
The patience of   angels.

Link

| **Bm7** **A/C♯** |**D**   **E7sus4** | **Bm7** **A/C♯** |**D** |

Chorus 3

E⁷sus⁴ A E/G♯   Bm⁷   D
It would try   the patience of angels,

E   A E/G♯   Bm⁷   D
It would try   the patience of angels,

E   A E/G♯   Bm⁷   D
It would try   the patience of angels,

E   A E/G♯   Bm⁷
  It would try   the patience of angels.

Outro

| D   E⁷sus⁴ | Bm⁷ A/C♯ | D   E⁷sus⁴ |
          Oh   angels,   ooh

| Bm⁷   A/C♯ | D   E⁷sus⁴ |
  an - gels

                                    x4
‖: Bm⁷   A/C♯ | D   E⁷sus⁴ :‖ Bm   ‖
  (with improvised vocal)

Perfect

Words & Music by
Mark Nevin

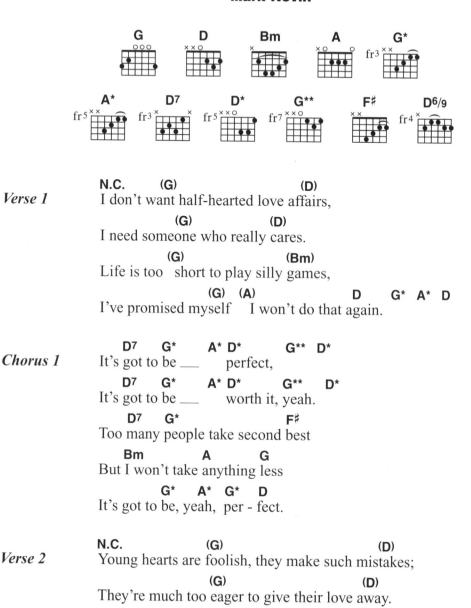

Verse 1

N.C.　(G)　　　　　　　　　(D)
I don't want half-hearted love affairs,

　　　　(G)　　　　(D)
I need someone who really cares.

　　　　(G)　　　　(Bm)
Life is too　short to play silly games,

　　(G)　(A)　　　　　D　G* A* D
I've promised myself　I won't do that again.

Chorus 1

D7　G*　　A* D*　　G** D*
It's got to be ___　perfect,

D7　G*　　A* D*　　G**　D*
It's got to be ___　worth it, yeah.

　D7　G*　　　　　　F♯
Too many people take second best

Bm　　　A　　　G
But I won't take anything less

　　G*　A* G*　D
It's got to be, yeah, per - fect.

Verse 2

N.C.　　　　(G)　　　　　　　　(D)
Young hearts are foolish, they make such mistakes;

　　　　(G)　　　　　　(D)
They're much too eager to give their love away.

　　　　(G)　　　　(Bm)
Well I have been　foolish too many times

　　(G)　　(A)　　　　　D　G* A* D
Now I'm determined　I'm gonna get it right.

Chorus 2

      D7   **G***   **A*** **D***   **G**** **D***
It's got to be ⎯ perfect,

      D7   **G***   **A*** **D***   **G**** **D***
It's got to be ⎯ worth it, yeah.

       D7 **G***   **F♯**
Too many people take second best

   Bm   **A**   **G**
But I won't take anything less

          G*   **A*** **G***   **D**
It's got to be, yeah, per - fect.

Solo

‖: G* | G* | D* G** | D* G** D* :‖

| G | G | Bm | Bm | G* | A* | D* G* | D ‖

Verse 3

N.C.   **(G)**   **(D)**
Young hearts are foolish, they make such mistakes;

            (G)   **(D)**
They're much too eager to give their love away.

           (G)   **(Bm)**
Well I have been foolish too many times

        (G)   **(A)**   **D** **G*** **A*** **D**
Now I'm determined I'm gonna get it right.

Chorus 3

      D7   **G***   **A*** **D***   **G**** **D***
It's got to be ⎯ perfect,

      D7   **G***   **A*** **D***   **G**** **D***
It's got to be ⎯ worth it, yeah.

       D7 **G***   **F♯**
Too many people take second best

   Bm   **A**   **G**
But I won't take anything less.

          G*   **A*** **G***   **D**
It's got to be, yeah, per - fect,

      D7 **G***   **A*** **G***   **D**
It's got to be, ⎯⎯ yeah, worth ⎯⎯ it.

      D7 **G*** **A***   **G***   **D6/9**
It's got to be, ⎯⎯ per - fect.

121

Rotterdam

Words & Music by
Paul Heaton & David Rotheray

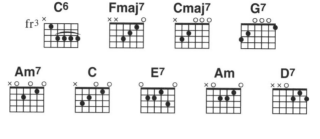

Intro   ‖: C6 Fmaj7 | Cmaj7 Fmaj7 | C6 Fmaj7 | Cmaj7 Fmaj7 :‖

Verse 1

        C6   Fmaj7
And the women tug their hair
             Cmaj7   Fmaj7   C6 Fmaj7 | Cmaj7 Fmaj7 |
Like they're tryin' to prove it won't fall out.
        C6   Fmaj7
And all the men are gargoyles,
          Cmaj7 Fmaj7   C6 Fmaj7 | Cmaj7 Fmaj7 |
Dipped long in _ Irish stout.
         G7
The whole place is pickled,
                         Am7
The people are pickles for sure,
         G7
And no-one knows if they've done more here
                 C   E7
Than they ever would do in a jar.

Chorus 1

                 Am   C
This could be Rotterdam or anywhere,
Am   C
Liverpool or Rome,
          Am   C
'Cause Rotterdam is anywhere,
D7   G7
Anywhere alone,
             C6 Fmaj7 | Cmaj7 Fmaj7 | C6 Fmaj7 | Cmaj7 Fmaj7 ‖
Anywhere alone.

Verse 2

    C6   **Fmaj7**
And everyone is blonde

    Cmaj7   **Fmaj7**   **C6 Fmaj7** | **Cmaj7 Fmaj7** |
And everyone is beautiful.

        C6   **Fmaj7**
And when blonde and beautiful are multiple

    Cmaj7   **Fmaj7**   **C6 Fmaj7** | **Cmaj7 Fmaj7** |
They become so dull and dutiful.

    G7
And when faced with dull and dutiful,

           Am7
They fire red warning flares.

    G7   **C**   **E7**
Battle-Khaki personality with red underwear.

Chorus 2   As Chorus 1

Verse 3 | **C6 Fmaj7** | **Cmaj7 Fmaj7** | **C6 Fmaj7** | **Cmaj7 Fmaj7** |

G7
The whole place is pickled,

           Am7
The people are pickles for sure,

  G7
And no-one knows if they've done more here

    C   **E7**
Than they ever would do in a jar.

Chorus 3

        Am   **C**
This could be Rotterdam or anywhere,

Am   **C**
Liverpool or Rome,

    Am   **C**   **D7**   **G7**
'Cause Rotterdam is anywhere, anywhere alone.

Chorus 4

        Am   **C**
This could be Rotterdam or anywhere,

Am   **C**
Liverpool or Rome,

    Am   **C**   **D7**   **G7**
'Cause Rotterdam is anywhere, anywhere alone.

        C6 Fmaj7 | **Cmaj7 Fmaj7** |
Anywhere alone.   Anywhere alo -

|: **C6 Fmaj7** | **Cmaj7 Fmaj7** :|
-ne.   Anywhere alo -

Polyester Bride

Words & Music by
Liz Phair

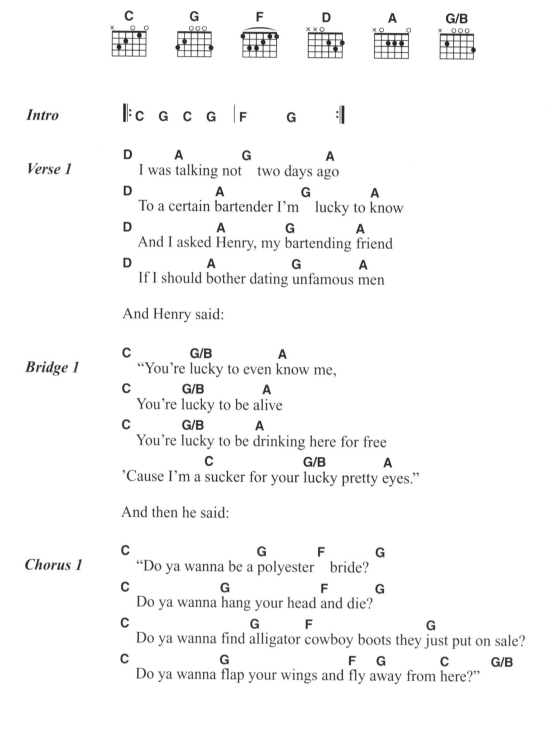

Intro

‖: C G C G | F   G   :‖

Verse 1

D   A   G   A
I was talking not   two days ago

D   A   G   A
To a certain bartender I'm   lucky to know

D   A   G   A
And I asked Henry, my bartending friend

D   A   G   A
If I should bother dating unfamous men

And Henry said:

Bridge 1

C   G/B   A
"You're lucky to even know me,

C   G/B   A
You're lucky to be alive

C   G/B   A
You're lucky to be drinking here for free

              C   G/B   A
'Cause I'm a sucker for your lucky pretty eyes."

And then he said:

Chorus 1

C   G   F   G
"Do ya wanna be a polyester   bride?

C   G   F   G
Do ya wanna hang your head and die?

C   G   F   G
Do ya wanna find alligator cowboy boots they just put on sale?

C   G   F G   C   G/B
Do ya wanna flap your wings and fly away from here?"

Verse 2

```
D               A       G           A
And I was sitting not    two days ago
D        A            G           A
Feeling lonely 'cause I'm    just feeling low
D            A            G         A
And I asked Henry, my bartending friend
D         A            G           A
Why it is that there are those kind of men?
```

And Henry said:

Bridge 2

```
C           G/B          A
"You're lucky to even know me
C           G/B      A
You're lucky to be alive
C        G/B          A
You're lucky to be drinking here for free
              C                  G/B        A
'Cause I'm a sucker for your lucky pretty eyes."
```

And then he said:

Chorus 2

```
C                   G           F        G
"Do ya wanna be a polyester    bride?
C               G              F      G
Do ya wanna hang your head and die?
C                   G       F              G
Do ya wanna find alligator cowboy boots they just put on sale?
C              G              F G       C    G   F
Do ya wanna flap your wings and fly away from here?
         G     C        G                 F
Princess, do you really want to flap your wings and fly?"
```

Link

```
        F    C        G
"'Cause you, (you've got time)," he keeps telling me:
  F    C        G
"You, (you've got time)," but I don't believe him,
  F    C        G
"You, (you've got time)."
                 F      C
I keep on pushing harder
                 F            C
I keep on pushing farther away - ay
                        F              G
But he keeps telling me, "Baby," he says "Baby, yeah."
```

Chorus 3

   C   G   C   G   F   G
"Do ya wanna be a po - ly - ester bride?

   C   G   F   G
Do ya wanna hang your head and die?

   C   G   F   G
Do ya wanna find alligator cowboy boots they just put on sale?

   C   G   F G   C
Do ya wanna flap your wings and fly away from here?"

Coda

   C   G   F   G   C
"Do ya wanna be a polyester   bride? (away from here)

                 G   F   G   C
Do ya wanna be a polyester   bride? (away from here)

                 G   F   G   C
Do ya wanna be a polyester   bride? (away from here)

             G   C
Princess, do you really want to

 G   F   G   C
Flap your wings and fly away from here?"

Searchin' My Soul

Words & Music by
Vonda Shepard & Paul Gordon

Capo third fret

Intro | D Dsus2 | G | Cadd9 | G | |

Verse 1
       D   Cadd9   G
I've been down this road walkin' the line
             D
That's painted by pride,
D   Cadd9
  And I have made mistakes in my life,
   G   D
That I just can't hide.

Bridge 1
  Bb   F   G   C/G G*
  Oh, I believe I am ready for what love has to bring,
  Bb   F   G   Asus4 A D
  I got myself together,   now I'm rea - dy to sing.

Chorus 1
  D   Dsus2   G
I've been searchin' my soul tonight,
Cadd9   G
  I know there's so much more to life,
D   Dsus2   G
  Now I know I can shine a light
  Cadd9   G
To find my way back home.

Verse 2
  D   Cadd9   G   D
  One by one, the chains around me unwind
D   Cadd9   G   D
  Every day now, I feel that I can leave those years behind.

Bridge 2

    B♭   **F**   **G**   **C/G G***
Oh, I've been thinking of you for a long time, _____

    B♭   **F**   **G**   **A**
There's a side of my life where I've been bli - nd, and so . . .

Chorus 2

D   **Dsus2**   **G**
I've been searchin' my soul tonight,
Cadd9   **G**
I know there's so much more to life,
D   **Dsus2**   **G**
Now I know I can shine a light
Cadd9   **G**
Everything gonna be alright Lord.
D   **Dsus2**   **G**
I've been searchin' my soul tonight
Cadd9   **G**
Don't wanna be alone in life,
D   **Dsus2**   **G**
Now I know I can shine a light
    Cadd9   **G**
To find my way back home.

Link | **D**   **C/D D** | **D** ||

Middle

D
  Baby I been holding back now, my whole life   **G**   **C** **G**
D
I've decided to move on now,
      A   **G**   **(D)**
Gonna leave all my worries behind.

Guitar Solo ‖: **D** **Dsus2** | **Cadd9** | **G** | **D**   :‖

Bridge 3

B♭   **F**   **G**   **C/G G***
Oh, I believe I am ready for what love has to give,
B♭   **F** **G**   **Asus4 A**   **D**
Got myself together,   now I'm rea - dy to live.

Chorus 3

        D   **Dsus2**   **G**
        I've been searchin' my soul tonight,

        Cadd9   **G**
        I know there's so much more to life,

        D   **Dsus2**   **G**
        Now I know I can shine a light

        Cadd9   **G**
        Everything gonna be alright Lord.

        D   **Dsus2**   **G**
        I've been searchin' my soul tonight

        Cadd9   **G**
        Don't wanna be alone in life, oh no

        D   **Dsus2**   **G**
        Now I know I can shine a light

         Cadd9   **G**
        To find my way back home.

Outro | D Dsus2 | G | Cadd9 | G |

               | D Dsus2 | G | Cadd9 | G |

               | D Dsus2 | G | Cadd9 | G |

               | D Dsus2 | G | Cadd9 | G   ‖

Sexy Mama

Words & Music by
Sylvia Robinson, Harry Ray & Al Goodman

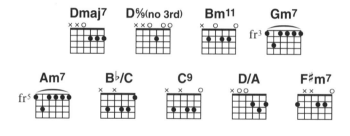

Dmaj7 Riff

Intro

‖: Dmaj7 D%(no 3rd) Dmaj7 | D%(no 3rd) Dmaj7 D%(no 3rd) |

| Dmaj7 D%(no 3rd) Dmaj7 | Bm11   :‖

Verse 1

Dmaj7 Riff
Come on baby,

                Bm11
Let me put my arms around you

Dmaj7 Riff
Come on sugar baby,

                Bm11
I'm so happy that I found you.

       Gm7
I wanna   open up the love gates

            Am7
Put our love in motion

  Gm7
I think in just a moment

              Am7
There's gonna be a love explosion

      Dmaj7 Riff
I can't help myself but feel like, I'm dreaming.

Link 1

| B♭/C | C9 | B♭/C | C9 |

      D/A Bm11   **D/A Bm11 D/A Bm11 D/A F♯m7**
None sweeter than you,   ba - by   you..

Instrumental | Bm11 | Bm11 | Bm11 | Bm11 | Dmaj7 D6/9(no 3rd) Dmaj7 |
| D6/9(no 3rd) Dmaj7 D6/9(no 3rd) | Dmaj7 D6/9(no 3rd) Dmaj7 |

Verse 2

Bm11 Dmaj7 Riff
Give it to me now baby
Bm11 Dmaj7 Riff
You said "come on Sexy Mama,
Bm11
Lay back and let me sooth you
Dmaj7 Riff
Take it easy baby
Bm11
Let me do what I love to do to you."
Gm7
I wanna open up the love gates
Am7
Put our love in motion
Gm7
I think in just a minute
Am7
There's gonna be a love explosion
Dmaj7 Riff
I can't help myself but feel like I'm dreaming.

Link 2 | B♭/C | C9 | B♭/C | C9 |

D/A Bm11 D/A Bm11 D/A Bm11 D/A F♯m7
None sweeter than you, ba - by you . . .

Instrumental | Bm11 | Bm11 | Bm11 | Bm11 | Dmaj7 D6/9(no 3rd) Dmaj7 |
| D6/9(no 3rd) Dmaj7 D6/9(no 3rd) | Dmaj7 D6/9(no 3rd) Dmaj7 |

Verse 3

Bm11 Dmaj7 Riff
Give it to me now baby____
Bm11
Ooh that love explosion,
Dmaj7 Riff Bm11
Gonna be a love explosion
Dmaj7 Riff Bm11 | Dmaj7 D6/9(no 3rd) Dmaj7 |
Ooh that love explosion.

Outro | D6/9(no 3rd) Dmaj7 D6/9(no 3rd) | Bm11 ||

Sitting Down Here

**Words & Music by
Lene Marlin**

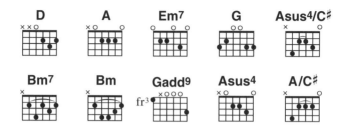

Intro
a capella vocal I'm sitting down here but hey you can't see me . . .

Instrumental | D | A | Em7 | G   A   D | A | Em7 | G   A |

Verse 1

G
Your words cut rather deeply,

A
They're just some other lies

D
I'm hiding from a distance,

A
I've got to pay the price

G
Defending all against it,

A
I really don't know why

Bm
You're obsessed with all my secrets,

A
You always make me cry

G
You seem to wanna hurt me

A
No matter what I do

D   Asus4/C♯
I'm telling just a couple,

Bm7   A
But somehow it gets to you

G
But I've learned how to get revenge

A   Bm   Gadd9
And I swear you'll experience that some day.

Chorus 1

       D
I'm sitting down here,
     A
But hey you can't see me,
Em7   **G**   **A**
Kinda invisible you don't sense my stay
D   **A**
Not really hiding, not like a shadow
Em7   **Bm**   **A**
Just thought I would join you for one day,
       D
I'm sitting down here,
     A   **Gadd9**
But hey you can't see me.

Verse 2

        G
I'm not trying to avoid you,
        A
Just don't wanna hear your voice
        D
When you call me up so often,
     A   **Asus4**
I don't really have a choice
       G
You're talking like you know me
     A
And wanna be my friend,
   Bm
But that's really too late now,
       A/C♯
I won't try it once again.
       G
You may think that I'm loser,
    A
That I don't really care
        D   **Asus4/C♯**
You may think that it's all forgotten,
     Bm7   **A**
But you should be aware
       G
'Cause I've learned to get revenge
    A   **Bm**   **Gadd9**
And I swear you'll experience that some day.

Chorus 2

      D
I'm sitting down here,

      A
But hey you can't see me,

Em⁷   **G**   **A**
Kinda invisible you don't sense my stay

D   **A**
Not really hiding, not like a shadow

      Em⁷   **Bm**   **A**
Just thought I would join you for one day

      D
I'm sitting down here,

      A
But hey you can't see me

Em⁷   **G**   **A**
Kinda invisible you don't sense my stay

D   **A**
Not really hiding, not like a shadow

 Em⁷   **Bm**   **A**
I sure do wanna join you for one day.

Guitar Solo |D |A |Em⁷ |G A |D |A |Em⁷ |G A |

Verse 3

      G
You seem to wanna hurt me

    A
No matter what I do

    D   **Asus⁴/C♯**
I'm telling just a couple,

      Bm⁷   **A**
But somehow it gets to you

    G
But I've learned how to get revenge

     A   **Bm**   **Gadd⁹**
And I swear you'll experience that some day.

Chorus 3

        D
‖: I'm sitting down here,

      A
But hey you can't see me,

Em⁷   **G**   **A**
Kinda invisible you don't sense my stay

D   **A**
Not really hiding, not like a shadow

      Em⁷   **Bm**   **A**
Just thought I would join you for one day.   :‖   *Repeat to fade*

So Nice (Summer Samba)

Original Words by Paulo Sergio Valle
Music by Marcos Valle
English Words by Norman Gimbel

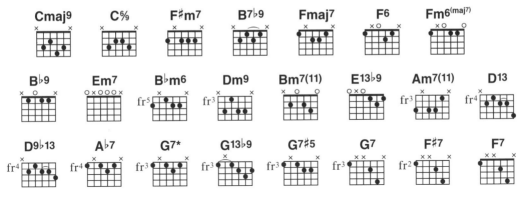

Intro

Percussion intro

| N.C. | N.C. | N.C. | N.C. | Cmaj9 | C% | Cmaj9 | C% |

Verse 1

Cmaj9
Someone to hold me tight

That would be very nice,
F#m7
  Someone to love me right
B7♭9
  That would be very nice,

Fmaj7
Someone to understand
F6
  Each little dream in me,
Fm6(maj7)
Someone to take my hand
B♭9   Em7
  To be a team with me.
  B♭m6   Dm9   Bm7(11)
So nice, life would be so nice,
E13(♭9)   Am7(11)
If one day I find
D13 D9♭13   Dm9
  Someone who would take my hand
            A♭7   G7*
And samba through life with me.

Verse 2

Cmaj9
Someone to cling to me

Stay with me right or wrong,
F#m7
   Someone to sing to me
B7b9
   Some little samba song
Fmaj7
   Someone to take my heart,
F6
   And give his heart to me
Fm6(maj7)
   Someone who's ready to
Bb9   **Em7**
   Give love a start with me.
    Bbm6   **Dm9**   **G13b9**
Oh yeah, that would be so nice,
Cmaj9   **F6**   **Cmaj9**   **G7#5**
I could see you and me,   that would be nice!

Instrumental | **Cmaj9** | **Cmaj9** | **F#m7** | **B7b9** | |

| **Fmaj7** | **F6** | **Fm6(maj7)** | **Bb9** | |

| **Em7** | **Bbm6** | **Dm9** | **G13b9** | |

| **Cmaj9** | **F6** | **Cmaj9** | **G7#5** | |

Verse 3

Cmaj9
Someone to hold me tight

That would be very nice,
F#m7
   Someone to love me right
B7b9
   That would be very nice,
Fmaj7
Someone to understand
F6
   Each little dream in me,
Fm6(maj7)
Someone to take my hand
Bb9   **Em7**
   To be a team with me.

B♭m6   **Dm9** **Bm7(11)**
So nice, life would be so nice

E13(♭9) **Am7(11)**
If one day I find

D13 D9♭13   **Dm9**
 Someone who would take my hand

       A♭7 **G7***
And samba through life with me.

Verse 4

Cmaj9
Someone to cling to me

Stay with me right or wrong,

F♯m7
 Someone to sing to me

B7♭9
 Some little samba song,

Fmaj7
Someone to take my heart

F6
 And give his heart to me,

Fm6(maj7)
 Someone who's ready to.

B♭9   **Em7**
 Give love a start with me

 B♭m6   **Dm9** **G13♭9**
Oh yes, that would be so nice

Cmaj9   **Fmaj7** |**N.C.** |**N.C.** |
Should he be here with me, I could see it would be nice!

Outro |**Cmaj9** |**Fmaj7** |**Cmaj9 N.C.** |**N.C.** |

     |**G7 F♯7 F7** **F♯7 G7** |**G7 F♯7 F7** **F♯7 G7** |**N.C.** |**Cmaj9** ‖

A Soft Place To Fall

Words & Music by
Allison Moorer & Gwil Owen

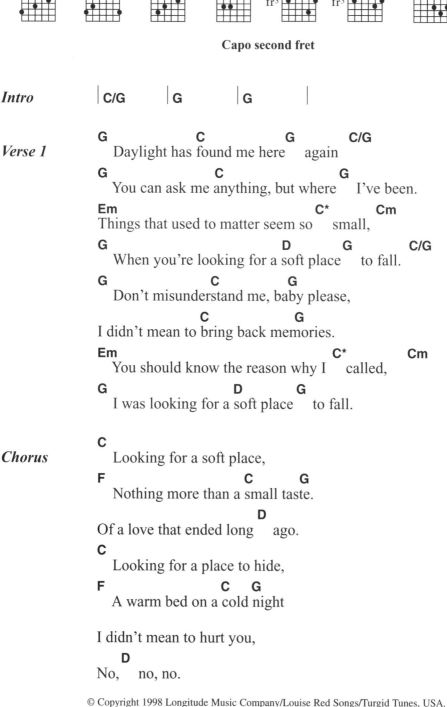

C/G   G   C   Em   C*   Cm   D   F

Capo second fret

Intro

| C/G | G | G | |

Verse 1

G   C   G   C/G
   Daylight has found me here   again
G   C   G
   You can ask me anything, but where   I've been.
Em   C*   Cm
Things that used to matter seem so   small,
G   D   G   C/G
   When you're looking for a soft place   to fall.
G   C   G
   Don't misunderstand me, baby please,
                  C   G
I didn't mean to bring back memories.
Em   C*   Cm
   You should know the reason why I   called,
G   D   G
   I was looking for a soft place   to fall.

Chorus

C
   Looking for a soft place,
F   C   G
   Nothing more than a small taste.
                  D
Of a love that ended long   ago.
C
   Looking for a place to hide,
F   C   G
   A warm bed on a cold night

I didn't mean to hurt you,
   D
No,   no, no.

Violin Solo | G | C | Em | C |

| G | D | G | G ||

Verse 2

    G   C   G
Looking out your window at   the dawn,
                      C   G
Baby, when you wake up I'll be gone.
  Em   C*   Cm
You're the one who taught me after all,
  G   D   G
How to find a soft place to fall.
  Em   C*   Cm
You're the one who taught me after all,
  G   D   G   C   G
How to find a soft place to fall.

139

Somebody Is Waiting For Me

Words & Music by
Juliana Hatfield

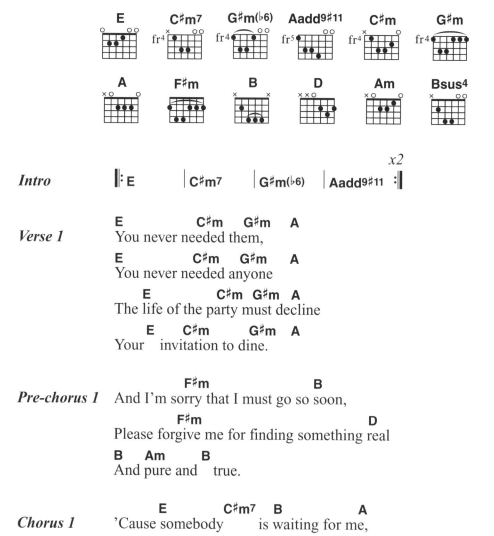

Intro   ‖: E | C♯m7 | G♯m(♭6) | Aadd9♯11 :‖   *x2*

Verse 1

E   C♯m G♯m   A
You never needed them,

E   C♯m G♯m   A
You never needed anyone

    E   C♯m G♯m   A
The life of the party must decline

    E C♯m   G♯m   A
Your   invitation to dine.

Pre-chorus 1

    F♯m   B
And I'm sorry that I must go so soon,

    F♯m   D
Please forgive me for finding something real

B Am   B
And pure and   true.

Chorus 1

    E   C♯m7 B   A
'Cause somebody   is waiting for me,

E   C♯m7 B   A
Somebody   is waiting for me,

E   C♯m7 B   A
Somebody   is waiting for me,

E   C♯m7 B   A
Somebody   is waiting for me .

Verse 2

    E   C♯m   G♯m   A
I never needed this,

    E   C♯m   G♯m   A
I never needed anyone

     E   C♯m   G♯m
I meant every word that I said

         A
It's true,

     E   C♯m   G♯m   A
I   wasn't talking to you.

Pre-chorus 2

             F♯m   B
And I'm sorry that I must go so soon,

             F♯m   D   B   Am   B
Please forgive me for finding something real and pure and true.

Chorus 2

    E   C♯m7 B   A
Somebody   is waiting for me,

    E   C♯m7 B   A
Somebody   is waiting for me,

    E   C♯m7 B   A
Somebody   is waiting for me,

    E   C♯m7 B   A
Somebody   is waiting for me.

Instrumental

‖: E | C♯m7 | G♯m(♭6) | A   :‖   *x4*

Pre-chorus 3

             F♯m   B
And I'm sorry that I must go so soon

             F♯m   D   B   Am
Please forgive me for finding something real and true.

Chorus 3

    E   C♯m7 B   A
Somebody   is waiting for me,

    E   C♯m7 B   A
Somebody   is waiting for me,

    E   C♯m   B   A
Somebody   is waiting for me,

    E   C♯m   B   A
Somebody   is waiting for me.

Outro

       E   C♯m7 Bsus4 A
For me, for me, for me, for me,

       E   C♯m7 G♯m(♭6) A   E   C♯m7 G♯m(♭6) A
For me, for me, for me, for me, for me, for me, for me, for me . . .

| E | C♯m7 | G♯m(♭6) | A | E   ‖

(*vocal ad lib.*)

Songbird

Words & Music by
Christine McVie

G   G*   D/G   Csus2   C/G   D

C   Am7   G/B   Am   Em

x2

Intro
‖: G   G*   D/G | Csus2   :‖

| G   G*   D/G | C/G   D |

Verse 1
      C   G
For you, there'll be no crying
Am7 G/B C   G
    For   you,   the sun will be shining
Am7 G/B   Am   Em
    'Cause I feel that when I'm with you
    Csus2   G
It's alright, I know it's right.

Chorus 1
           D   C
And the songbirds keep singing
         Em
Like they know the score
      C   D
And I love you, I love you, I love you
     G
Like never before.

Guitar Solo

| C | C | G | G   Am7 G/B |

| C | C | G | G |

| D | C | Em | Em |

| C | D | G | G |

Verse 2

        C   G
To you, I would give the world

   Am7 G/B C   G
   To   you, I'd   never be cold

   Am7   G/B   Am   Em
       'Cause I feel that when I'm with you

      Csus2   G
It's alright, I know it's right.

Chorus 2

          D   C
And the songbirds keep singing

            Em
Like they know the score

         C   D
And I love you, I love you, I love you

     G   Am7   G/B
Like never before,

C   G   Am7   G/B
   Like never before

C   G
   Like never before.

St. Teresa

Words & Music by
Joan Osborne, Richard Chertoff, Eric Bazilian & Robert Hyman

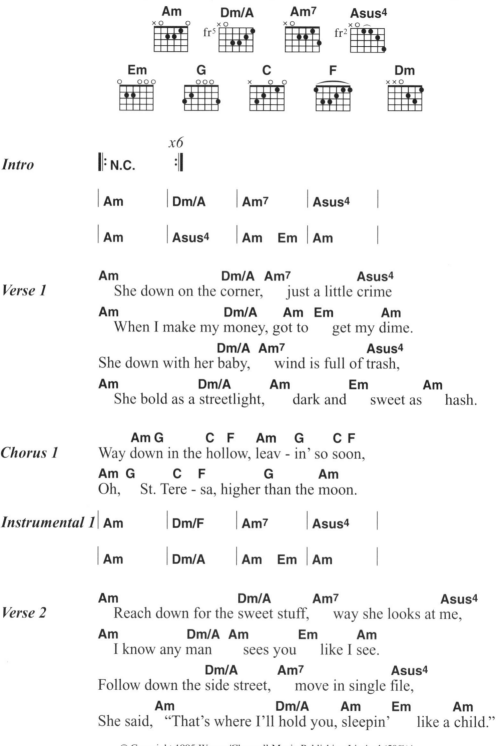

Intro

‖: N.C. :‖ *x6*

| Am | Dm/A | Am7 | Asus4 | |

| Am | Asus4 | Am Em | Am | |

Verse 1

    Am   Dm/A Am7   Asus4
She down on the corner,   just a little crime

    Am   Dm/A   Am Em   Am
When I make my money, got to   get my dime.

                     Dm/A Am7   Asus4
She down with her baby,   wind is full of trash,

    Am   Dm/A   Am   Em   Am
She bold as a streetlight,   dark and   sweet as   hash.

Chorus 1

    Am G   C F Am G   C F
Way down in the hollow, leav - in' so soon,

    Am G   C   F   G   Am
Oh,   St. Tere - sa, higher than the moon.

Instrumental 1

| Am | Dm/F | Am7 | Asus4 | |

| Am | Dm/A | Am Em | Am | |

Verse 2

    Am   Dm/A   Am7   Asus4
Reach down for the sweet stuff,   way she looks at me,

    Am   Dm/A Am   Em   Am
I know any man   sees you   like I see.

                    Dm/A   Am7   Asus4
Follow down the side street,   move in single file,

        Am   Dm/A   Am   Em   Am
She said, "That's where I'll hold you, sleepin'   like a child."

Chorus 2   As Chorus 1

Instrumental 2 | Am |Dm/A |Am⁷ |Asus⁴ |

                 | Am |Dm/A |Am Em |Am |

              Am   Dm/A Am⁷   Asus⁴

Verse 3   Just what I be needin',   feel it rise in me

                    Am   Dm/A Am   Em   Am

      She said   "Every stone a story,   like a   rosary."

                        Dm/A Am⁷   Asus⁴

      Corner St. Teresa,   just a little crime

      Am   Dm/A Am   Em   Am

        When I make my money,   got to   get my   dime.

Chorus 3   As Chorus 1

                                   x3

Instrumental 3 ‖: Am   G |C   F   :‖

                 | F   G |Am   G |

             F   G   Am G

Bridge   You crawled up in the sky,

             F   G   Am G

      You crawled up in the clouds

             F   G   Am G F   G

      Is there something you forgot to tell me?

             | Am   G |F   G |Am   G |

                    Tell me,

      F   G F   G F   G Am |Am |Am |Am |

      Tell me,   tell me,   tell me,   tell me.

Instrumental 4 | Am |Dm/A |Am⁷ |Asus⁴ |

                 | Am |Asus⁴ |Am Em |Am |

              Am   Dm   Am⁷   Asus⁴

Outro   Show me, my Teresa,   feel it rise in me,

              Am G   C   F   G   Am

      Every   stone a sto - ry, like a   rosary.

Strong Enough

Words & Music by
Sheryl Crow, Bill Bottrell, David Baerwald,
Kevin Gilbert, Brian MacLeod & David Ricketts

D   Gadd9   Bm7   A

G   Em   D/F♯   Bm   C

Intro | D   Gadd9 | Bm7   A | D   Gadd9 | Bm7   A ||

Verse 1

D   Gadd9   Bm7   A
God I feel like hell   tonight,

D   Gadd9   Bm7   A
Tears of rage I cannot   fight.

              D   Gadd9   Bm7
I'd be the last to help you under - stand,

A   D   Gadd9   Bm7
Are you strong enough to be my   man?

A
    My (man.)

Link 1 | D   Gadd9 | Bm7   A | D   Gadd9 | Bm7   A |
man.

| D   Gadd9 | Bm7   A | D   Gadd9 | Bm7   A ||

Verse 2

D   Gadd9   Bm7   A
Nothing's true and nothing's right,

    D   Gadd9 Bm7   A
So let me be alone   tonight.

          D   Gadd9   Bm7
'Cause you can't change the way I   am,

A   D   Gadd9   Bm7   A
Are you strong enough to be my   man?

Chorus 1

Em D/F♯ G A Bm   C   G   A
Lie ____ to me,   I promise I'll believe,

Em D/F♯   G A Bm   C   G   A
Lie ____ to me, but please don't leave. ____

| **D**   **Gadd⁹** | **Bm⁷**   **A** ‖
Don't leave.

Link 2   ‖: **D**   **Gadd⁹** | **Bm⁷**   **A** :‖ *Play 3 times*

Verse 3
      D   **Gadd⁹ Bm⁷   A**
I have a face I cannot   show,

      D   **Gadd⁹ Bm⁷ A**
I make the rules up as   I   go:

        D   **Gadd⁹ Bm⁷**
It's try and love me if you   can.

A   D   **Gadd⁹ Bm⁷**
Are you strong enough to be my man ?

A   D   Gadd⁹ | **Bm⁷   A** ‖
   My   man.

Link 3
      A   D   Gadd⁹ Bm⁷
(Are you strong enough) to be my   man?

      A   D   Gadd⁹ Bm⁷
(Are you strong enough) to be my   man?

      A   D   Gadd⁹ Bm⁷
(Are you strong enough) my   man?

Verse 4
           D   **Gadd⁹   Bm⁷**
When I've shown you that I just don't care

A   D   **Gadd⁹ Bm⁷**
When I'm throwing punches in the   air,

A   D   **Gadd⁹ Bm⁷**
When I'm broken down and I can't   stand

         A   D   **Gadd⁹ Bm⁷   A**
Would you be man enough to be my   man ?

Chorus 2
Em D/F♯   G A Bm   C   G   A
Lie ____ to me,   I promise I'll believe,

Em D/F♯   G A Bm   C   G   A   D
Lie ____ to me, but please don't leave. ____

Sunny Come Home

Words & Music by
Shawn Colvin & John Leventhal

Am　G　Fmaj7　Em　C　F#m7b5　F

D7sus2　Dm　Fadd9#11　D/F#　G/B　D9　E

Capo second fret

Intro

| Am | Am | Am | Am |

| Am　　G | Fmaj7　Em | Am　G | C　G |

| F#m7b5　G | F　Em | F　G | D7sus2 |

Verse 1

Am　　　　　　　G　　　　　　F　　　　　　　Em
Sunny came home to her favourite room,

Am　　　　　G　　　　　C　　　G
Sunny sat down in the kitchen.

F#m7b5　　　　　　G　　　　　　F　　　　　Em
She opened a book and a box of tools

Dm　　　　　　　Am　　　　　　Fadd9#11　F
Sunny came home with a mission.

Chorus 1

　　　　　　　　　　　C　　G　　Dm　F
She says days go by I'm hypnotised

　　　　　　　C　　G　Dm　　F
I'm walking on a wire.

　　　C　　　　G　　　　　Dm　　Am　　D/F#　　G
I close my eyes and fly out of my mind

　　　　　　　Fmaj7
Into the fire.

Link

| Am　　G | Fmaj7　Em | Am　　G | C　　　G |

Verse 2

Am　　　　　　　G　　　　　　C　　G
Sunny came home with a list of names

Am　　　　　　G　　　　　C　　　　Em
She didn't believe in transcendence.

F　　　　　　　G　　　　　　　Am　　　　　G
And it's time for a few small repairs she said

Dm　　　　　　Am　　　　　　Fadd9#11　　　F
Sunny came home with a vengeance.

Chorus 2

        C   G   Dm   F
She says days go by I don't know why

       C   G   Dm F
I'm walking on a wire.

      C   G   Dm   Am   D/F♯   G
I close my eyes and fly out of my mind

          Fmaj7
Into the fire.

Bridge

      G   Em   F
Get the kids and bring a sweater

G/B   Em   F
Dry is good and wind is better,

G/B   Em   F
Count the years, you always knew it

G   Em   F
Strike a match, go on and do it.

Chorus 3

      C   G   Dm F
Oh days go by I'm hypnotised

      C   G   Dm F
I'm walking on a wire.

    C   G   Dm   F   C
I close my eyes and fly out of my mind

    G   Dm
Into the fire.

C   G   Dm   F
Light the sky and hold on tight

      C   G   Dm   F
The world is burning down.

      C   G   Dm   Am   D/F♯   G
She's out there on her own and she's alright.

Outro

           Fmaj7 | F♯m7♭5 | Am | F♯m7♭5 |
Sunny came home

           Am G | F   G | Am G | F   G |
Sunny came home . . .

| Am G | F   G | D9 | Fmaj7 | Am | E |

| G | D | F | F | Am   ‖

Stay (I Missed You)

**Words & Music by
Lisa Loeb**

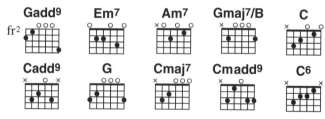

Capo sixth fret

Intro
| Gadd⁹ | Em⁷ | Am⁷ Gmaj⁷/B | C Cadd⁹ ‖

Verse 1

Gadd⁹   Em⁷   Am⁷ Gmaj⁷/B C Cadd⁹
You say I only hear what I want to,

Gadd⁹   Em⁷   Am⁷ Gmaj⁷/B C   Cadd⁹
You say I talk so all the time so. ___

Pre-chorus 1

Am⁷   G
And I thought what I felt was simple,

Am⁷   G
And I thought that I don't belong.

Am⁷   G
And now that I am leaving,

Am⁷   G
Now I know that I did something wrong.

Chorus 1

            Cmaj⁷
'Cause I missed you,

Cmadd⁹
  Yeah, ___

   Am⁷
I missed you.

| G | Am⁷ G ‖

Verse 2

Gadd⁹   Em⁷
And you say I only hear what I want to,

Am⁷   Gmaj⁷/B
I don't listen hard, don't pay attention

     C   G
To the distance that you're running to anyone, anywhere.

cont.

Am7   Gmaj7/B
I don't understand if you really care,

     C
I'm only hearing negative, no, no, no. _____

Verse 3

    Am7   G   Am7
So I turn the radio on, I turn the radio up

              G
And this woman was singing my song:

Am7   G
Lovers in love and the others run away,

Am7   G
Lover is crying 'cause the other won't stay.

Am7   G
   Some of us hover when we weep for the other,

       Am7   G
Who was dying since the day they were born.

    Am7   G   Am7
Well this is not that I think that I'm throwing, but I'm thrown

G   Am7
   And I thought I'd live forever,

But now I'm not so sure.

         C
You try to tell me that I'm clever

But that won't take me anyhow,

Am7   Gmaj7/B C   Cadd9
   Or anywhere with   you.

Pre-chorus 2

Am7   G
   And you said that I was naive

      Am7   G
And I thought that I was strong:

Am7   G
   I thought, hey I can leave, I can leave.

     Am7   G
Oh but now I know that I was wrong.

Chorus 2

        C6
'Cause I missed you,

Cm add9
   Yeah, _____

  Am7
I missed you.

| G | Am7 G |

Verse 4

          Am⁷
You said you caught me 'cause you want me

And one day I'll let you go.
       C
You try to give away a keeper, or keep me
                          Am⁷   **Gmaj⁷/B**   **C**   **Cadd⁹**
'Cause you know you're just so scared to lose.

Coda

             Gadd⁹
And you say, ____

Em⁷   **Am⁷** **Gmaj⁷/B** **C**   **Cadd⁹**
  "Stay"

Gadd⁹
  And you say

Em⁷   **Am⁷** **Gmaj⁷/B** **C** **Cadd⁹**
  I only hear what I want to.

Tell Yourself

Words & Music by
Natalie Merchant

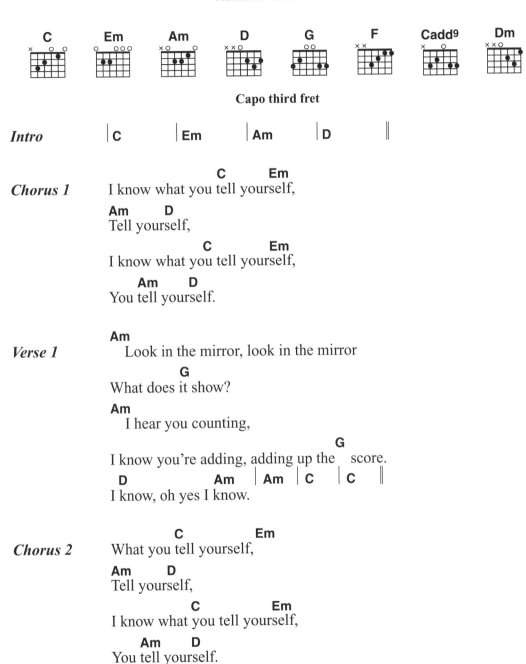

Capo third fret

Intro | C | Em | Am | D ‖

Chorus 1

                 C   **Em**
I know what you tell yourself,

Am   **D**
Tell yourself,

                 C   **Em**
I know what you tell yourself,

     Am   **D**
You tell yourself.

Verse 1

   Am
   Look in the mirror, look in the mirror

          G
What does it show?

   Am
   I hear you counting,

                             G
I know you're adding, adding up the   score.

 D   **Am** | Am | C | C ‖
I know, oh yes I know.

Chorus 2

             C   **Em**
What you tell yourself,

Am   **D**
Tell yourself,

                 C   **Em**
I know what you tell yourself,

     Am   **D**
You tell yourself.

Verse 2

Am
    Ever since Eden

                                      G
We're built for pleasing, every - one knows.

Am   G
    Ever since Adam, cracked his rib and let us go.

D   Am | Am | C | C   ‖
I know, oh yes I know.

Chorus 3

                  C   Em
What you tell yourself,

        Am   D
You tell yourself.

                  C   Em
I know what you tell yourself,

        Am   D
You tell yourself.

                  C   Em
I know what you tell yourself,

        Am   D
You tell yourself.

Bridge 1

Em   D
    Who taught you how to lie so well

                C   G   D
And to believe in each and every word you say?

Em   D
    Who told you that nothing about you is alright?

                C   G   D
It's just no use, it's just no good you'll never be okay.

Dm   Am
    Well I know, I know that wrongs been done to you

             C
"It's such a tough world"

             G
That's what you say.

Dm   Am
    And I know, I know it's easier said than done

             C
But that's enough girl,

        G
Give it away

        F   C | Em | Am | D   ‖
Give it, give   it all away.

154

Chorus 4

  C   Em
Tell yourself that you're not pretty

Am   **D**
 Look at you, you're beautiful.

  C   Em
 Tell yourself that no one sees

Am   **D**
Plain Jane, invisible me,

   C   Em
Just tell yourself,

Am   **D**
Tell yourself.

Chorus 5

  C   Em
Tell yourself you'll never be

    Am   **D**
Like the anorexic beauties in the magazines

  C   Em
Like a bargain basement Barbie doll,

   Am   **D**
No belle du jour, no femme fatale,

   C   Em
Just tell yourself,

Am   **D**
Tell yourself.

Chorus 6

  C   Em
Tell yourself there's nothing worse

    Am   **D**
Than the pain inside, the way it hurts.

  C   Em
Tell yourself it's nothing new,

    Am   **D**
'Cause everybody feels it too

    C   Em | **Am** | **D** ‖
They feel it too.

Coda

  C   Em
And there's just no getting 'round

   Am   **D**   **Cadd⁹**
The fact that you're thirteen right now . . .

That Day

Words & Music by
Natalie Imbruglia & Pat Leonard

Bm   Em7   D/F#   G   Em

Dsus4   D   Asus4   A   A/C#   Em/G

Intro | Bm | Em7 | D/F# | G | Bm | Em7 | D/F# | Em   ‖

‖: Dsus4   D | Asus4   A | G | Bm   :‖

Verse 1
      D
That day, that day what a mess, what a marvel
        A/C#
I walked into that cloud again and I lost myself,
        C   **G**
And I'm sad, sad, sad, small, alone, scared,
         D/F#   **Em/G**
Craving purity, a fragile mind and a gentle spirit.
      D
That day, that day what a marvellous mess,
        A/C#
This is all that I can do, I'm done to be me
C   **G**
Sad, scared, small, alone, beautiful,
           D/F#
It's supposed to be like this, I accept everything,
       G
It's supposed to be like this.

Chorus 1
        Bm   **Em7**
That day, that day I lay down beside myself
      D/F#
In this feeling of pain,
G
Sad and scared, small, climbing,
Bm **Em7**
Crawling towards the light,

cont.

                  D/F♯
And it's all I see, and I'm tired, and I'm right,

       Em
And I'm wrong, and it's beautiful.

D   **A**
  That day, that day what a mess,

       G
What a marvel, we're all the same

      Bm
And no one thinks so,

      Dsus4   **D**   **A**
And it's okay, and I'm small, and I'm divine,

          G
And it's beautiful, and it's coming,

           Bm
But it's already here, and it's   absolutely perfect.

Verse 3

     D
That day, that day when everything was a mess,

          A/C♯
And everything was in place, and there's too much hurt,

             C
Sad, small, scared, alone, and everyone's a cynic,

     G   **D/F♯**   **Em**
And it's hard, and it's sweet, but it's supposed to be like this.

      D
Well that day, that day when I sat in the sun,

        A/C♯
And I thought, and I cried, 'cause I'm sad, scared, small,

         C
Alone, strong and I'm nothing, and I'm true,

G
Only a brave man can break through,

     D/F♯   **G**
And it's all okay,   yeah, it's okay.

Chorus 2

     Bm   **Em7**
That day, that day I lay down beside myself

     D/F♯
In this feeling of pain,

G
Sad and scared, small, climbing,

Bm **Em7**
Crawling towards the light,

              D/F♯
And it's all that I see, and I'm tired, and I'm right,

cont.

        Em
And I'm wrong, and it's beautiful.

D   **A**
That day, that day what a mess,

                G
What a marvellous   mess, we're all the same

       Bm
And no one thinks so,

         Dsus4   **D**   **A**
And it's okay, and I'm small, and I'm divine,

              G
And it's beautiful, and it's coming,

                    Bm
And it's already here, and it's   absolutely perfect.

Instrumental ‖: Bm | Bm | A | A | G | G | G | G :‖

| Em | Em ‖

Link

Bm   **Em**   **D/F♯** **G**
That day, that day,

Bm   **Em**   **D/F♯** **Em**
That day, that day.

‖: **Dsus4**   **D** | **Asus4**   **A** | **G** | **Bm**   :‖

Chorus 3

       Bm   **Em7**
That day, that day I lay down beside myself

         D/F♯
In this feeling of pain,

G
Sad and scared, small, climbing,

Bm   **Em7**
Crawling towards the light,

                   D/F♯
And it's all I see, and I'm tired, and I'm right,

        Em
And I'm wrong, and it's beautiful.

D   **A**
That day, that day what a mess,

                G
What a marvellous   mess, we're all the same

       Bm
And no one thinks so,

         Dsus4   **D**   **A**
And it's okay, and I'm small, and I'm divine,

158

                                     G
And it's beautiful, and it's coming,

                              Bm   **Dsus4** **D**
But it's already here, and it's   absolutely perfect.

Coda

                   A   **G**   **Bm**
That day, that day

Dsus4 **D**   **A**   **G**   **Bm**
           That day, that day

Dsus4 **D**   **A**   **G**   **Bm**
           That day, that day

Dsus4 **D**   **A**   **G**   **Bm**
           That day, that day

D   **A**   **G**   **Bm**
    So sweet, can you feel it?

D   **A**   **G**   **Bm**
    Are you here? Are you with me? I can feel it, it's beautiful.

D   **A** **G**   **Bm**
    That day,   that day

D   **A** **G**   **Bm**
    That day,   absolutely perfect.

‖: **D** | **A** | **G** | **Bm**   :‖   *Repeat to fade*

These Boots Are Made For Walking

Words & Music by
Lee Hazlewood

E	A	G

Intro | E | E | E | E | E | E | E | E |

Verse 1

    E
You keep saying you've got something for me.

Something you call love, but confess.
    A
You've been messin' where you shouldn't have been a messin'
        E
And now someone else is gettin' all your best.

Chorus 1

        G   E   G   E
These boots are made for walking, and that's just what they'll do
G   E   N.C.
One of these days these boots are gonna walk all over (you).

Link 1 | E | E | E | E | E | E | E | E |
you.   Yeah!

Verse 2

    E
You keep lying, when you oughta be truthin'

And you keep losin' when you oughta not bet.
    A
You keep samin' when you oughta be a-changin'.
        E
Now what's right is right, but you ain't been right yet.

Chorus 2

              G   E   G   E

These boots are made for walking, and that's just what they'll do

G   E   N.C.

One of these days these boots are gonna walk all over (you).

Link 2 |E |E |E |E |E |E |E |E |

          you.

Verse 3

E

You keep playin' where you shouldn't be playin'

And you keep thinkin' that you'll never get burnt, ha!

A

I just found me a brand new box of matches, yeah

E

And what he know you ain't have time to learn.

Chorus 3

              G   E   G   E

These boots are made for walking, and that's just what they'll do

G   E   N.C.

One of these days these boots are gonna walk all over (you).

Link 3 |E |E |E |E |

        you.

       E

          Are you ready boots? Start walkin'!

Outro   ‖:E |E |E |E   :‖   *Repeat to fade*

Those Were The Days

Words & Music by
Gene Raskin

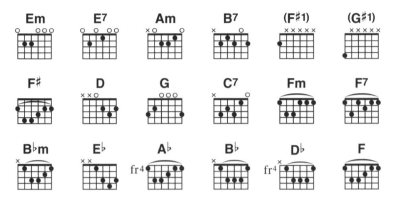

Capo second fret

Intro | Em | Em E7 | Am | Am | |

| B7 | B7 ‖ Em | Em | Em | Em |

Verse 1

Em
Once upon a time there was a tavern,
E7   (F♯1)   (G♯1)   Am
Where we used to raise a glass or two
                                         Em
Remember how we laughed away the hours
      F♯   B7
And dreamed of all the great things we would do.

Chorus 1

                         Em
Those were the days, my friend
              Am
We thought they'd never end,
                  D   G
We'd sing and dance forever and a day.
              Am
We'd live the life we choose
              Em
We'd fight and never lose,
         B7   Em
For we were young and sure to have our way.
         Em
La la la la la la,

cont.

Am
La la la la la la,

B7
La la la la,

Em | **Em** |
La la la la la la.

Verse 2

Em
Then the busy years went rushing by us,

E7　　　　　**(F♯1)(G♯1)**　　**Am**
We lost our starry notions on the way,

　　　　　　　　　　　　　Em
If by chance I'd see you in the tavern

　　　F♯　　　　　　　　　　　**B7**
We'd smile at one another and we'd say:

Chorus 2

　　　　　　　Em
Those were the days, my friend

　　　　　　Am
We thought they'd never end,

　　　　　　D　　　　　　　　**G**
We'd sing and dance forever and a day.

　　　　　Am
We'd live the life we choose

　　　　　Em
We'd fight and never lose,

　　　　　B7
Those were the days,

　　　　　　　　Em
Oh yes those were the days.

　　　　Em
La la la la la la,

　　　　Am
La la la la la la,

　　　B7
La la la la,

　　　　　　Em | **Em** |
La la la la la la.

Verse 3

Em
Just tonight I stood before the tavern,

E7　　　　　　　　**(F♯1)**　**(G♯1)**　**Am**
Nothing seemed the way it used to be,

　　　　　　　　　　　　　Em
In the glass I saw a strange reflection

F♯　　　　　　　　　　　　**B7**
Was that lonely woman really me?

163

Chorus 3

        Em
Those were the days, my friend

            Am
We thought they'd never end,

          D   **G**
We'd sing and dance forever and a day.

          Am
We'd live the life we choose

          Em
We'd fight and never lose,

          B7
Those were the days,

          Em
Oh yes those were the days.

     Em
La la la la la la,

     Am
La la la la la la,

     D
La la la la,

        G
La la la la la la.

     Am
La la la la la la,

     Em
La la la la la la,

     B7
La la la la,

     Em
La la la la la la.

Link

Em	C7	C7	Em	Em	
C7	‖ Fm	Fm	Fm	Fm	

Verse 4

Fm
Through the door there came familiar laughter,

 F7   **B♭m**
I saw your face and heard you call my name

                   Fm
Oh, my friend, we're older but no wiser

   G   **C7**
For in our hearts the dreams are still the same.

Chorus 4

        Fm
Those were the days, my friend

        B♭m
We thought they'd never end,

     E♭   **A♭**
We'd sing and dance forever and a day.

       B♭m
We'd live the life we choose

       Fm
We'd fight and never lose,

       C7
Those were the days,

           Fm
Oh yes those were the days.

   Fm
La la la la la la,

   B♭m
La la la la la la,

   E♭
La la la la,

       A♭
La la la la la la.

   B♭m
La la la la la la,

   Fm
La la la la la la,

   C7
La la la la,

   Fm
La la la la la la.

Outro | **Fm** | **A♭** | **A♭** | **B♭** | **D♭** | **F** ||

True Colours

**Words & Music by
Billy Steinberg & Tom Kelly**

Am7   C/B   C**   F**   Am   G/B

C   C/E   Fadd9   F   G   Dm   Dm*

C*   F*   Gsus4   C/E*   F/C   Gsus2/4   E7

Intro | N.C. | N.C. | Am7 | C/B | C** | F** |

| Am7 | C/B | C** | F** ‖

Verse 1
           Am G/B
You with the sad heart
C   **C/E**
Don't be discouraged
         Fadd9 **F**
Though I realise
     Am   **G**
It's hard to take courage.
    C   **Dm**
In a world full of people
C/E   **F**
You can lose sight of it all
     Am   **G**
And the darkness inside you
       Dm* **C***
Can make you feel so small.

Chorus 1
         F* **C**
But I see your true colours
   Gsus4   **G**
Shining through,
     F* **C/E***
I see your true colours

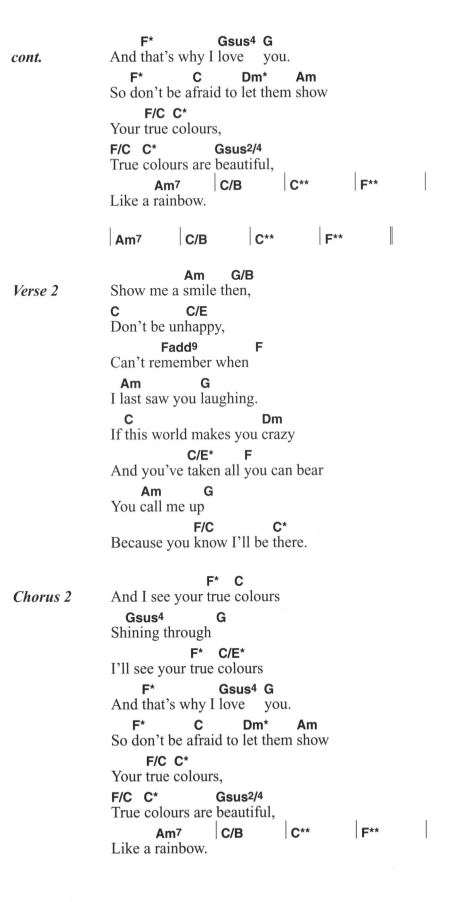

cont.

     F*   **Gsus4 G**
And that's why I love   you.

     F*   **C**   **Dm***   **Am**
So don't be afraid to let them show

      F/C C*
Your true colours,

F/C C*   **Gsus2/4**
True colours are beautiful,

        Am7 | **C/B** | **C**** | **F**** |
Like a rainbow.

| **Am7** | **C/B** | **C**** | **F****   ‖

Verse 2

          Am   **G/B**
Show me a smile then,

C   **C/E**
Don't be unhappy,

        Fadd9   **F**
Can't remember when

   Am   **G**
I last saw you laughing.

    C   **Dm**
If this world makes you crazy

         C/E*   **F**
And you've taken all you can bear

    Am   **G**
You call me up

        F/C   **C***
Because you know I'll be there.

Chorus 2

          F*   **C**
And I see your true colours

   Gsus4   **G**
Shining through

        F* **C/E***
I'll see your true colours

     F*   **Gsus4 G**
And that's why I love   you.

     F*   **C**   **Dm***   **Am**
So don't be afraid to let them show

      F/C C*
Your true colours,

F/C C*   **Gsus2/4**
True colours are beautiful,

        Am7 | **C/B** | **C**** | **F**** |
Like a rainbow.

Instrumental | Am7 | C/B | C** | F** | Am | G/B | C | C/E |

Fadd9   **F**
Verse 3   (Can't remember
(whispered)
                    Am   **G**
                When I last saw you laughing)
                C   **Dm**
                If this world makes you crazy
                        C/E   **F**
                You've taken all you can bear,
                        Am   **G**
                You call me up
                            F/C   **C***
                Because you know I'll be there.

                                    F* **C**
Chorus 3   And I see your true colours

                    Gsus4   **G**
                Shining through
                        F*   **C/E***
                I see your true colours
                    F*   **Gsus4** **G**
                And that's why I love   you
                    F*   **C**   **Dm*** **Am**
                So don't be afraid to let it   show
                        F/C **C***
                Your true colours,
                F/C   **C***
                True colour,s
                F/C   **C***   **Gsus4**   **G**
                True colours are shining through
                        F*   **C/E***
                I see your true colours
                    F*   **Gsus4** **G**
                And that's why I love   you
                    F*   **C**   **Dm*** **Am**
                So don't be afraid, to let them show
                        F/C **C***
                Your true colours
                F/C   **C***   **Gsus2/4**
                True colours are beautiful,
                N.C.   **Am7** | C/B | C** | F**   ‖
                Like a rainbow. _____

Outro   **drum machine**

168

Walk This World

Words & Music by
Heather Nova

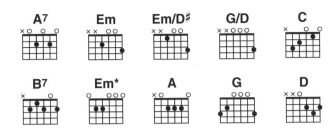

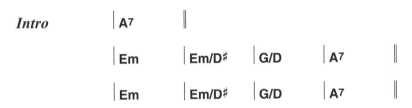

Intro
| A⁷ |

| Em | Em/D♯ | G/D | A⁷ |

| Em | Em/D♯ | G/D | A⁷ |

Verse 1

      Em   Em/D♯
I have slept beside the winter
        G/D   A⁷
And the green is growing slow,
      Em   Em/D♯
I have watched you find the places
G/D   A⁷
Hidden by the snow.
       C
I have tripped into a valley
       B⁷
That is blue till you can see
           Em* A   Em*
I want you to come walk this world with me.

Chorus 1

         G   C   D   Em*
With the light in our   eyes   it's hard to see
G   C   D   Em*
Holding on   and on   'til we believe
         G   C   D   Em*
With the light in our   eyes   it's hard to see
C   B⁷
   I'm not touched but I'm   aching to be
           Em* A   Em*
I want you to come walk this world with me.

Verse 2

      Em   **Em/D♯**
And I'm sucked in by the wonder
      G/D   **A7**
And I'm fucked up by the lies
      Em   **Em/D♯**
And I dig a hole to climb in
G/D   **A7**
And I build some wings to fly.
      C
And I think that I could love you 'cause
      B7
You know how to be free
         Em* **A**   **Em***
I want you to come walk this world with me.

Chorus 2

      G   **C**   **D**   **Em***
With the light in our   eyes   it's hard to see
G   **C**   **D**   **Em***
Holding on   and on   'til we believe.
      G   **C**   **D**   **Em***
With the light in our   eyes   it's hard to see
C   **B7**
I'm not touched but I'm aching to be
      Em*
I want you to come,
A   **Em***
I want you to come,
A   **Em*** **A**   **Em***
I want you to come walk this world with me.

Instrumental

                                       x4
‖: **Em** | **Em/D♯** | **G/D** | **A7**   :‖

Verse 3

      Em   **Em/D♯**
And it's burning in our fingers
      G/D   **A7**
And it's burning on the road
      Em   **Em/D♯**
And I like the way you're broken
      G/D   **A**
And I'll like you when you're old
      C
And I see you in the garden
      B7
And I feel you plant the seed
         Em* **A**   **Em***
I want you to come walk this world with me.

Chorus 3

    G   C D   Em*
With the light in our eyes it's hard to see,

G   C   D   Em*
Holding on and on 'til we believe.

    G   C D   Em*
With the light in our eyes it's hard to see

G   C   D   Em*
Holding on and on 'til we believe.

    G   C D   Em*
With the light in our eyes it's hard to see,

G   C   D   A
Holding on and on 'til we believe

C   B7
 I'm not touched but I'm aching to be

C   B7
 Dust to dust and cheek to cheek

       Em*
I want you to come,

A   Em*
 I want you to come,

A   Em* A   Em*
 I want you to come, walk this world with me.

Until It's Time For You To Go

**Words & Music by
Buffy Sainte-Marie**

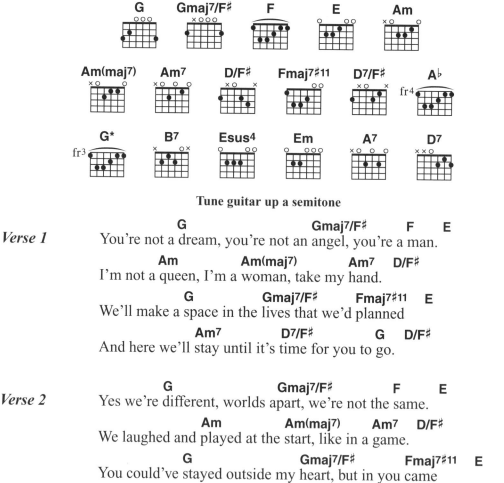

Tune guitar up a semitone

Verse 1

           G   **Gmaj7/F♯**   **F**   **E**
You're not a dream, you're not an angel, you're a man.

      Am   **Am(maj7)**   **Am7** **D/F♯**
I'm not a queen, I'm a woman, take my hand.

           G   **Gmaj7/F♯**   **Fmaj7♯11** **E**
We'll make a space in the lives that we'd planned

         Am7   **D7/F♯**   **G** **D/F♯**
And here we'll stay until it's time for you to go.

Verse 2

           G   **Gmaj7/F♯**   **F**   **E**
Yes we're different, worlds apart, we're not the same.

       Am   **Am(maj7)**   **Am7** **D/F♯**
We laughed and played at the start, like in a game.

        G   **Gmaj7/F♯**   **Fmaj7♯11** **E**
You could've stayed outside my heart, but in you came

         Am7   **D7/F♯**   **G** **A♭**
And here you'll stay until it's time for you to go.

Bridge 1

    F   **G***   **A♭**
Don't ask why,

    F   **G***   **B7**
Don't ask how, ____

           Esus4 **Em**
Don't ask forever,

    A7   **D7**   **D/F♯**
Love me now.

Verse 3

          G   **Gmaj7/F#**   **Fmaj7#11**   **E**
This love of mine had no beginning, it has no end,

       Am   **Am(maj7)**   **Am7**   **D/F#**
I was an oak, now I'm a willow, now I can bend.

          G   **Gmaj7/F#**   **Fmaj7#11**   **E**
And though I'll never in my life see you again,

      Am7   **D7/F#**   **G**   **Gmaj7/F#** **A♭**
Still I'll stay until it's time for you to go.

Bridge 2

F   **G***   **A♭**
Don't ask why of me,

F   **G***   **B7**
Don't ask how of me, ⎯

        Esus4 **Em**
Don't ask forever of me,

A7   **D7**   **D/F#**
Love me, love me now.

Verse 4

         G   **Gmaj7/F#**   **F**   **E**
You're not a dream, you're not an angel, you're a man.

      Am   **Am(maj7)**   **Am7**   **D/F#**
I'm not a queen, I'm a woman, take my hand.

         G   **Gmaj7/F#**   **Fmaj7#11**   **E**
We'll make a space in the lives that we'd planned

      Am7   **D7/F#**   **G**   **A♭** **F** **G***
And here we'll stay until it's time for you to go.

Up In The Air

Words & Music by
Bob Mould

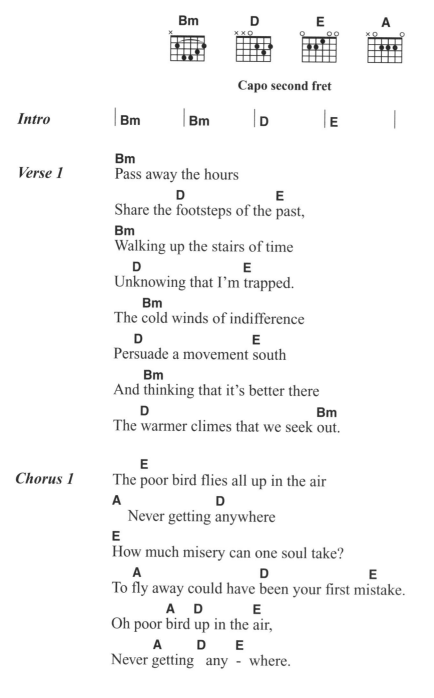

Capo second fret

Intro | Bm | Bm | D | E |

Verse 1
Bm
Pass away the hours
         D   E
Share the footsteps of the past,
Bm
Walking up the stairs of time
     D   E
Unknowing that I'm trapped.
        Bm
The cold winds of indifference
     D   E
Persuade a movement south
        Bm
And thinking that it's better there
     D   Bm
The warmer climes that we seek out.

           E
Chorus 1   The poor bird flies all up in the air
A   D
   Never getting anywhere
E
How much misery can one soul take?
     A   D   E
To fly away could have been your first mistake.
           A D   E
Oh poor bird up in the air,
           A   D   E
Never getting any - where.

Verse 2

         Bm
Picking the petals of a flower
D   **E**
Loves me loves me not,
    Bm
Is love another way to count
      D   **E**
The things you haven't got?
    Bm
I wish the best to all my friends
D   **E**
Young and old alike,
       Bm
When the dust has settled in the sky
     D   **Bm**
Oh you can have anything, anything you like.

Chorus 2

      E
The poor bird flies all up in the air
A   **D**
  Never getting anywhere
E
How much misery can one soul take?
    A   **D**   **E**
To fly away could have been your first mistake.
        A **D**   **E**
Oh poor bird up in the air
          A   **D**   **E**
Never getting any - where.
        A **D** **E**
Oh po - or bird
          A   **D**   **E**
Oh poor bird. _____

Outro   ‖: **A** | **D** | **E** | **E**   :‖   *Repeat to fade*

What's Up

**Words & Music by
Linda Perry**

A   Bm   D   Dsus2   Asus2   Dsus4

Intro | A | Bm | D Dsus2 | A Asus2 | A Asus2 | Bm | D Dsus2 | A Asus2 |

Verse 1

A
25 years of my life and still   Asus2

Bm   D
I'm trying to get up that great big hill of hope

Dsus2   A
For a destin - ation.

Asus2   A
And I realised quickly when I knew I should

Asus2   Bm
That the world was made up of this

D
Brotherhood of man,

Dsus2   A
For whatever that means.

Pre-chorus 1

Asus2   A
And so I cry sometimes when I'm lying in bed

Asus2 Bm
Just to get it all out, what's in my head

D   Dsus2 A
And I,   I am feeling a little peculiar.

Asus2   A
And so I wake in the morning and I step

Asus2 Bm
Outside and I   take deep breath

And I get real high

D
And I   scream from the top of my lungs,

Dsus2   A
"What's goin'   on?"

Chorus 1

       Asus² A   **Asus²**
And I   say, "Hey, yeah, yeah, yeah,

Bm
Hey, yeah, yeah."

         D   **Dsus² A**
I said "Hey, what's goin'   on?"

       Asus² A   **Asus²**
And I say,   "Hey, yeah, yeah, yeah,

Bm
Hey, yeah, yeah."

         D   **Dsus² A**
I said "Hey, what's goin'   on?"

Link 1

‖: A   Asus² | Bm | D   Dsus² | A   Asus² :‖

Verse 2

      A   **Asus² Bm**
And I try, oh my God do I   try,

         D
I try all the time

        Dsus² A
In this insti - tution.

Asus² A   **Bm**
And I pray, oh my God do I pray,

           D
I pray every single day

        Dsus² A
For a revo - lution.

Pre-chorus 2   As Pre-chorus 1

Chorus 2   As Chorus 1

Link 2 | A   Asus² | Bm | D   Dsus² | A   Asus² |

Outro

A   **Asus²**
  25 years and my life is still,

     Bm   **D**
I'm trying to get up that great big hill of hope

      Dsus⁴ D   **Dsus² A**
For a   des - ti - nation.

Where Have All The Cowboys Gone?

Words & Music by
Paula Cole

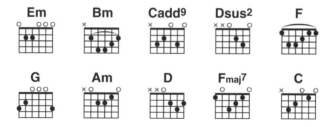

Capo second fret

Intro | Em | Bm | Em | Bm |

| Em | Bm | Cadd9 | Dsus2 | N.C. | N.C. |

Verse 1 (spoken)

N.C.
Oh you get me ready in your 56 Chevy

Why don't we go sit down in the shade?

Take shelter on my front porch

The dandy lion sun scorching,

Like a glass of cold lemonade.

Chorus 1

F   G   Am   Bm
I will do the laundry if you pay all the bills,
Em   Bm
   Where is my John Wayne,
Em   Bm
   Where is my prairie song?
Em   Bm
   Where is my happy ending,
Cadd9   Dsus2
   Where have all the cowboys gone? _____

Link 1 | Am | Bm | Cadd9 | Dsus2 |

Verse 2 *(spoken)*

N.C.
Why don't you stay the evening

Kick back and watch the TV

And I'll fix a little something to eat.

Oh I know your back hurts from working on the tractor

How do you take your coffee my sweet?

Chorus 2

    F   **G**   **Am**   **Bm**
I will raise the children if you pay all the bills,
Em   **Bm**
  Where is my John Wayne,
Em   **Bm**
  Where is my prairie song?
Em   **Bm**
  Where is my happy ending,
Cadd9   **Dsus2**
  Where have all the cowboys gone? _____

Link 2 | **Am** | **Bm** | **Cadd9** | **D** |

Bridge

Fmaj7
  I am wearing my new dress tonight
                   Am   **Bm** |**Cadd9** |**D** |
But you don't, but you don't even notice me _____
     Am   **Bm**   **C**   **D** |**N.C.** |**N.C.** |
Say goodbyes, say goodbyes, say goodbyes.

Verse 3 *(spoken)*

N.C.
We finally sell the Chevy

When we had another baby

And you took the job in Tennessee.

You made friends at the farm

And you joined them at the bar

Almost every single day of the week.

Chorus 3

F   G   Am   Bm
I will wash the dishes while you go have a beer

Em   Bm
  Where is my John Wayne,

Em   Bm
  Where is my prairie song?

Em   Bm
  Where is my happy ending,

Cadd9   Dsus2
  Where have all the cowboys gone?

Em   Bm
  Where is my Marlboro man,

Em   Bm
  Where is his shiny gun?

Em   Bm
  Where is my lonely ranger,

Cadd9   Dsus2 | Am | Bm |
  Where have all the cowboys gone? _____

C   D | Am | Bm | C | D |
Where have all the cowboys gone? _____

Am   Bm | C | D |
Where have all the cowboys gone? _____

Outro

Am
  Yippee yo, yippee yay,

Bm
  Yippee yo, yippee yay,

C
  Yippee yo, yippee yay,

D
  Yippee yo, yippee yay.

‖: Am | Bm | C | D   :‖   *Repeat to fade*
(Yippee yo, yippee yay, *etc. ad lib*)

Willow

Words & Music by
Joan Armatrading

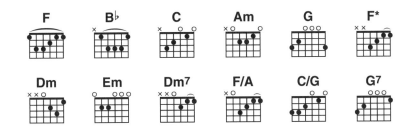

Intro | N.C. (Cbass) | (Cbass) | (Cbass) |

Verse 1

    F   B♭
    I may not be your best,
C
    But you know good ones
                     B♭
Don't come by the score.
    F   B♭
    If you've got something missing,
C   B♭
    I'll help you look you can be sure.
                 F
And if you want to be alone
    Am
Or   someone to share a laugh
G
Whatever you want me to
                  (F*) | C   F*| C   F*| C   Am G |
All you got to do is ask.

Verse 2

    C
    Thunder,
F*
    Don't go under the sheets
C
    Lightning,
F*
    Under a tree
C   G
    In the rain and snow

cont.

  Dm   Am G
   I'll be your fireside.

  C   Em
   Come running to me,

  Dm7   G Am G
   When things get out of hand

  C   Em
   Running to me,

  Dm7   G
   When it's more than you can stand.

Chorus 1

       C Dm7 Em Dm7
  I said I'm strong _____

  C   Dm7 Em Dm7
   Straight _____

  C   F*
   Willing

      C G C
  To be a shelter in a storm

      F*   C
  Your willow, oh willow

       F/A C/G F
  When the sun is out.

Instrumental

C		F*	C		F*	G		F		
C	G		C			G		F		
C	G7									

Verse 3

  F   B♭
   A fight with your best girl,

  C   B♭
   Prettiest thing you ever saw

  F   B♭
   You know I'll listen,

  C
   Try to get a message to her

   B♭   F
  And if it's money you want

   Am
  Or trouble halved,

   G
  Whatever you want me to

  All you got to do is ask.

Chorus 2

                  C   Dm7   Em   Dm7
I said I'm strong, ____

   C   Dm7   Em   Dm7
   Straight, _____

   C   F
   Willing

         C G   C
To be a shelter in a storm

       F   C
Your willow, oh willow

           F/A C/G F
When the sun is   out

  C   G7 C
(Shelter in a storm . . .)   *to fade*

Will You?

Words & Music by
Hazel O'Connor & Wesley Magoogan

Dm   F   B♭   C   A   Dm/A   G   G/B

Intro | Dm | Dm   ‖

Verse 1

    Dm   F   B♭   C
    You drink your coffee, and   I sip my tea
                Dm   F
And we're   sitting here playing so cool, thinking
B♭   A
'What will be will be'.

Chorus 1

    F   C
    But it's getting kind of late now,
Dm   Dm/A A   Dm/A A   Dm/A A   Dm/A A
    Oh I wonder if you'll stay   now, stay   now, stay   now, stay   now.
   Dm   F   G   G/B   Dm   A | A
Or will you just pol - itely,   say goodnight?

Verse 2

    Dm   F   B♭   C
    I move a little closer to you,   not knowing quite what to do
           Dm   F   B♭   A
And I'm   feeling all fingers and thumbs, I spill my tea, oh silly me.

Chorus 2

    F   C
    But it's getting kind of late now,
Dm   Dm/A A   Dm/A A   Dm/A A   Dm/A A
    I wonder if you'll stay   now, stay   now, stay   now, stay   now.
   Dm   F   G   G/B   Dm   A
Or will you just pol - itely,   say goodnight?

Bridge

               F   C
And then we touch much too much,
     Dm   A
This moment has been waiting for a long, long time.
        F   C
Makes me shiver, it makes me quiver,

cont.

    Dm
This moment I am so unsure,

    C
This moment I have waited for

    B♭   **A**   **| A**   **|**
Was it something you've been waiting for, waiting for too?

Verse 3

Dm   **F**   **B♭**   **C**
Take up your eyes, bare your soul, gather me to you and make me whole.
Dm   **F**   **B♭**   **A**
Tell me your secrets, sing me the song, sing it to me in the silent dawn.

Chorus 3

F   **C**
  But it's getting kind of late now,
Dm   **Dm/A A**   **Dm/A A**   **Dm/A A**   **Dm/A A**
  I wonder if you'll stay now, stay now, stay now, stay now.
  Dm   **F**   **G** **G/B**   **Dm** **A**
Or will you just pol - itely,   say goodnight?

Sax solo

| Dm   F | G   G/B | Dm   Ⓐ̂ | Dm |

| Drum break ‖

| Dm | F | B♭ | C | Dm | F | B♭ | A |

| F | C | Dm | A | A | Dm F | G G/B | Dm | A |

| F | C | Dm | A | F | C | Dm | Dm |

| C | C | B♭ | B♭ | A | A |

| Dm | F | B♭ | C | Dm | F | B♭ | A |

| F | C | Dm | A | A | Dm F | G G/B | Dm | A |

| Dm   F | G   G/B | Dm | Ⓐ̂ | Dm ‖

You Do

Words & Music by
Aimee Mann

A   E   Bm   D   F#m7   G   C

Capo fourth fret

Intro
    ‖: A |E |Bm |D   :‖ *x2*

Verse 1

       A   F#m7
You stay the night at this house
       D   Bm
With no ride to work,
       A   F#m7
And I'm the one who tells you
       D   Bm
He's another jerk.
       G   Bm
But you're the one who can succeed
         G   Bm |Bm |
You've only got to prove your need,

Chorus 1
                 A E   Bm   D
And you do,   you do,
       A E   Bm   D
You do,   you really do.

Verse 2

       A   F#m7
The sex you're trading up for
       D   Bm
What you hope is love,
       A   F#m7
Is just another thing that
       D   Bm
He'll be careless of.
       G   Bm
But though there are caveats galore
       G   Bm |Bm |
You've only got to love him more,

Chorus 2

        A **E**   **Bm**   **D**
And you do,   you do

      A **E**   **Bm**   **D**
You do,   you really do

           C **Bm**   **A**
Even when it's all too   clear.

Link 1 | **F♯m7** | **D** | **Bm** | **Bm** |

Verse 3

      A   **F♯m7**
You write a little note that

      D   **Bm**
You leave on the bed.

      A   **F♯m7**
And spend some time dissecting

      D   **Bm**
Every word he said.

      G   **Bm**
And if he seemed a little strange

      G   **Bm** | **Bm** |
Well, baby anyone can change.

Chorus 3

        A **E**   **Bm**   **D**
And you do,   you do,

      A **E**   **Bm**   **D**
You do,   you really do.

      A **E**   **Bm** **D**
You do,   you do,

      A **E**   **Bm**   **D**
You do,   you really do,

      Bm **D**   **A**
You really do,   you really do.

Your Ghost

Words & Music by
Kristin Hersh

Am	G	D

Verse 1

    Am   G   D   Am
If I walk down this hallway tonight it's too quiet,
    G   D   Am   G
So I pad through the dark and call you on the phone,
D   Am   G   D
Push your old numbers and let your house ring
Am   G   D
Till I wake your ghost.

Verse 2

    Am   G   D   Am
Let him walk down your hallway, it's not this quiet,
G   D   Am   G
Slide down your receiver, sprint across the wire,
D   Am   G   D
    Follow my number, slide into my hand.

Verse 3

    Am   G
It's the blaze across my nightgown,
D   Am
    It's the phone's ring.

Link 1

| G D | Am G | D Am | G D ||

Chorus 1

Am   G D   Am   G   D
    I think last night, you were driving circles, around me,
Am   G D   Am   G   D
    I think last night, you were driving circles, around me,
Am   G D   Am   G   D
    I think last night, you were driving circles, around me.

Verse 4

    Am   G   D   Am
I can't drink this coffee till I put you in my closet.

    G   D   Am   G
Let him shoot me down, let him call me off.

    D   Am   G   D
I take it from his whisper   you're not that tough.

Verse 5

            Am   G
It's the blaze across my nightgown,

    D   Am   G
   It's the phone's ring.

Link 2 | D Am | G D ‖

Chorus 2

    Am   G D   Am   G   D
  I think last night, you were driving circles, around me,
  (You were in my dream,)

    Am   G D   Am   G   D
  I think last night, you were driving circles, around me,
  (You were in my dream,)

    Am   G D   Am   G   D
  I think last night, you were driving circles, around me,
  (You were in my dream,)

    Am   G D   Am   G   D
  I think last night, you were driving circles, around me.
  (You were in my dream.)

    Am   G D   Am   G   D
  I think last night, you were driving circles, around me.
  (You were in my dream.)

   | Am G   ‖

You Turn Me On, I'm A Radio

Words & Music by
Joni Mitchell

E♭5   E♭5/D   E♭6sus4   B♭7sus4   E♭   E♭*   A♭

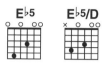

Tune guitar
⑥ = E♭   ③ = G
⑤ = B♭   ② = B♭
④ = E♭   ① = E♭

Intro

‖: E♭5 | E♭5/D | E♭6sus4 | B♭7sus4   :‖

              E♭   E♭5/D
If you're driving into town with a dark cloud above you
E♭6sus4   B♭7sus4
Dial in the number who's bound to love you, oh honey.

Verse 1

E♭* E♭   E♭* E♭   E♭6sus4
You turn me on
           E♭* E♭   E♭* E♭   E♭6sus4
I'm a ra - di - o
          E♭* E♭ E♭* E♭   E♭6sus4
I'm a country   sta - tion
          E♭* E♭ E♭* E♭   E♭6sus4
I'm a little bit   corny.

Bridge 1

         A♭
I'm a wildwood flower, waving for you
                 E♭* E♭ E♭* E♭   E♭6sus4 E♭
I'm a broadcasting tower,   waving   for you.
          E♭   B♭7sus4
And I'm sending you out this signal here,
      E♭   B♭7sus4
I hope you can pick it up loud   and clear.

Verse 2

                 E♭*   E♭   E♭* E♭   E♭6sus4
I know you don't like   weak women

            E♭*   E♭ E♭*   E♭ E♭6sus4
You get bored so quick

           E♭*   E♭   E♭* E♭   E♭6sus4
And you don't like   strong women 'cause they're

E♭* E♭ E♭*   E♭   E♭6sus4
Hip to your tricks.

Bridge 2

               A♭
It's been dirty for dirty, down the line

                                E♭*   E♭ E♭* E♭
But you know I come when you whistle when you're

E♭6sus4   E♭
   Loving and kind.

E♭   B♭7sus4
If you've got too   many doubts

      E♭   B♭7sus4
If there's no good reception for me then tune me out.

Verse 3

           E♭* E♭   E♭* E♭   E♭6sus4
'Cause honey who needs the static?

     E♭*   E♭ E♭*   E♭ E♭6sus4
It hurts the head

         E♭*   E♭ E♭* E♭   E♭6sus4
And you wind up   cracking

        E♭* E♭ E♭* E♭   E♭6sus4
And the day goes   dismal from,

Bridge 3

    A♭
  'Breakfast Barney' to the sign-off prayer

What a sorry face you get to wear.

I'm going to tell you again now if you're still listening there.

        E♭   E♭/D

If you're driving into town with a dark cloud above you

E♭6sus4   B♭7sus4

Dial in the number who's bound to love you.

             E♭   E♭/D

If you're lying on the beach with the transistor going

E♭6sus4   B♭7sus4

Kick off the sand flies honey, the love's still flowing.

           E♭   E♭/D

If your   head says forget it but your heart's still smoking

E♭6sus4   B♭7sus4

Call me at the station the lines are open.

Outro   ‖: E♭5 | E♭5/D | E♭6sus4 | B♭7sus4   :‖

Repeat to fade

The Acoustic Guitar Hit Collection Part Two

Abracadabra

Words & Music by Steve Miller

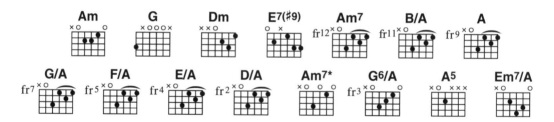

Tune guitar slightly sharp

Intro

‖: Am | Am | Am G | Am G Am :‖

Verse 1

   Am   Dm
   I heat up, I can't cool down
E7(♯9)
   You've got me spinning a - round and round
                          Am
                                  Dm
Round and round, and round it goes,
E7(♯9)   Am
   Where it stops, nobody knows.
                   Dm
Every time you call my name
E7(♯9)   Am
   I heat up like a burning flame,
                   Dm
Burning flame, full of desire
E7(♯9)
   Kiss me baby, let the fire get higher.

Chorus 1

   Am   Dm   E7(♯9)   Am
A - bra - abraca - dabra,   I wanna reach out and grab ya
               Dm   E7(♯9)   Am
Abra - abraca - dabra,   Abracada - bra.

Verse 2

Dm
You make me hot, you make me sigh,
E7(♯9)   Am
   You make me laugh, you make me cry,
           Dm
Keep me burning for your love
E7(♯9)   Am
   With the touch of a velvet glove.

Chorus 2   As Chorus 1

Verse 3

              Dm
I feel the magic in your caress,
E7(♯9)   Am
   I feel magic when I touch your dress,
           Dm
Silk and satin, leather and lace
E7(♯9)   Am
    Black panties with an angel's face.
           Dm
I see magic in your eyes
E7(♯9)   Am
   I hear the magic in your sighs.
               Dm
Just when I think I'm gonna get away
E7(♯9)   Am
   I hear those words that you always say.

Chorus 3   As Chorus 1

Verse 4

           Dm
Every time you call my name
E7(♯9)   Am
   I heat up like a burning flame,
           Dm
Burning flame, full of desire
E7(♯9)
   Kiss me baby, let the fire get higher... yeah-yeah.

Instrumental ‖: Am │ Dm │ E7(♯9) │ Am :‖

│ Am │ Dm │ E7(♯9) │ E7(♯9) │ E7(♯9) │

│ E7(♯9) │ Am │ Am │ Am G │ Am G Am ‖

Outro

Am
   I heat up, I can't cool down
                G Am   G Am
My situation goes   round   and round

I heat up, I can't cool down
                G Am   G Am
My situation goes   round   and round

I heat up, I can't cool down
                G Am   G Am
My situation goes   round   and round.

│ Am7 │ B/A │ A │ G/A │

│ F/A │ E/A │ D/A │ Am7* │

│ G6/A │ Am │ D/A │ E/A │

│ F/A │ G/A │ A │ G/A │

│ F/A │ E/A │ D/A │ Am7* │ G6 │

‖: A5 Am Em7/A │ A5 Em7/A Am :‖ *Play 16 times*

│ Am ‖ *Fade*

6

All Out Of Love

Words by Graham Russell & Clive Davis
Music by Graham Russell

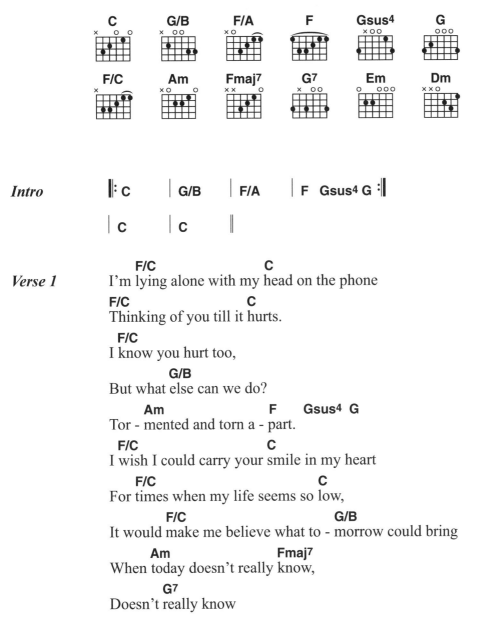

Intro ‖: C | G/B | F/A | F Gsus⁴ G :‖

| C | C ‖

Verse 1

        F/C   **C**
I'm lying alone with my head on the phone

F/C   **C**
Thinking of you till it hurts.

   F/C
I know you hurt too,

       G/B
But what else can we do?

     Am   **F**   **Gsus⁴ G**
Tor - mented and torn a - part.

   F/C   **C**
I wish I could carry your smile in my heart

     F/C   **C**
For times when my life seems so low,

       F/C   **G/B**
It would make me believe what to - morrow could bring

     Am   **Fmaj⁷**
When today doesn't really know,

   G⁷
Doesn't really know

Chorus 1

        C
I'm all out of love,

        G/B
I'm so lost without you

   F/A
I know you were right

  F   **Gsus4 G**
Be - lieving for so   long.

     C
I'm all out of love,

      G/B
What am I without you

   F/A
I can't be too late

    F   **Gsus4** **G**   **C**
To say that I was   so   wrong.

Verse 2

   F/C   **C**
I want you to come back and carry me home

    F/C   **C**
A - way from these long lonely   nights.

    F/C   **G/B**
I'm reaching for you, are you feeling it too?

       F/A   **Fmaj7 G**
Does the feeling seem oh, so right?

    F/C   **C**
And what would you say if I called on you now,

    F/C   **C**
And said that I can't hold on?

     F/C   **G/B**
There's no easy way, it gets harder each day,

    Am   **Fmaj7**
Please love me or I'll be gone,

   G7
I'll be gone...

Chorus 2   As Chorus 1

Bridge

            Am   **Em**   **F**   **Em**
            Love, what are you thinking of?

            Dm   **Am**
            What are you thinking of?

            Em   **F**   **Em**
            What are you thinking of?

            Dm   **F**   **F/A** **F** **G/B**
            What are you thinking of?

Chorus 3   As Chorus 1

Chorus 4   As Chorus 1

Chorus 5

            C
            I'm all out of love

            G/B
            I'm so lost without you

            F/A
            I know you were right

               F   **Gsus4**   **G**
            Be - lieving for so   long.

            C
            I'm all out of love,

              G/B
            What am I without you

            F/A
            I can't be too late

             F   **G**   **C**
            To say that I was so wrong._____
                                I'm all out of love

              G/B
            I'm so lost without you

            F/A   **F** **G** **C**
            I know you were right.

Alone

Words & Music by Billy Steinberg & Tom Kelly

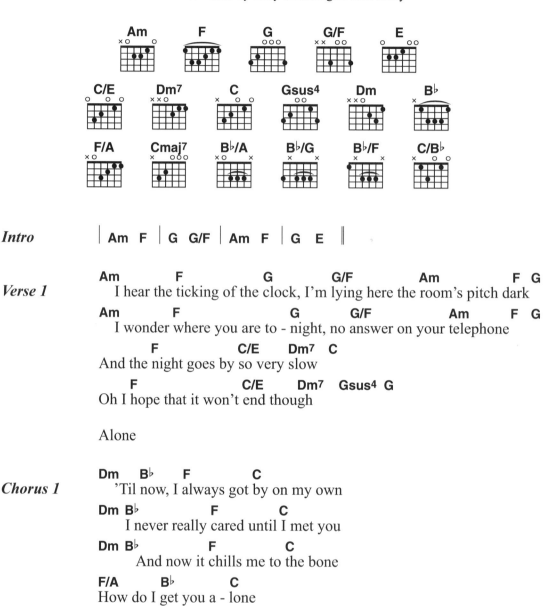

Intro | Am F | G G/F | Am F | G E ‖

Verse 1

Am   F   G   G/F   Am   F G
I hear the ticking of the clock, I'm lying here the room's pitch dark

Am   F   G   G/F   Am   F G
I wonder where you are to - night, no answer on your telephone

             F   C/E   Dm7 C
And the night goes by so very slow

             F   C/E   Dm7 Gsus4 G
Oh I hope that it won't end though

Alone

Chorus 1

Dm B♭   F   C
'Til now, I always got by on my own

Dm B♭   F   C
I never really cared until I met you

Dm B♭   F   C
And now it chills me to the bone

F/A   B♭   C
How do I get you a - lone

F/A   B♭   C   Cmaj7
How do I get you a - lone

Verse 2

    Am   **F**   **G**
    You don't know how long I have wanted

    G/F   **Am**   **F G E**
To touch your lips and hold you tight.

Am   **F**   **G**
    You don't know how long I have waited

    G/F   **Am**   **F**   **G E**
And I was gonna tell you to - night.

         F   **C/E**   **Dm⁷ C**
But the secret is still my own,

         F   **C/E**   **Dm⁷ Gsus⁴ G**
And my love for you is still unknown

    C
A - lone

Link | **Dm** **B♭** | **F** **C** | **Dm** **B♭** | **F** **C** ‖
                                              Oh - ohhhh...

Chorus 2

Dm   **B♭**   **F**   **C**
   'Til now, I always got by on my own

Dm B♭   **F**   **C**
    I never really cared until I met you

Dm B♭   **F**   **C**
    And now it chills me to the bone

F/A   **B♭**   **C**
How do I get you a - lone

F/A   **B♭**   **C**
How do I get you a - lone

Gtr solo | **Dm** **B♭** | **F** **C** | **Dm** **B♭** | **F** **C** |

               | **B♭** **B♭/A** | **B♭/G B♭/F** | **C/E Dm⁷** | **C C/B♭** ‖

Outro

F/A   **B♭**   **C**
How do I get you a - lone

F/A   **B♭**   **C**
How do I get you a - lone

    F/A B♭ C
A - lone

    F/A B♭ C
A - lone

  | **Am** **F** | **G G/F** | **Am** ‖

Army Dreamers

Words & Music by Kate Bush

Bm   Em   F♯m   A   E   D   G   D/F♯

Intro

Bm Em F♯m A
      B.F.P.O.

Bm   Em   F♯m   A
Army   dreamers.   Mammy's hero.

Bm Em F♯m A
      B.F.P.O.

Bm Em F♯m A
      Mammy's hero.

Verse 1

Bm   Em
Our little army boy

 F♯m   A
Is coming home from B.F.P.O.

Bm   Em
 I've a bunch of purple flowers

 F♯m   A
To decorate a mammy's hero.

Bm   Em
 Mourning in the aerodrome,

 F♯m   A
The weather warmer, he is colder.

Bm   Em
 Four men in uniform

 F♯m   A
To carry home my little soldier.

Chorus 1

Bm
What could he do?

E   **D**
Should have been a rock star.

          F♯m   **Bm**
But he didn't have the money for a guitar.

What could he do?

E   **D**
Should have been a poli - tician.

          F♯m   **Bm**
But he never had a proper edu - cation.

What could he do?

E   **D**
Should have been a fa - ther.

          F♯m   **Bm**
But he never even made it to his twenties.

Link 1

D
What a waste

G   **Bm**
Army dreamers.

G   **D/F♯**
   Ooh, what a waste of

G   **Bm**   **G**
Army dreamers.

Verse 2

Bm   **Em**
Tears o'er a tin box.

    F♯m   **A**
Oh, Jesus Christ, he wasn't to know,

Bm   **Em**
   Like a chicken with a fox,

    F♯m   **A**
He couldn't win the war with ego.

Bm   **Em**
   Give the kid the pick of pips,

    F♯m   **A**
And give him all your stripes and ribbons.

Bm   **Em**
   Now he's sitting in his hole,

    F♯m   **A**
He might as well have buttons and bows.

Chorus 2   As Chorus 1

Link 2

D
What a waste

G   **Bm**
Army dreamers.

G   **D/F♯**
  Ooh, what a waste of

G   **Bm**   **G**
Army dreamers.

G   **D/F♯**
  Ooh, what a waste of all that

G   **Bm**
Army dreamers,

G   **Bm**
Army dreamers,

G   **Bm**   **G** **Bm** | **N.C.** | **N.C.** | **N.C.** |
Army dream - ers, oh...

Outro

Bm   **Em** **F♯m** **A**
  Did-n-did-n-did-n-dum...   B.F.P.O.

Bm   **Em**   **F♯m** **A**
  Army   dreamers.   Mammy's hero.

Bm **Em** **F♯m** **A**
          B.F.P.O.

Bm   **Em**   **F♯m** **A**
  Army   dreamers.   Mammy's hero.

Bm **Em** **F♯m** **A**
          B.F.P.O.

Bm   **Em**   **F♯m** **A**
  No harm   heroes.   Mammy's hero.

Bm **Em** **F♯m** **A**
          B.F.P.O.

Bm   **Em**   **F♯m** **A**
  Army   dreamers.   Mammy's hero.

Bm **Em** **F♯m** **A**
          B.F.P.O.

Bm   **Em**
  No harm   heroes. *Fade*

Ashes To Ashes

Words & Music by David Bowie

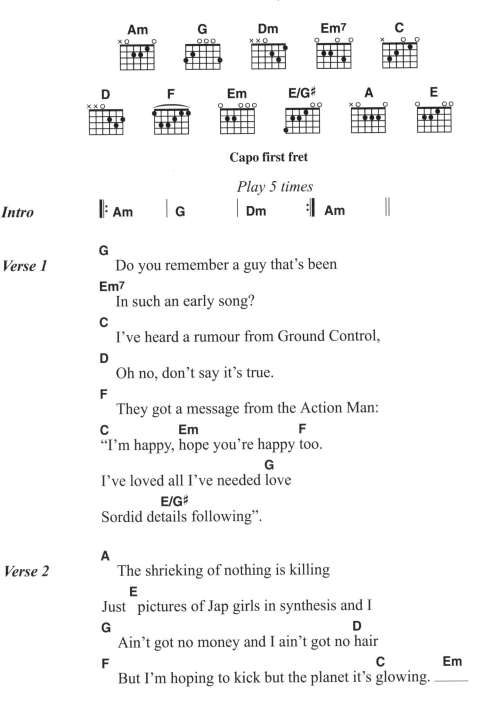

Capo first fret

Play 5 times

Intro ‖: Am | G | Dm :‖ Am ‖

Verse 1

G
Do you remember a guy that's been

Em⁷
In such an early song?

C
I've heard a rumour from Ground Control,

D
Oh no, don't say it's true.

F
They got a message from the Action Man:

C   Em   F
"I'm happy, hope you're happy too.

                    G
I've loved all I've needed love

        E/G♯
Sordid details following".

Verse 2

A
The shrieking of nothing is killing

   E
Just   pictures of Jap girls in synthesis and I

G   D
Ain't got no money and I ain't got no hair

F   C   Em
But I'm hoping to kick but the planet it's glowing. ____

Chorus 1

F   G
Ashes to ashes, funk to funky,

C   Am
We know Major Tom's a junkie

F   G
Strung out in heaven's high

              Am   G   Dm
Hitting an all-time low.

Play 4 times

Link 1   ‖: Am | G | Dm   :‖ Am   ‖

Verse 3

G
Time and again I tell myself

Em⁷
   I'll stay clean tonight,

C
   But the little green wheels

                    D
Are following me, _____

Oh no, not again.

F
   I'm stuck with a valuable friend:

C   Em   F
"I'm happy, hope you're happy too?"

                 G   E/G♯
One flash of light but no smoking pistol.

Verse 4

A
   I've never done good things,

E
   I've never done bad things,

G   D
   I never did anything out of the blue, woh-o-oh.

F
   Want an axe to break the ice,

C   Em
Wanna come down right now.

Chorus 2   As Chorus 1

Link 2 | Am | G   ‖

Dm   Am
My mother said to get things done
    G   Dm
You'd better not mess with Major Tom.
Am   G
My mother said to get things done
   Dm   Am
You'd better not mess with Major Tom.
G   Dm
My mother said to get things done
   Am   G
You'd better not mess with Major Tom.
Dm   Am
My mother said to get things done
    G   Dm
You'd better not mess with Major Tom.

| Am | G | Dm | Am | G | Dm | |

| Am | G | Dm | Am ‖

Fade out

Buffalo Soldier

Words & Music by Bob Marley & Noel Williams

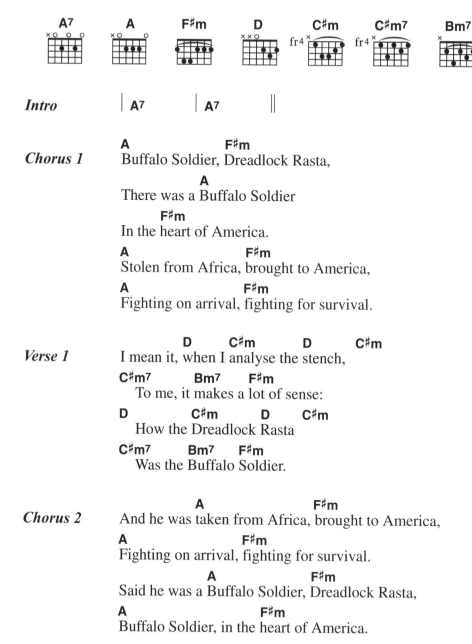

Intro | A⁷ | A⁷ ||

Chorus 1
      A   F♯m
Buffalo Soldier, Dreadlock Rasta,
              A
There was a Buffalo Soldier
    F♯m
In the heart of America.
A   F♯m
Stolen from Africa, brought to America,
A   F♯m
Fighting on arrival, fighting for survival.

Verse 1
            D   C♯m   D   C♯m
I mean it, when I analyse the stench,
C♯m⁷   Bm⁷   F♯m
   To me, it makes a lot of sense:
D   C♯m   D   C♯m
   How the Dreadlock Rasta
C♯m⁷   Bm⁷   F♯m
   Was the Buffalo Soldier.

Chorus 2
           A   F♯m
And he was taken from Africa, brought to America,
A   F♯m
Fighting on arrival, fighting for survival.
         A   F♯m
Said he was a Buffalo Soldier, Dreadlock Rasta,
A   F♯m
Buffalo Soldier, in the heart of America.

Verse 2

    D   C#m   D   C#m
    If you know your history
  C#m7   Bm7   F#m
    Then you would know where you coming from,
    D   C#m   D   C#m
    Then you wouldn't have to ask me __
  C#m7   Bm7   F#m
    Who the heck do I think I am?

Chorus 3

             A
  I'm just a Buffalo Soldier
      F#m
  In the heart of America,
  A   F#m
  Stolen from Africa, brought to America.
          A
  Said he was fighting on arrival,
  F#m
  Fighting for survival,
          A
  Said he was a Buffalo Soldier,
      F#m
  Win the war for America.

Link 1

        A
  Said he, woe yoe yoe, woe woe yoe yoe,
  F#m   A
  Woe yoe yoe yo, yo yo yo yo.

  Woe yoe yoe, woe woe yoe yoe,
  F#m   A
  Woe yoe yoe yo, yo yo yo yo.

Bridge

  F#m
  Buffalo Soldier,
              D   C#m
  Trodding through the land,
         F#m
  Said he wanna ran,

  Then you wanna hand,
          D   C#m E
  Trodding through the land, yea, yea.

Chorus 4
     (E)   **A**
Said he was a Buffalo Soldier
          F♯m
Win the war for America.
A   **F♯m**
Buffalo Soldier, Dreadlock Rasta,
A   **F♯m**
Fighting on arrival, fighting for survival,
A
Driven from the mainland
      F♯m
To the heart of the Caribbean.

Link 2
              A
Singing, woe yoe yoe, woe woe yoe yoe,
F♯m   **A**
Woe yoe yoe yo, yo yo yo yo.

Woe yoe yoe, woe woe yoe yoe,
F♯m   **A**
Woe yoe yoe yo, yo yo yo yo.

Chorus 5
A
Trodding through San Juan
     F♯m
In the arms of America.
A   **F♯m**
Trodding through Jamaica, a Buffalo Soldier
A   **F♯m**
Fighting on arrival, fighting for survival.
A   **F♯m**
Buffalo Soldier, Dreadlock Rasta.

Coda
A
Woe yoe yoe, woe woe yoe yoe,
F♯m   **A**
Woe yoe yoe yo, yo yo yo yo.

Woe yoe yoe, woe woe yoe yoe,
F♯m   **A**
Woe yoe yoe yo, yo yo yo yo.

Can You Feel It

Words & Music by Michael Jackson & Jackie Jackson

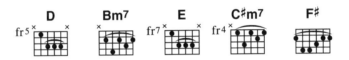

Chorus 1

             D   **Bm⁷**
Can you feel it?
             E   **C♯m⁷**
Can you feel it?
             F♯
Can you feel it?

Instrumental ‖: F♯ | F♯   :‖ *Play 5 times*

      | D Bm | E C♯m⁷ | F♯ | F♯   ‖

Verse 1

            F♯
If you look around,

The whole world's coming together now, babe.

Chorus 2   As Chorus 1

Verse 2

            F♯
Feel it in the air

The wind is taking it everywhere, yeah.

Chorus 3   As Chorus 1

Bridge 1

        F♯   **Bm⁷**   **C♯m⁷**   **F♯**
All the colours of the world should be loving each other, whole - hearted!

             Bm⁷   **C♯m⁷**   **F♯**
Yes it's all fine, take my message to your brother and tell him twice.

Spread the word and try to teach the man,

   Bm⁷   **C♯m⁷**   **F♯**
Who's hating his brother, when hate won't do,

                       Bm⁷   **C♯m⁷ F♯**
'Cause we're all the same, yes the blood inside of me is inside of you,

Now tell me...

Chorus 4

         D   **Bm⁷**
Can you feel it?

          E   **C♯m⁷**
Can you feel it?

        F♯
Can you feel it?

Now tell me...

         D   **Bm⁷**
Can you feel it?

          E   **C♯m⁷**
Can you feel it?

        F♯
Can you feel it?

Yeah, yeah.

Bridge 2

        F♯
Every breath you take is someone's death in another place

Every healthy smile is hunger and strife to another child.

But the stars do shine in promising salvation, is near this time.

Can you feel it now, so brothers and sisters, show we know how.

Now tell me...

           D   Bm⁷
Can you feel it?
               E   C♯m⁷
Can you feel it?
               F♯
Can you feel it?

Yeah, yeah
           D   Bm⁷
Can you feel it?
               E   C♯m⁷
Can you feel it?
               F♯
Can you feel it?

                          F♯   Bm⁷   C♯m⁷   F♯
Bridge 3   All the children of the world should be lovin' each other whole - heartedly
                              Bm⁷   C♯m⁷   F♯
           Yes, it's all right. Take my message to your brother and tell him twice.

           Take the news to the marching men
               Bm⁷   C♯m⁷   F♯
           Who are killing their brothers, when death won't do
                                        Bm⁷   C♯m⁷   F♯
           'Cause we're all the same as the   blood inside of me is in - side of you.

           D   Bm⁷
Chorus 6   Can you feel it?
               E   C♯m⁷
Can you feel it?
               F♯
Can you feel it?
           D   Bm⁷
Can you feel it?
               E   C♯m⁷
Can you feel it?
               F♯
Can you feel it?

Outro   ‖: F♯   :‖

Coming Around Again

Words & Music by Carly Simon

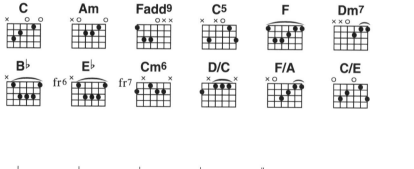

Intro | C | Am | F | C5 ‖

Verse 1

C   Am   Fadd9   C5
Baby sneezes,   Mummy pleases,   Daddy breezes in.
C   Am   Fadd9   C5
Sound good on paper, so romantic,   but so bewildering.

Chorus 1

F   Dm7
I know nothing stays the same,

                       Bb
But if you're willing to play the game,

             F
It's coming around a - gain.

Eb   Cm6 D/C
So don't mind if I fall a - part,

   F/A   C/E
There's more room in a broken heart *(broken heart)*.

Verse 2

C   Am   Fadd9
You pay the grocer, you fix the toaster, you kiss the host goodbye.
C   Am   Fadd9   C5
Then you break a window, burn the soufflé,   scream a lullaby.

Chorus 2

     F   **Dm⁷**
    I know nothing stays the same, *(stays the same)*

                         B♭
But if you're willing to play the game, *(play the game)*

                       F
It will be coming around a - gain.

     E♭   **Cm⁶**   **D/C**
So don't mind if I fall a - part,

          F/A   **C/E**
There's more room in a broken heart.

Verse 3

     C   **Am**
    And I believe in love,

          Fadd⁹
What else can I do?

          C⁵
I'm so in love with you.

Chorus 3

     F   **Dm⁷**
    I know nothing stays the same, (stays the same)

                   B♭
But if you're willing to play the game, (play the game)

                 F
It will be coming around a - gain.

Outro

    F   **Dm⁷**   **B♭**   **F**
  Baby sneezes,   Mummy pleases,   Daddy breezes in.
(Love, I believe in love,   I believe in love,   I believe in love)

    F   **Dm⁷**   *Repeat B.V. to end*
  I know nothing stays the same,

                  B♭
But if you're willing to play the game,

                 F
It will be coming around a - gain

             Dm⁷
I do believe, I do believe,   I believe in love,

B♭   **F**
  I believe in love,   coming around again, coming around again.

             Dm⁷   **B♭**
Nothing stays the same,   but if you're willing to play the game

It will be coming around a - gain

          Dm⁷
I believe in love, I believe in love.

B♭   **F**
  And it' coming around a - gain, ooh... *Fade out*

Careless Whisper

Words & Music by George Michael & Andrew Ridgeley

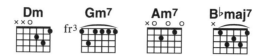

Intro ‖: Dm | Gm7 Am7 | B♭maj7 | Am7 :‖

Verse 1

Dm   Gm7
I feel so un - sure

Am7   B♭maj7   Am7
   As I take your hand and lead you to the dance floor

Dm   Gm7
   As the music dies,   something in your eyes

Am7 B♭maj7
    Calls to mind a silver screen

   Am7
And all it's sad goodbyes

Chorus 1

Dm
   I'm never gonna dance again

Gm7   Am7
Guilty feet have got no rhythm

B♭maj7
   Though it's easy to pretend

  Am7
I know you're not a fool

Dm
Should've known better than to cheat a friend

   Gm7   Am7
And waste the chance that I'd been given

B♭maj7
   So I'm never gonna dance again

   Am7
The way I danced with you

Link 1 ‖ Dm | Gm⁷ Am⁷ | B♭maj⁷ | Am ‖

Verse 2

Dm   **Gm⁷**
Time can never mend
Am⁷ **B♭maj⁷**   **Am⁷**
  The careless whispers, of a good friend
Dm   **Gm⁷**
  To the heart and mind,   ignorance is kind
Am⁷ **B♭maj⁷**
    There's no comfort in the truth
Am⁷
Pain is all you'll find

Chorus 2   As Chorus 1

Link 2   ‖: Dm | Gm⁷ Am⁷ | B♭maj⁷ | Am⁷ :‖

Verse 3

        Dm
To - night the music seems so loud
  Gm⁷   **Am⁷**
I wish that we could lose this crowd
B♭maj⁷
Maybe it's better this way
      Am⁷
We'd hurt each other with the things we'd want to say
    Dm
We could have been so good together
    Gm⁷
We could have lived this dance forever
Am⁷ **B♭maj⁷**   **Am⁷**
  But now who's gonna dance with me

27

Chorus 3   As Chorus 1

Link 3 | Dm | Gm⁷ Am⁷ | B♭maj⁷ | Am   ‖

Outro
    Dm   **Gm⁷**
   Now that you're gone
         Am⁷   **B♭maj⁷ Am⁷**
Now that you're gone
Dm   **Gm⁷**
   Now that you're gone
                     Am⁷ **B♭maj⁷**
Was what I did so wrong,   so wrong
               Am⁷
That you had to leave me alone

‖: Dm | Gm⁷ Am⁷ | B♭maj⁷ | Am⁷   :‖ *Repeat to fade*

28

Coming Up

Words & Music by Paul McCartney

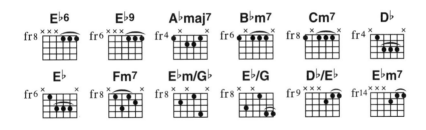

Intro
‖: E♭6 | E♭6 E♭9 | E♭6 | E♭6 E♭9 :‖

Verse 1

    E♭6   E♭9
You want a love to last forever

    E♭6   E♭9
One that will never fade away

   E♭6   E♭9
I want to help you with your problem

E♭6   E♭9
Stick around, I say.

Chorus 1

     A♭maj7 B♭m7 | Cm7 D♭ |
Coming up

      E♭ Fm7 | Cm7 D♭ |
Coming up, yeah

     A♭maj7 B♭m7 | Cm7 D♭ |
Coming up   like a flower

      E♭ Fm7 | E♭m/G♭ E♭/G ‖
Coming up, I say.

| E♭6 | E♭6 E♭9 ‖

Verse 2

    E♭6   E♭9
You want a friend you can rely on

    E♭6   E♭9
One who will never fade away

    E♭6   E♭9
And if you're searching for an answer

    E♭6   D♭/E♭
Stick around, I say.

Chorus 2

                   A♭maj⁷ B♭m⁷ | **Cm⁷ D♭** |

It's coming up

             E♭ Fm⁷ | **E♭m E♭/G** |

It's coming up,   yeah

               A♭maj⁷ B♭m⁷ | **Cm⁷ D♭** |

It's coming up   like a   flower

         E♭ Fm⁷ | **E♭m/G♭ E♭/G** ‖

Coming up,   yeah.

| **E♭6** | **E♭6 E♭9** ‖

Link 1 | **A♭** | **A♭** | **A♭** | **A♭** |

             | **E♭6** | **E♭6 E♭9** | **E♭6** | **E♭6 E♭9** ‖

                 E♭6   **E♭9**

Verse 3   You want some peace and understand - ing

         E♭6   **E♭9**

So everybody can be free

       E♭6   **E♭9**

I know that we can get together

          E♭6

We can make it, stick with me.

                 A♭maj⁷ B♭m⁷ | **Cm⁷ D♭** |

Chorus 3   It's coming up

             E♭ Fm⁷ | **E♭m E♭/G** |

It's coming up,   yeah

             A♭maj⁷ B♭m⁷ | **Cm⁷ D♭** |

It's coming up   like a   flower

         E♭ Fm⁷ | **E♭m/G♭ E♭/G** ‖

Coming up,   for you and   me.

‖: **E♭6** | **E♭6 E♭9** :‖

Link 2 | **A♭** | **A♭** | **E♭6** | **E♭6 E♭9** |

             | **E♭6** | **E♭6 E♭9** | **E♭6** | **E♭6 E♭9** |

                                       Coming

             | **E♭6** | **E♭6 E♭9** | **E♭6** | **E♭6 E♭9** | **E♭9**   ‖

      up.   Coming   up.

Chorus 4

                A♭maj7 B♭m7 | Cm7 D♭ |
It's coming up

          E♭ Fm7 | E♭m/G♭ E♭/G |
It's coming up,   I   say

                A♭maj7 B♭m7 | Cm7 D♭ |
It's coming up   like a   flower

        E♭ Fm7 | E♭m/G♭ E♭/G |
Coming up,   I feel it in my

| E♭6 | E♭6 E♭9 | E♭6 | E♭6 E♭9 | E♭6   ‖
Bones.   Yeah yeah   yeah.

      E♭6   E♭9

Verse 4

You want a better kind of future

E♭6   E♭9
One that everyone can share

E♭6   E♭9
You're not alone, we all could use it

E♭6   E♭9
Stick around we're nearly there.

                A♭maj7 B♭m7 | Cm7 D♭ |
Chorus 5   It's coming up   ooh

          E♭ Fm7 | E♭m/G♭ E♭/G |
It's coming up,   ev'ry - where

                A♭maj7 B♭m7 | Cm7 D♭ |
It's coming up   like a   flower

        E♭   Fm7 | E♭m/G♭ E♭/G |
Coming up,   for all to   share.

                A♭maj7 B♭m7 | Cm7 D♭ |
It's coming up   yeah

          E♭ Fm7 | E♭m/G♭ E♭/G |
It's coming up,   any - way

                A♭maj7 B♭m7 | Cm7   D♭ |
It's coming up   like a   flower coming

     ⌢
    E♭ ‖
Up.

Crash

Words & Music by Paul Court, Stephen Dullaghan & Tracy Spencer

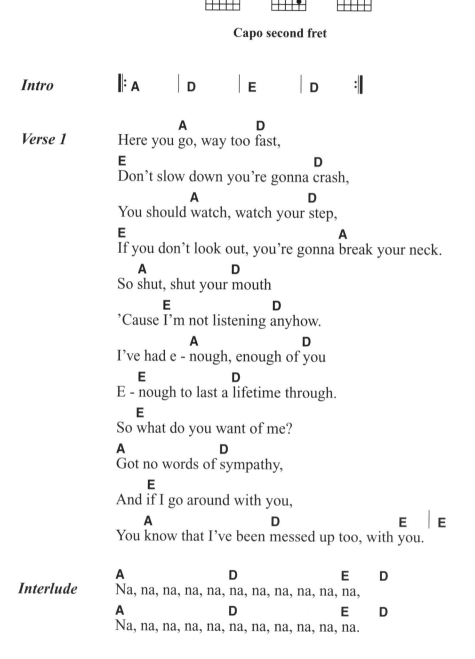

A   D   E

Capo second fret

Intro ‖: A | D | E | D :‖

Verse 1
         A   D
Here you go, way too fast,
E   D
Don't slow down you're gonna crash,
               A   D
You should watch, watch your step,
E   A
If you don't look out, you're gonna break your neck.
          A   D
So shut, shut your mouth
               E   D
'Cause I'm not listening anyhow.
          A   D
I've had e - nough, enough of you
        E   D
E - nough to last a lifetime through.
        E
So what do you want of me?
A   D
Got no words of sympathy,
        E
And if I go around with you,
       A   D   E | E
You know that I've been messed up too, with you.

Interlude
A   D   E   D
Na, na, na, na, na, na, na, na, na, na, na,
A   D   E   D
Na, na, na, na, na, na, na, na, na, na, na.

Verse 2

N.C.   A   D
Here you go, way too fast,

E   D
Don't slow down you're gonna crash,

          A   D
You don't know what's been going down,

E   D
You've been running all over town.

     A   D
So shut, shut your mouth

          E   D
'Cause I'm not listening anyhow.

         A   D
I've had enough, enough of you

    E   D
E - nough to last a lifetime through.

      E
So what do you want of me?

A   D
Got no cure for misery,

       E   D
And if I go around with you,

      A   D   E | E
You know that I've been messed up too, with you,

      E
With you, with you.

Outro

    A   D   E
‖: Na, na, na, na, na, na, na, na, na, na, na,

                        D
(Slow down you're gonna crash)

A   D   E
Na, na, na, na, na, na, na, na, na, na, na.

                    D
(Slow down you're gonna crash,) :‖ *Repeat to fade*

Dance Hall Days

Words & Music by Jack Hues & Nicholas Feldman

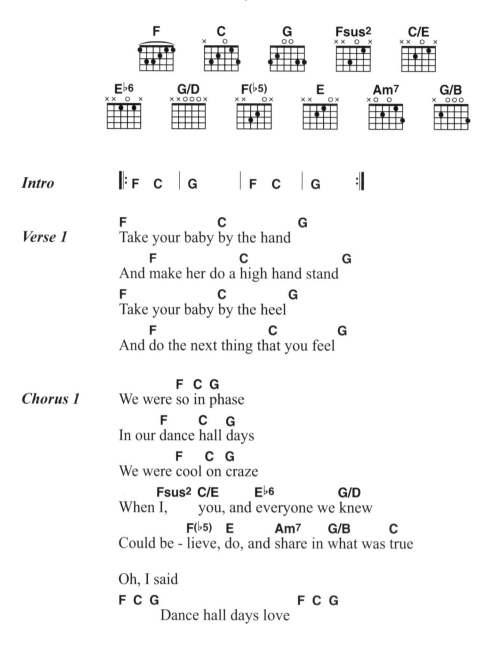

Intro   ‖: F   C | G | F   C | G   :‖

Verse 1
```
        F              C              G
Take your baby by the hand
          F            C              G
And make her do a high hand stand
F              C              G
Take your baby by the heel
          F              C            G
And do the next thing that you feel
```

Chorus 1
```
              F C G
We were so in phase
          F   C G
In our dance hall days
          F   C G
We were cool on craze
          Fsus2 C/E    E♭6        G/D
When I,      you, and everyone we knew
          F(♭5)  E      Am7    G/B      C
Could be - lieve, do, and share in what was true

Oh, I said
F C G                      F C G
       Dance hall days love
```

Verse 2

```
        F              C            G
Take your baby by the hair
            F                C             G
And pull her close and there there there
        F              C          G
Take your baby by the ears
            F              C            G
And play upon her darkest fears
```

Chorus 2

```
              F C G
We were so in phase
              F    C  G
In our dance hall days
              F   C G
We were cool on craze
            Fsus2 C/E    E♭6           G/D
When I,      you, and everyone we knew
              F(♭5)  E      Am7   G/B       C
Could be - lieve, do, and share in what was true
```

Oh, I said

```
F C G
        Dance hall days love
F C G
        Dance hall days
F C G                        F C G
        Dance hall days love
```

Verse 3

```
        F             C          G
Take your baby by the wrist
            F             C        G
And in her mouth an amethyst
            F                  C         G
And in her eyes two sap - phires blue
            F               C            G
And you need her and she needs you
              F               C            G
And you need her and she needs you
```

And you need her and she needs you

```
              F               C            G
And you need her and she needs you
              F            C G
And you need her    and she needs you
```

Chorus 3   ‖: As Chorus 2 :‖ *Repeat to fade*

35

Don't Stand So Close To Me

Words & Music by Sting

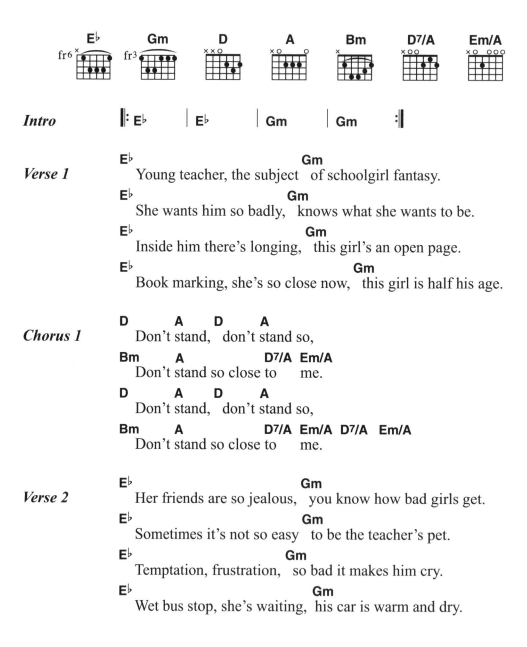

Intro   ‖: E♭ | E♭ | Gm | Gm :‖

Verse 1

E♭   Gm
Young teacher, the subject   of schoolgirl fantasy.
E♭   Gm
She wants him so badly,   knows what she wants to be.
E♭   Gm
Inside him there's longing,   this girl's an open page.
E♭   Gm
Book marking, she's so close now,   this girl is half his age.

Chorus 1

D   A   D   A
Don't stand,   don't stand so,
Bm   A   D7/A Em/A
Don't stand so close to   me.
D   A   D   A
Don't stand,   don't stand so,
Bm   A   D7/A Em/A D7/A Em/A
Don't stand so close to   me.

Verse 2

E♭   Gm
Her friends are so jealous,   you know how bad girls get.
E♭   Gm
Sometimes it's not so easy   to be the teacher's pet.
E♭   Gm
Temptation, frustration,   so bad it makes him cry.
E♭   Gm
Wet bus stop, she's waiting, his car is warm and dry.

Chorus 2

D   A   D   A
Don't stand, don't stand so,

Bm   A   D7/A Em/A
Don't stand so close to   me.

D   A   D   A
Don't stand, don't stand so,

Bm   A   D7/A Em/A D7/A Em/A
Don't stand so close to   me.

Verse 3

E♭   Gm
Loose talk in the classroom,   to hurt they try and try.

E♭   Gm
Strong words in the staff-room,   the accusations fly.

E♭   Gm
It's no use, he sees her,   he starts to shake and cough

E♭   Gm
Just like the old man in   that book by Nabakov.

Chorus 3

D   A   D   A
Don't stand, don't stand so,

Bm   A   D7/A Em/A
Don't stand so close to   me.

D   A   D   A
Don't stand, don't stand so,

Bm   A   D7/A Em/A
Don't stand so close to   me.

| D7/A Em/A | D7/A Em/A | D7/A Em/A ‖

Instrumental ‖: E♭ | E♭ | Gm | Gm   :‖ *Play 4 times*

Outro

       D   A   D   A
‖: Don't stand,   don't   stand so,
(Please __ don't __ stand ___ so ___

Bm   A   D7/A Em/A
Don't stand so close to   me.
Close ___ to   me.)   :‖ *Repeat to fade*

Down Under

Words & Music by Colin Hay & Ron Strykert

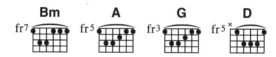

Bm	A	G	D
fr7	fr5	fr3	fr5

Intro | drums   ‖: Bm   A | Bm G A | Bm   A | Bm G A :‖

Verse 1

Bm   A   Bm G A
   Travelling in a fried out combie

Bm   A   Bm   G A
   On a hippie trail head full of zombie.

Bm   A   Bm   G   A
   I met a strange lady,   she made me nervous

Bm   A   Bm   G   A
   She took me in   and gave me breakfast   and she said

Chorus 1

D   A   Bm G A
   Do you come from a land down under?

D   A   Bm G A
   Where women glow and men plun - der?

D   A   Bm G A
   Can't you hear, can't you hear the thunder?

    D   A   Bm G A
You better run, you better take co - ver.

Link 1 | Bm   A | Bm G A | Bm   A | Bm G A ‖

Verse 2

Bm   A   Bm G A
   Buying bread from a man in Brussels,

   Bm   A   Bm   G A
He was   six foot four   and full of muscles.

Bm   A   Bm G A
   I said do you speak-a my language?

Bm   A   Bm
He just smiled and gave me a Vegemite   sandwich.

G   A
   And he said:

Chorus 2

D   A   Bm G A
I come from a land down under,

D   A   Bm G A
Where beer does flow and men chun - der.

D   A   Bm G A
Can't you hear, can't you hear the thunder?

      D   A   Bm G A
You better run, you better take co - ver.

Instr.

‖: Bm   A | Bm G A | Bm   A | Bm   A :‖

| Bm   A | Bm G A | Bm   A | Bm G A ‖

Verse 2

Bm   A   Bm G A
Lying in a den in Bombay,

Bm   A   Bm   G A
With a slack jaw   and not much to say.

Bm   A   Bm   G A
I said to the man "Are you trying to tempt me?

Bm   A   Bm
Because I come from the land of plenty."

G   A
And he said "Oh!"

Chorus 3

D   A   Bm   G   A
Do you come from a land down under?   oh yeah yeah

D   A   Bm G A
Where women glow and men plun - der?

D   A   Bm G A
Can't you hear, can't you hear the thunder?

     D   A   Bm G A
You better run, you better take co - ver.

Chorus 4

‖: D   A   Bm G A
    Living in a land down under

D   A   Bm G A
Where women glow and men plun - der?

D   A   Bm G A
Can't you hear, can't you hear the thunder?

     D   A   Bm G A
You better run, you better take co - ver. :‖ *Repeat to fade*

39

Drive

Words & Music by Ric Ocasek

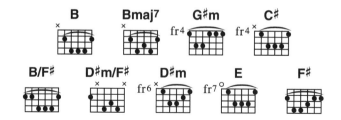

Intro   ‖: B | Bmaj⁷ | B | B   :‖

Verse 1
    B   Bmaj⁷   B
Who's gonna tell you when it's too late?
                          Bmaj⁷   B
Who's gonna tell you things aren't so great?

Chorus 1
    G♯m   C♯   G♯m   C♯
You can't go on thinking   nothing's wrong,
B/F♯   D♯m/F♯   B
Who's gonna drive you home to - night?

Verse 2
    B   Bmaj⁷   B
Who's gonna pick you up when you fall?
                       Bmaj⁷   B
Who's gonna hang it up when you call?
                        Bmaj⁷   B
Who's gonna pay at - tention to your dreams?
                      Bmaj⁷   B
Who's gonna plug their ears when you scream?

Chorus 2

G#m   C#   G#m   C#
You can't go on thinking nothing's wrong,

B/F#   D#m/F#
Who's gonna drive you home to - (night?)

Instrumental | B | G#m | B/F# | G#m |
- night?

| D#m | E | B/F# | F#   ‖

Verse 3

B   Bmaj7   B
Who's gonna hold you down when you shake?

          Bmaj7   B
Who's gonna come a - round when you break?

Chorus 3

G#m   C#   G#m   C#
You can't go on thinking nothing's wrong,

B/F#   D#m/F# B
Who's gonna drive you home to - night?

G#m   C#   G#m   C#
Oh, you know you can't go on thinking nothing's wrong

B/F#   D#m/F# B
Who's gonna drive you home to - night?

Dude (Looks Like A Lady)

Words & Music by Desmond Child, Joe Perry & Steve Tyler

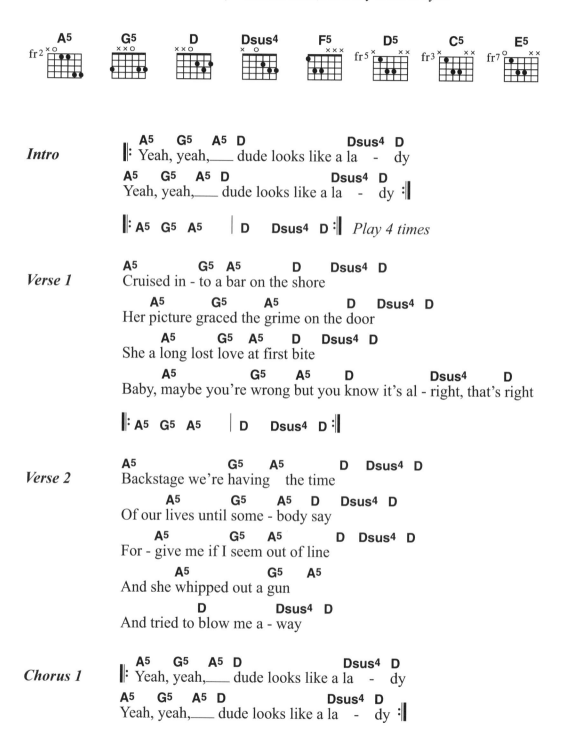

Intro

‖: Yeah, yeah,___ dude looks like a la - dy
(A5 G5 A5 D   Dsus4 D)

Yeah, yeah,___ dude looks like a la - dy :‖
(A5 G5 A5 D   Dsus4 D)

‖: A5 G5 A5 | D Dsus4 D :‖ *Play 4 times*

Verse 1

Cruised in - to a bar on the shore
(A5   G5 A5   D Dsus4 D)

Her picture graced the grime on the door
(A5   G5   A5   D Dsus4 D)

She a long lost love at first bite
(A5   G5 A5   D Dsus4 D)

Baby, maybe you're wrong but you know it's al - right, that's right
(A5   G5   A5   D   Dsus4   D)

‖: A5 G5 A5 | D Dsus4 D :‖

Verse 2

Backstage we're having   the time
(A5   G5   A5   D Dsus4 D)

Of our lives until some - body say
(A5   G5   A5 D Dsus4 D)

For - give me if I seem out of line
(A5   G5   A5   D Dsus4 D)

And she whipped out a gun
(A5   G5   A5)

And tried to blow me a - way
(D   Dsus4 D)

Chorus 1

‖: Yeah, yeah,___ dude looks like a la - dy
(A5 G5 A5 D   Dsus4 D)

Yeah, yeah,___ dude looks like a la - dy :‖
(A5 G5 A5 D   Dsus4 D)

Verse 3

```
        A5              G5    A5          D   Dsus4  D
So never judge a book by its co - ver
        A5              G5    A5          D   Dsus4  D
Or who you gonna love by your lo - ver
          A5            G5   A5    D           Dsus4  D
Say, love put me wise to her love in dis - guise
              A5          G5    A5
She had the body of a Ve - nus
              D           Dsus4   D
Lord, i - magine my surprise
```

Chorus 2   ‖: As Chorus 1 :‖

Bridge
```
      A5            G5      A5  F5
Baby let me follow you down

Let me take peek dear
A5              G5      A5  F5
Baby let me follow you down

Do me, do me, do me all night
A5              G5      A5  F5
Baby let me follow you down

Turn the other cheek dear
D5              C5      D5  E5
Baby let me follow you down
                    G5
Do me, do me, do me, do me
```

Instr   ‖: A5 G5   A5 | D   Dsus4   D :‖ *Play 8 times*

```
       | E5  D5  E5    ‖
                        E5   D5  E5
Ooh, what a funky lady
                            D5  E5
She like it like it like it like that
                      D5  E5
Ooh, he was a lady
G5
Yow!
```

Chorus 3   ‖: As Chorus 1 :‖   *Repeat ad lib. to fade*

43

Duel

Words & Music by Michael Martens, Claudia Bruecken & Ralf Doerper

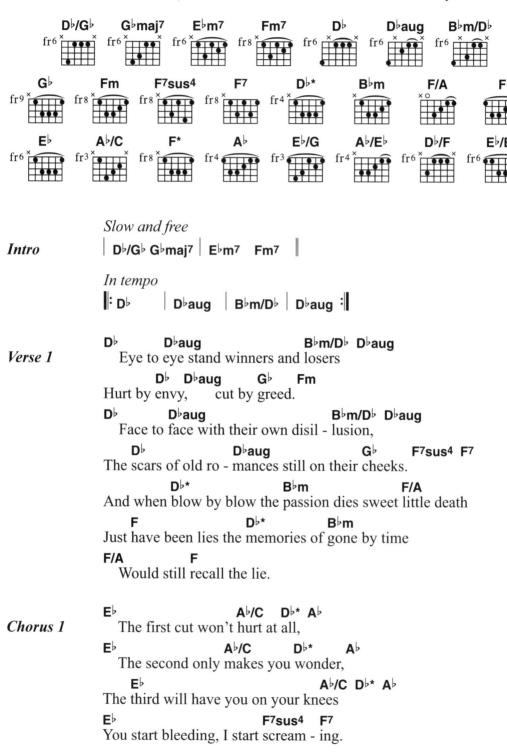

Intro

Slow and free

| D♭/G♭ G♭maj7 | E♭m7 Fm7 ‖

In tempo

‖: D♭ | D♭aug | B♭m/D♭ | D♭aug :‖

Verse 1

      D♭   D♭aug   B♭m/D♭ D♭aug
Eye to eye stand winners and losers

          D♭ D♭aug   G♭   Fm
Hurt by envy,   cut by greed.

      D♭   D♭aug   B♭m/D♭ D♭aug
Face to face with their own disil - lusion,

        D♭   D♭aug   G♭   F7sus4 F7
The scars of old ro - mances still on their cheeks.

          D♭*   B♭m   F/A
And when blow by blow the passion dies sweet little death

     F   D♭*   B♭m
Just have been lies the memories of gone by time

F/A   F
Would still recall the lie.

Chorus 1

     E♭   A♭/C   D♭* A♭
The first cut won't hurt at all,

    E♭   A♭/C   D♭*   A♭
The second only makes you wonder,

      E♭   A♭/C D♭* A♭
The third will have you on your knees

E♭   F7sus4 F7
You start bleeding, I start scream - ing.

Link | D♭ | D♭aug | B♭m/D♭ | D♭aug ‖

Verse 2

D♭   D♭aug   B♭m/D♭   D♭aug
   It's too late the decision is made by fate,

D♭   D♭aug   G♭   Fm
   Time to prove what forever should last

      D♭   D♭aug B♭m/D♭   D♭aug
Whose feelings are so true   as to stand the test?

D♭   D♭aug   G♭   F7sus4 F7
   Whose demands are so strong as to parry all at - tempts?

       D♭*   B♭m   F/A
And when blow by blow the passion dies sweet little death

   F   D♭*   B♭m
Just have been lies the memories of gone by time

F/A   F
   Would still recall the lie.

Chorus 2   As Chorus 1

Bass only

Instrumental ‖: E♭ F* | A♭ | E♭ F* | A♭   :‖

‖: E♭ F* | A♭ | E♭ F* | A♭   :‖

‖: D♭ | D♭aug | B♭m/D♭ | D♭aug :‖

Chorus 3   As Chorus 1

Chorus 4

E♭/G   A♭   D♭* A♭/E♭
   The first cut won't hurt at all,

E♭   A♭/E♭   D♭/F   A♭
   The second only makes you wonder,

E♭/B♭   A♭/C D♭* A♭/E♭
   The third will have you on your knees

E♭   F7sus4   F7
   You start bleeding, I start scream - ing.

Chorus 5   As Chorus 4   *Fade out*

Easy Lover

Words by Phil Collins
Music by Phil Collins, Philip Bailey & Nathan East

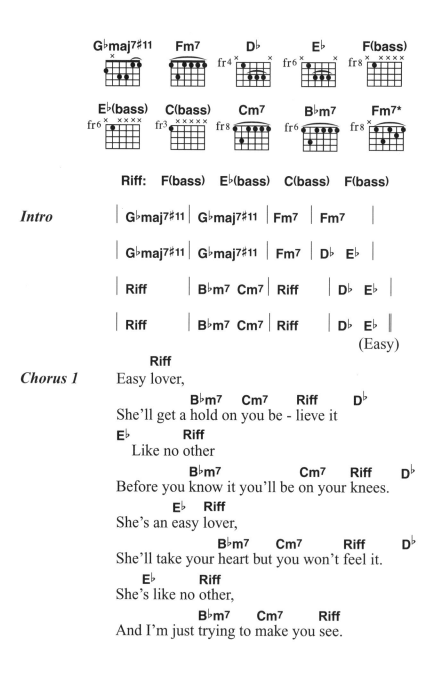

Riff: F(bass)   E♭(bass)   C(bass)   F(bass)

Intro | G♭maj7♯11 | G♭maj7♯11 | Fm7 | Fm7 |

| G♭maj7♯11 | G♭maj7♯11 | Fm7 | D♭ E♭ |

| Riff | B♭m7 Cm7 | Riff | D♭ E♭ |

| Riff | B♭m7 Cm7 | Riff | D♭ E♭ ||

(Easy)

                     Riff
Chorus 1   Easy lover,
                           B♭m7   Cm7   Riff   D♭
              She'll get a hold on you be - lieve it
              E♭   Riff
                 Like no other
                           B♭m7   Cm7   Riff   D♭
              Before you know it you'll be on your knees.
                       E♭   Riff
              She's an easy lover,
                           B♭m7   Cm7   Riff   D♭
              She'll take your heart but you won't feel it.
                       E♭   Riff
              She's like no other,
                           B♭m7   Cm7   Riff
              And I'm just trying to make you see.

Verse 1

        D♭
She's the kind of girl you dream of,

Dream of keeping hold of.
        E♭   Riff
You'd better for - get it,

You'll never get it.
        D♭
She will play around and leave you,

Leave you and deceive you.
        E♭   Riff
Better for - get it,

Oh you'll regret it.

Pre-chorus 1

Cm⁷   B♭m⁷   Cm⁷   Fm⁷*
   No you'll never change her, so leave her, leave her.
Cm⁷ B♭m⁷   Cm⁷   Fm⁷*
   Get out quick 'cause seeing is be - lieving,
       B♭m⁷   Cm⁷
It's the only way
Fm⁷*   G♭maj⁷♯¹¹
   You'll ever know,——

Chorus 2

D♭   E♭   Riff
She's an easy lover,
          B♭m⁷   Cm⁷   Riff   D♭
She'll get a hold on you be - lieve it.
E♭   Riff
  Like no other,
          B♭m⁷   Cm⁷   Riff
Before you know it you'll be on your knees.
D♭   E♭   Riff
  She's an easy lover,
          B♭m⁷   Cm⁷   Riff   D♭
She'll take your heart but you won't feel it.
     E♭   Riff
She's like no other,
         B♭m⁷   Cm⁷   Fm⁷*
And I'm just trying to make you see.

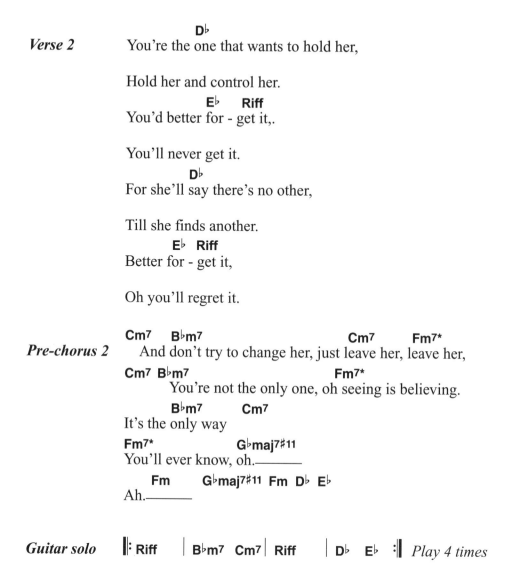

Verse 2

             D♭
You're the one that wants to hold her,

Hold her and control her.
             E♭   **Riff**
You'd better for - get it,.

You'll never get it.
         D♭
For she'll say there's no other,

Till she finds another.
         E♭ **Riff**
Better for - get it,

Oh you'll regret it.

Pre-chorus 2

Cm⁷   **B♭m⁷**   **Cm⁷**   **Fm⁷***
   And don't try to change her, just leave her, leave her,
Cm⁷ **B♭m⁷**   **Fm⁷***
   You're not the only one, oh seeing is believing.
      B♭m⁷   **Cm⁷**
It's the only way
Fm⁷*   **G♭maj7♯11**
You'll ever know, oh.————
   Fm   **G♭maj7♯11** **Fm** **D♭** **E♭**
Ah.————

Guitar solo   ‖: **Riff** | **B♭m⁷** **Cm⁷** | **Riff** | **D♭** **E♭** :‖ *Play 4 times*

Pre-chorus 3

Cm⁷   B♭m⁷   Cm⁷   Fm⁷*

No, don't try to change her, just leave her, leave her.

Cm⁷   B♭m⁷   Cm⁷   Fm⁷*

You're not the only one, ooh seeing is be - lieving.

     B♭m⁷   Cm⁷

It's the only way

Fm⁷*   G♭maj7♯11

You'll ever know.——

Chorus 3

    D♭   E♭   Riff

𝄆 She's an easy lover,

         B♭m⁷   Cm⁷   Riff   D♭

She'll get a hold on you be - lieve it

   E♭   Riff

She's like no other,

        B♭m⁷   Cm⁷   Riff

Before you know it you'll be on your knees.

              D♭

(You'll be down on your knees)

   E♭   Riff

She's an easy lover,

       B♭m⁷   Cm⁷   Riff   D♭

She'll take your heart but you won't feel it.

   E♭   Riff

She's like no other,

       B♭m⁷   Cm⁷   Riff

And I'm just trying to make you see 𝄇   *Repeat to fade*

Echo Beach

Words & Music by Mark Gane

[Chord diagrams: Am D C G Em F B♭]

Intro

‖: Am | D C | Am | D C :‖ *Play 4 times*

‖: Am | G | Em | F G :‖

Verse 1

Am   D   C   Am D Em
I know it's out of fashion,   and a trifle un - cool

Am   D   C   Am D Em
But I can't help it,   I'm a romantic fool.

Am   D   C   Am D Em
It's a habit of mine   to watch the sun go down.

Am   D   C   Am D Em
On Echo Beach,   I watch the sun go down.

Chorus 1

                    G   D
From nine to five I have to spend my time at work.

            G   D
My job is very boring I'm an office clerk.

        Am   Em
The   only thing that helps me pass the time away

        Am   Em
Is knowing I'll be back in Echo Beach some day.

Link

| F | G | Am | G | |

| Em | F/G | Am | G | |

| Em | F/G | Am | Am | |

| Am | D C | Am | D C ‖

Verse 2

|Am| |D| |C| |Am D Em|

On silent summer evenings,   the sky's a - live with light.

|Am| |D| |C| |Am D Em|

A building in the distance, surrea - listic sight.

|Am| |D| |C| |Am D Em|

On Echo Beach,   waves make the only sound.

|Am| |D| |C| |Am D Em|

On Echo Beach,   there's not a soul a - round.

Chorus 2

|G| |D|

From nine to five I have to spend my time at work.

|G| |D|

My job is very boring I'm an office clerk.

|Am| |Em|

The only thing that helps me pass the time away

|Am| |Em|

Is knowing I'll be back in Echo Beach some day.

Instr.

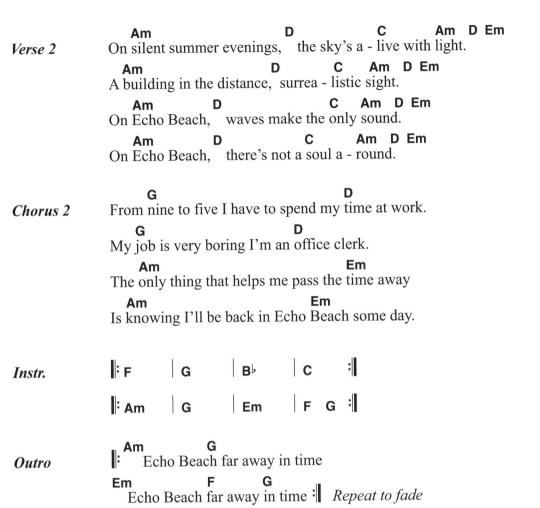

‖: F | G | B♭ | C :‖

‖: Am | G | Em | F G :‖

Outro

|Am| |G|

‖:   Echo Beach far away in time

|Em| |F| |G|

   Echo Beach far away in time :‖ *Repeat to fade*

Everyday Is Like Sunday

Words & Music by Morrissey & Stephen Street

Intro   ‖: C | C7 :‖ *Play 4 times*

Verse 1
```
       C                          F
   Trudging slowly over wet sand
           C                                        F
Back to the bench where your clothes were sto - len,
                        G
This is the coastal town
                 C                 F
That they for - got to close down,
                   Am
Armageddon - come Armageddon!
                        F
Come, Armageddon! Come!
```

Chorus 1
```
   C        G        F
   Every - day is like Sunday,
C        G        F
Everyday is silent and grey.
```

Verse 2
```
   C
   Hide on the promenade,
        F
Etch a postcard,
        C                          F
How I dearly wish I was not here
                 G
In the seaside town
   C                          F
   That they forgot to bomb,
           Am                          F
Come, come, come - nuclear bomb.
```

Chorus 2

        C   G   F
        Every - day is like Sunday,
        C   G   F
        Everyday is silent and grey.

                    Am   C
Bridge   Trudging back over pebbles and sand,
                    Am   G
            And a strange dust lands on your hands,
                        F
            And on your face,——
                    G
            On your face,——
                    F
            On your face,——
                    G
            On your face.——

        C   G   F
Chorus 3   Every - day is like Sunday,
        C   G   F
        Win your - self a cheap tray,
        C   G   F
        Share some greased tea with me,
        C   G   F
        Everyday is silent and grey.

Outro   ‖: C | G | F | F   :‖   *Play 3 times to fade*

Golden Brown

Words & Music by Jean-Jacques Burnel, Jet Black, Hugh Cornwell & David Greenfield

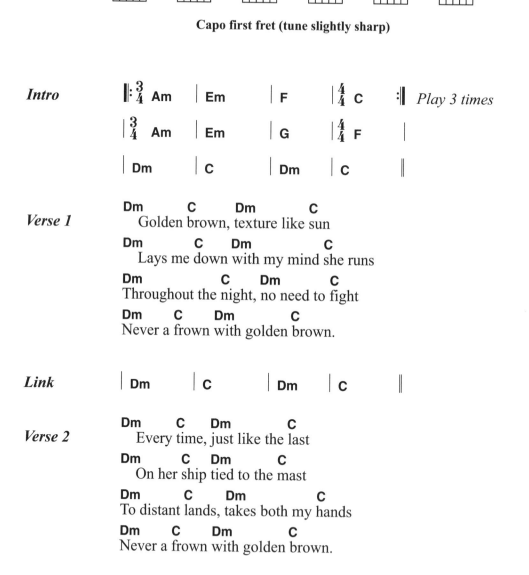

Capo first fret (tune slightly sharp)

Intro

$\lVert$: $\frac{3}{4}$ Am | Em | F | $\frac{4}{4}$ C :$\rVert$ *Play 3 times*

| $\frac{3}{4}$ Am | Em | G | $\frac{4}{4}$ F |

| Dm | C | Dm | C ‖

Verse 1

Dm   C   Dm   C
Golden brown, texture like sun
Dm   C   Dm   C
Lays me down with my mind she runs
Dm   C   Dm   C
Throughout the night, no need to fight
Dm C Dm   C
Never a frown with golden brown.

Link

| Dm | C | Dm | C ‖

Verse 2

Dm   C   Dm   C
Every time, just like the last
Dm   C   Dm   C
On her ship tied to the mast
Dm   C   Dm   C
To distant lands, takes both my hands
Dm   C   Dm   C
Never a frown with golden brown.

54

Instrumental ‖: 3/4 Am | Em | F | 4/4 C :‖ *Play 3 times*

| 3/4 Am | Em | G | 4/4 F |

| Dm | C | Dm | C ‖

Verse 3

Dm   C   Dm   C
Golden brown finer temp - tress

Dm   C   Dm   C
Through the ages she's heading west,

Dm   C   Dm   C
From far a - way, stays for a day

Dm   C   Dm   C
Never a frown with golden brown.

Instrumental ‖: 3/4 Am | Em | F | 4/4 C :‖ *Play 3 times*

| 3/4 Am | Em | G | 4/4 F |

‖: Dm | C | Dm | C :‖ *Play 5 times*

‖: 3/4 Am | Em | F | 4/4 C :‖ *Play 3 times*

| 3/4 Am | Em | G | 4/4 F |

‖: Dm | C | Dm | C :‖ *Play 5 times*

Outro ‖: Am | Em | F | G :‖

| Am | Em | F | G |
  Ne - ver   a   frown,
                    (never a

| Am | Em | F | G |
  with   gold - en   brown...

‖: Am | Em | F | G :‖ *Repeat with vocal ad libs. and fade out*

55

Don't Dream It's Over

Words & Music by Neil Finn

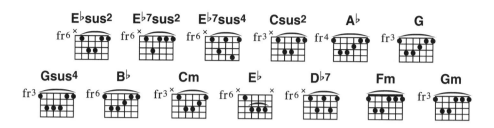

Tune guitar slightly flat

Intro   ‖: E♭sus2 | E♭7sus2 E♭7sus4 :‖

Verse 1
E♭sus2   Csus2
   There is freedom within,
                        A♭
There is freedom without,
                                    G   Gsus4
Try to catch the deluge in a paper cup.
E♭sus2   Csus2
   There's a battle ahead,
                    A♭
Many battles are lost,

But you'll never see the end of the road
                Gsus4   G
While you're travelling with me.

Chorus 1
    A♭   B♭
   Hey now, hey now,
        E♭sus2   Cm
Don't dream it's over.
        A♭   B♭
Hey now, hey now,
            E♭sus2   Cm
When the world comes in.
        A♭   B♭
They come, they come
E♭sus2   Cm
   To build a wall between us,
A♭   B♭
   We know they won't win.

Verse 2

E♭sus2   Csus2
    Now I'm towing my car,

                     A♭
There's a hole in the roof,

My possessions are causing me suspicion

   Gsus4   G
But there's no proof.

E♭sus2   Csus2   A♭
In the paper today tales of war and of waste

                  Gsus4   G
But you turn right over to the T.V. page.

Chorus 2

   A♭   B♭
    Hey now, hey now,

        E♭sus2   Cm
Don't dream it's over.

     A♭   B♭
Hey now, hey now,

          E♭sus2   Cm
When the world comes in.

     A♭   B♭
They come, they come

E♭sus2   Cm
    To build a wall between us,

A♭
    We know they won't win.

Instrumental ‖: E♭sus2 | Cm | A♭ | Gsus4 G :‖

     | A♭   E♭ | A♭   E♭ | A♭   E♭ | D♭7 | D♭7   ‖

Verse 3

E♭sus2   Csus2
    Now I'm walking again

                 A♭
To the beat of a drum

And I'm counting the steps

               Gsus4   G
To the door of your heart.

E♭sus2   Csus2   A♭
    Only shadows ahead barely clearing the roof,

                  Gsus4   G
Get to know the feeling of liberation and release.

Chorus 3

Fm   **Gm**
  Hey now, hey now,

        E♭sus2   **Cm**
Don't dream it's over.

A♭   **B♭**
  Hey now, hey now,

        E♭sus2   **Cm**
When the world comes in.

       A♭   **B♭**
They come, they come

E♭sus2   **Cm**
  To build a wall between us,

A♭
  We know they won't win.

Outro   ‖: **A♭** **B♭** | **E♭sus2** **Cm** :‖ *Repeat to fade w/ad lib vocals*

Goody Two Shoes

Words & Music by Adam Ant & Marco Pirroni

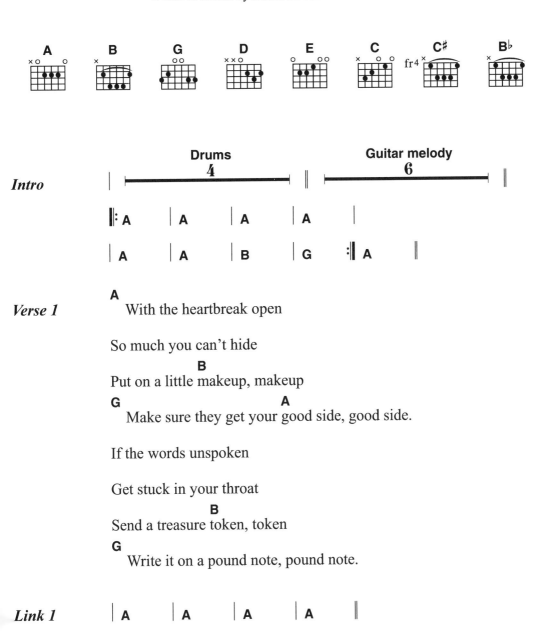

Intro

Verse 1

A
  With the heartbreak open

So much you can't hide

        B
Put on a little makeup, makeup

G
  Make sure they get your good side, good side.

If the words unspoken

Get stuck in your throat

        B
Send a treasure token, token

G
  Write it on a pound note, pound note.

Link 1

Chorus 1

B
Goody Two, Goody Two
G
Goody, Goody Two Shoes,
A
Goody Two, Goody Two

Goody, Goody Two Shoes,

Don't drink don't smoke - what do you do?

You don't drink don't smoke - what do you do?
B   **G**
Subtle innu - endos follow,

     A
There must be something inside.

Verse 2

          A
We don't follow fashion

That'd be a joke

           B
You know we're going to set them, set them
G   **A**
  So everyone can take note, take note

When they saw you kneeling

Crying words that you mean,
      B
Opening their eyeballs, eyeballs
G   **A**
  Pretending that you're Al Green, Al Green.

Link 2 | A | A | A | A   ‖

Link 3 | D | D | D | D   E | C | D   ‖

Verse 3
D
No one's gonna tell me

What's wrong or what's right,
              E
Or tell me who to eat with, sleep with
C   **D**
    Or that I've won the big fight, big fight.

Verse 4
B
    Look out or they'll tell you

You're a superstar
                        C♯
Two weeks and you're an all time legend,
A   **B**
    I think the games have gone much too far.

Verse 5
    If the words unspoken

Get stuck in your throat
                    D
Send a treasure token, token
B♭   **C**
    Write it on a pound note, pound note.

Chorus 3
   A
‖: Don't drink don't smoke - what do you do?

You don't drink don't smoke - what do you do?
B   **G**
Subtle innu - endos follow,
        A
There must be something inside. :‖   *Repeat 4 times*

Hammer To Fall

Words & Music by Brian May

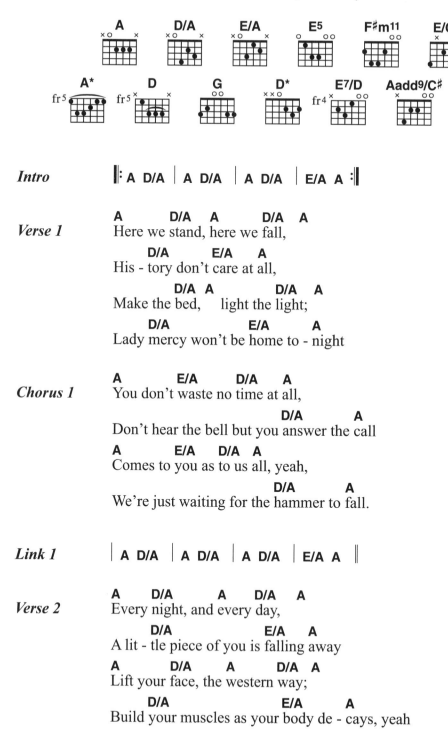

Intro ‖: A D/A | A D/A | A D/A | E/A A :‖

Verse 1

   A   D/A   A   D/A A
Here we stand, here we fall,

      D/A   E/A   A
His - tory don't care at all,

        D/A A   D/A A
Make the bed,   light the light;

      D/A   E/A   A
Lady mercy won't be home to - night

Chorus 1

   A   E/A   D/A   A
You don't waste no time at all,

                    D/A   A
Don't hear the bell but you answer the call

   A   E/A D/A A
Comes to you as to us all, yeah,

               D/A   A
We're just waiting for the hammer to fall.

Link 1 | A D/A | A D/A | A D/A | E/A A ‖

Verse 2

   A   D/A   A   D/A A
Every night, and every day,

      D/A   E/A   A
A lit - tle piece of you is falling away

   A   D/A   A   D/A A
Lift your face, the western way;

      D/A   E/A   A
Build your muscles as your body de - cays, yeah

A   E/A   D/A   A
Toe your line and play the game,

                D/A   A
Let the anaesthetic cover it all

A   E/A   D/A   A
'Til one day they call your name,

                D/A   A
You know its time for the hammer to fall

Link 2

| A D/A | A D/A | A D/A | E/A A ‖

Bridge

E5   F#m11   E/G#
Rich or poor or famous but your truth;

          A*   D A G D*
It's all the same (oh no oh no)

      E5   F#m11
Oh, lock your door but rain is

          E/G#   A*   D E5
Pouring through the window pane (oh no)

E7/D   Aadd9/C#   E
Baby, now your struggles are in vain

Gtr solo

‖: A E/A | D/A A | A | D/A A :‖

| D/A A | A | D* | D*   ‖

Verse 3

A   D/A   A   D/A   A
You who grew up tall and proud,

  D/A   E/A   A
In the shadow of the mushroom cloud

       A   D/A   A   D/A   A
Con - vinced our voices can't be heard,

   D/A   E/A   A
We just want to scream it louder and louder and louder

Chorus 3

A   E/A   D/A   A
What the hell we fighting for?

                D/A   A
Just surrender and it won't hurt at all

A   E/A   D/A   A
Just got time to say your prayers,

                D/A   A
While you're waiting for the hammer to hammer to fall

Here Comes Your Man

Words & Music by Francis Black

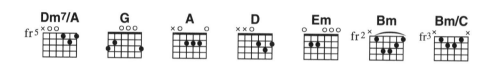

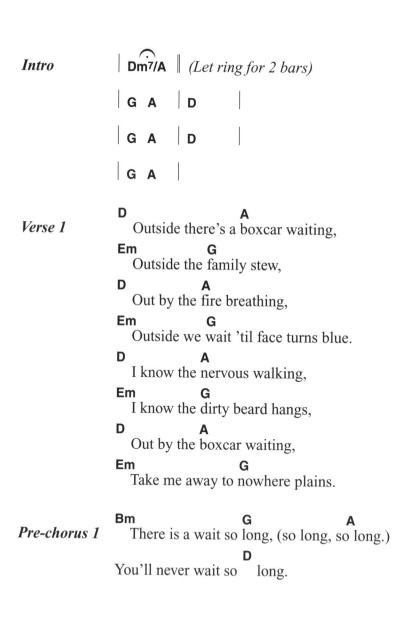

Intro | Dm7/A ‖ *(Let ring for 2 bars)*

| G   A | D |

| G   A | D |

| G   A |

Verse 1
```
D                    A
Outside there's a boxcar waiting,
Em          G
Outside the family stew,
D           A
Out by the fire breathing,
Em          G
Outside we wait 'til face turns blue.
D              A
I know the nervous walking,
Em          G
I know the dirty beard hangs,
D           A
Out by the boxcar waiting,
Em                    G
Take me away to nowhere plains.
```

Pre-chorus 1
```
Bm                    G              A
There is a wait so long, (so long, so long.)
                      D
You'll never wait so    long.
```

Chorus 1
|: G A   D :| *Play 3 times*
    Here comes your man.

Link
| D | A | Em | G ‖

Verse 2
D   A
Big shake on the boxcar moving,
Em   G
Big shake to the land that's falling down
D   A
Is a wind makes a palm stop blowing,
Em   G
A big, big stone fall and break my crown.

Pre-chorus 2
Bm   G   A
There is a wait so long, (so long, so long.)
            D
You'll never wait so   long.

Chorus 2
|: G A   D :| *Play 4 times*
    Here comes your man.

Instrumental
|: D | A | Em | G :| *Play 4 times*

Pre-chorus 3
Bm   Bm/C   A
There is a wait so long, (so long, so long.)
            D   N.C.
You'll never wait so   long.

Chorus 3
|: G A   D :| *Play 13 times*
    Here comes your man.

Here Comes The Rain Again

Words & Music by A. Lennox & D.A. Stewart

Am	F	G	C	D	Em

Intro

‖: Am | Am | F | F |

| G | G | Am | Am :‖

Verse 1

Am
   Here comes the rain again
F
Falling on my head like a memory
G   Am
Falling on my head like a new emotion.

I want to walk in the open wind
F
I want to talk like lovers do
G
Want to dive into your ocean
     Am
Is it raining with you?

Chorus 1

         F
So baby talk to me
     C
Like lovers do
F
Walk with me
     C
Like lovers do
F
Talk to me
     C
Like lovers do

| *Link 1* | | D | | D | | G | | G | ‖ |

Verse 2

Am
   Here comes the rain again

F
Raining in my head like a tragedy

G   **Am**
Tearing me apart like a new emotion.

I want to breathe in the open wind

F
   I want to kiss like lovers do

G
Want to dive into your ocean

      Am
Is it raining with you?

Chorus 2   As Chorus 1

Link 2 | D | D | G | G   ‖

Instr. | Em | F | Am | Am ‖

                | Em | F | G | G   ‖

Bridge

           F
So baby talk to me

       C
Like lovers do

| D | D | G | G | |

Am F   G Am
   Ooh   Ooh yeah

Am   F   G   Am
  Here it comes again. Ooh yeah

Verse 3

   Am
‖:   Here comes the rain again

F
Falling on my head like a memory

G   Am
Falling on my head like a new emotion.

Here it comes again

Here it comes again

I want to walk in the open wind

F
I want to talk like lovers do

G
Want to dive into your ocean

     Am
Is it raining with you? :‖ *Repeat to fade*

How Soon Is Now?

Words & Music by Morrissey & Johnny Marr

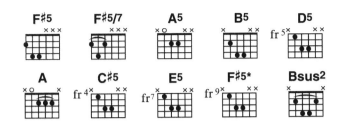

F#riff

Intro

| F#5 | F#5/7 | F#5 | | F#5/7 | F#5 | | F#5/7 | A5 | B5 | |

| F#5 | F#5/7 | F#5 | | F#5/7 | F#5 | | F#5/7 | A5 | B5 | |

Verse 1

            F#riff
I am the son and the heir
     A5   **B5**   **F#riff**
Of a shyness that is criminally vulgar,

I am the son and heir
                A5   **B5**
Of nothing in particular.

Chorus 1

B5 **D5**   **A**
      You shut your mouth,
   Esus4
How can you say
C#5   **E5**   **F#5***
    I go about things the wrong way?
   Bsus2   **A**   **Esus4**
I am human and I need to be loved,
C#5   **E5**   **F#riff**
Just like everybody else does.

Instr.

| F#5 | F#5/7 | F#5 | | F#5/7 | F#5 | | F#5/7 | A5 | B5 | |

| F#5 | F#5/7 | F#5 | | F#5/7 | F#5 | | F#5/7 | A5 | B5 | |

Verse 2	As Verse 1							

Chorus 2   As Chorus 1

Instr.

‖: **F♯5**   **F♯5/7** │ **F♯5**   **F♯5/7** │ **F♯5**   **F♯5/7** │ **A5**   **B5**

│ **F♯5**   **F♯5/7** │ **F♯5**   **F♯5/7** │ **F♯5**   **F♯5/7** │ **A5**   **B5** :‖

Bridge

B5   **D5**   **A**
There's a club, if you'd like to go,
    Esus4   **C♯5**   **E5**   **F♯5**
You could meet somebody who really loves you,
        Bsus2
So you go, and you stand on your own,
A   **Esus4**
And you leave on your own,
    C♯5   **E5**   **F♯riff**
And you go home, and you cry and you want to die.

Instr.

‖: **F♯5**   **F♯5/7** │ **F♯5**   **F♯5/7** │ **F♯5**   **F♯5/7** │ **A5**   **B5**

│ **F♯5**   **F♯5/7** │ **F♯5**   **F♯5/7** │ **F♯5**   **F♯5/7** │ **A5**   **B5** :

Chorus 3

B5   **D5**   **A**   **Esus4**
When you say it's gonna happen now,
C♯5   **E5**   **F♯5***
Well, when exactly do you mean?
        Bsus2   **A**   **Esus4**
See, I've already waited too long,
C♯5   **E5**   **F♯riff**
And all my hope is gone.

Instr. $\lVert$: F#5   F#5/7 | F#5   F#5/7 | F#5   F#5/7 | A5   B5 |

| F#5   F#5/7 | F#5   F#5/7 | F#5   F#5/7 | A5   B5   :$\rVert$

| B5   D5 | A   Esus4 | C#5   E5 | F#5* |

| B5   D5 | A   Esus4 | C#5   E5 | F#5   F#5/7 |

$\lVert$: F#5   F#5/7 | F#5   F#5/7 | F#5   F#5/7 | A5   B5 |

| F#5   F#5/7 | F#5   F#5/7 | F#5   F#5/7 | A5   B5   :$\rVert$

Chorus 4   As Chorus 1

Coda $\lVert$: F#5   F#5/7 | F#5   F#5/7 | F#5   F#5/7 | A5   B5 |

| F#5   F#5/7 | F#5   F#5/7 | F#5   F#5/7 | A5   B5   :$\rVert$

Fade

I Got You

Words & Music by Neil Finn

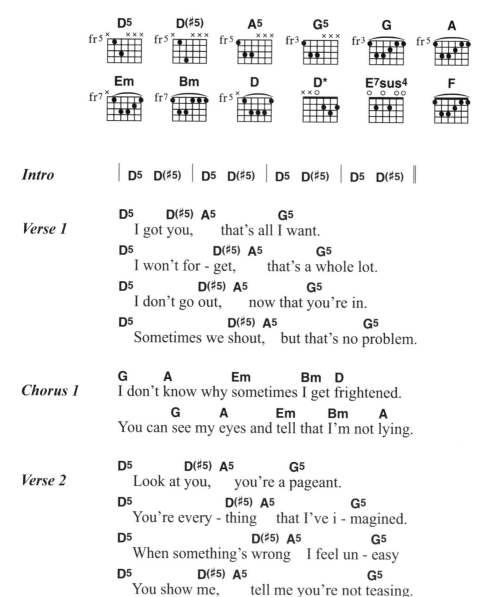

Intro | D5 D(♯5) | D5 D(♯5) | D5 D(♯5) | D5 D(♯5) ‖

Verse 1

D5   D(♯5) A5   G5
I got you,   that's all I want.

D5   D(♯5) A5   G5
I won't for - get,   that's a whole lot.

D5   D(♯5) A5   G5
I don't go out,   now that you're in.

D5   D(♯5) A5   G5
Sometimes we shout, but that's no problem.

Chorus 1

G   A   Em   Bm D
I don't know why sometimes I get frightened.

           G   A   Em   Bm   A
You can see my eyes and tell that I'm not lying.

Verse 2

D5   D(♯5) A5   G5
Look at you,   you're a pageant.

D5   D(♯5) A5   G5
You're every - thing   that I've i - magined.

D5   D(♯5) A5   G5
When something's wrong I feel un - easy

D5   D(♯5) A5   G5
You show me,   tell me you're not teasing.

Chorus 2

    G   **A**   **Em**   **Bm** **D**
I don't know why sometimes I get frightened.

           G   **A**   **Em** **Bm**   **A**
You can see my eyes and tell that I'm not lying.

G   **A**   **Em**   **Bm** **D**
I don't know why sometimes I get frightened.

           G   **A**   **Em** **Bm**   **A**
You can see my eyes and tell me you're not lying.

Instr.

| $\frac{2}{4}$ **D*** | $\frac{4}{4}$ **E7sus4** | **E7sus4** |

| $\frac{2}{4}$ **D*** | $\frac{4}{4}$ **E7sus4** | **E7sus4** |

| $\frac{2}{4}$ **D*** | $\frac{4}{4}$ **E7sus4** | **E7sus4** |

| **F** | **G** |

Verse 3

D5   **D(♯5)** **A5**   **G5**
  There's no doubt   when I'm with you.

D5   **D(♯5)** **A5**   **G5**
  When I'm with - out,   I stay in my room.

D5   **D(♯5)** **A5**   **G5**
  Where do you go,   I get no answer.

D5   **D(♯5)** **A5**   **G5**
  You're always out,   it gets on my nerves.

Chorus 3

  G   **A**   **Em**   **Bm** **D**
‖: I don't know why sometimes I get frightened.

           G   **A**   **Em** **Bm**   **A**
You can see my eyes and tell that I'm not lying.

G   **A**   **Em**   **Bm** **D**
I don't know why sometimes I get frightened.

           G   **A**   **Em** **Bm**   **A**
You can see my eyes and tell me you're not lying. :‖

I Won't Let The Sun Go Down On Me

Words & Music by Nik Kershaw

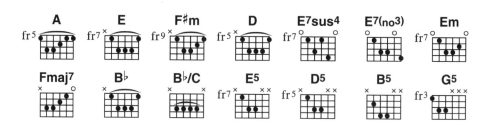

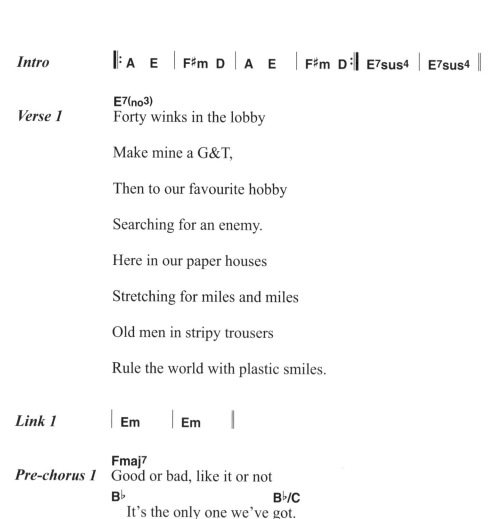

Intro ‖: A E | F♯m D | A E | F♯m D :‖ E7sus4 | E7sus4 ‖

E7(no3)

Verse 1 Forty winks in the lobby

Make mine a G&T,

Then to our favourite hobby

Searching for an enemy.

Here in our paper houses

Stretching for miles and miles

Old men in stripy trousers

Rule the world with plastic smiles.

Link 1 | Em | Em ‖

Fmaj7

Pre-chorus 1 Good or bad, like it or not

B♭   **B♭/C**

It's the only one we've got.

Chorus 1

```
  A              E        F#m       D
I won't let the sun go down on me
  A              E        F#m       D
I won't let the sun go down.
  A              E        F#m       D
I won't let the sun go down on me
  A              E        F#m       D  E7sus4
I won't let the sun go down.
```

Verse 2

```
E7(no3)
Mother Nature isn't in it,

Three hundred million years

Goodbye in just a minute

Gone forever, no more tears.

Pinball man, power glutton

Vacuum inside his head

Forefinger on the button

Is he blue or is he red?
```

Link 2

| Em | Em ||

Pre-chorus 2

```
Fmaj7
Break your silence if you would
Bb                                B♭/C
Before the sun goes down for good.
```

Chorus 2

As Chorus 1

Bridge

```
  E5                      D5
I won't let the sun go down on me
  B5                      G5
I won't let the sun go down.
```

Instrumental

| N.C. |: A E | F#m D | A E | F#m D :|

I'm Gonna Be (500 Miles)

Words & Music by Charles Reid & Craig Reid

E   A   B   C#m   F#m7   B11

Intro | E | E | E | E ‖

Verse 1
            E
When I wake up well I know I'm gonna be
        A   B   E
I'm gonna be the man who wakes up next to you

When I go out yeah I know I'm gonna be
        A   B   E
I'm gonna be the man who goes along with you

If I get drunk well I know I'm gonna be
        A   B   E
I'm gonna be the man who gets drunk next to you

And if I haver yeah I know I'm gonna be
        A   B   E
I'm gonna be the man who's havering to you

Chorus 1
        E
But I would walk five hundred miles
   A   B
And I would walk five hundred more
      A   A
Just to be the man who walked a thousand miles
     B
To fall down at your door

Verse 2
        E
When I'm working yes I know I'm gonna be
        A   B   E
I'm gonna be the man who's working hard for you

And when the money comes in for the work I do
        A   B   E
I'll pass almost every penny on to you

                   E
When I come home oh I know I'm gonna be
             A   B   E
I'm gonna be the man who comes back home to you

And if I grow old well I know I'm gonna be
             A   B   E
I'm gonna be the man who's growing old with you

Chorus 2   As Chorus 1

        ‖: Bm | A | E | G A :‖
Bridge 1   La la la la...

Link 1 | E | E   ‖

                   E
Verse 3   When I'm lonely well I know I'm gonna be
             A   B   E
I'm gonna be the man who's lonely without you

And when I'm dreaming well I know I'm gonna dream
             A   B   E
I'm gonna dream about the time when I'm with you

When I go out yeah I know I'm gonna be
             A   B   E
I'm gonna be the man who goes along with you

And whenn I come home yes I know I'm gonna be
             A   B   C♯m
I'm gonna be the man who comes back home with you
             F♯m⁷   B¹¹   E
I'm gonna be the man who's coming home with you.

Chorus 3   As Chorus 1

        ‖: Bm | A | E | G A :‖ *Play 4 times*
Bridge 2   La la la la...

Chorus 4   As Chorus 1

Just Like Honey

Words & Music by James Reid & William Reid

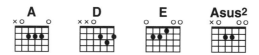

Tune guitar down a semitone

Intro | (A) | (A) | A | A | D | D ||

Verse 1
```
         A                            D
Listen to the girl as she takes on half the world
            A
Moving up and so alive
         D                     A
In her honey dripping bee - hive
         D
Bee - hive, it's good, so good,
           A        D
It's so good, so good
```

Pre-chorus 1
```
           E
Walking back to you
             D                      A
Is the hardest thing that I can do
                 D
That I can do for you
             A
For you
                     D
I'll be your plastic toy
                 A
I'll be your plastic toy
           D
For you
E
Eating up the scum
             D
Is the hardest thing for me to do
```

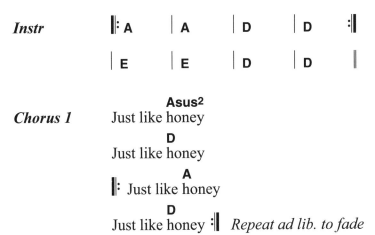

Instr   ‖: A | A | D | D   :‖

| E | E | D | D   ‖

Chorus 1

Asus²
Just like honey

D
Just like honey

A
‖: Just like honey

D
Just like honey :‖ *Repeat ad lib. to fade*

I Guess That's Why They Call It The Blues

Words & Music by Elton John, Bernie Taupin & Davey Johnstone

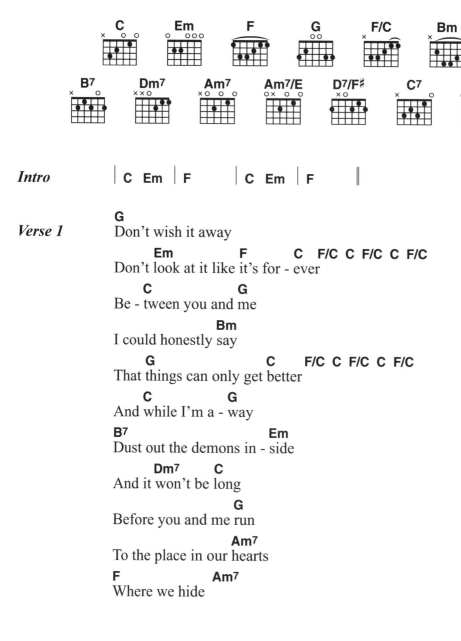

Intro | C Em | F | C Em | F ‖

Verse 1

G
Don't wish it away

Em   **F**   **C F/C C F/C C F/C**
Don't look at it like it's for - ever

C   **G**
Be - tween you and me

Bm
I could honestly say

G   **C**   **F/C C F/C C F/C**
That things can only get better

C   **G**
And while I'm a - way

B7   **Em**
Dust out the demons in - side

Dm7   **C**
And it won't be long

G
Before you and me run

Am7
To the place in our hearts

F   **Am7**
Where we hide

Chorus 1

G/B C   G/B   F
And I guess that's why they call it the blues

         C
Time on my hands

       G/B   F
Could be time spent with you

          G
Laughing like children

        Am7
Living like lovers

Am7/E   F   D7/F♯
Rolling like thunder under the covers

     F   Gsus4   G   C   Em   F
And I guess that's why they call__ it the blues

Verse 2

G
Just stare into space

Em   F   C   F/C C F/C C F/C
Picture my face in your hands

C   G
Live for each se - cond

        Bm
Without hesi - tation

   F   C   F/C C F/C C F/C
And never forget I'm your man

C   G
Wait on me girl

B7   Em   Dm7   C7
Cry in the night if it helps,__ but more than ev - er

       G   Am7   F   G   Am7
I simply love you, more than I love__ life it - self

Chorus 2   As Chorus 1

Instr

| G | | Em   F | C F/C C F/C | C F/C C | |

| G | | Bm7   F | C F/C C F/C | C F/C C | ‖

Verse 3

C   G
Wait on me girl

B7   Em   Dm7   C7
Cry in the night if it helps,__ but more than ev - er

      G   Am7   F   G   Am7
I simply love you, more than I love__ life it - self

Chorus 3

G/B C   **G/B**   **F**
And I guess that's why they call it the blues

            C
Time on my hands

         G/B   **F**
Could be time spent with you

          G
Laughing like children

         Am7
Living like lovers

Am7/E   **F**   **D7/F♯**
Rolling like thunder under the covers

       F   **Gsus4 G**   **C**
And I guess that's why they call___ it the blues

‖: **C**   **G**
Laughing like children

Am7   **Em7**
Living like lovers

       F   **Gsus4 G**   **C**
And I guess that's why they call___ it the blues :‖

Outro

| C   G | Am7   Em7 |

       F   **Gsus4 G**   **C**
And I guess that's why they call___ it the blues

Karma Chameleon

Words & Music by George O'Dowd, Jonathan Moss, Roy Hay, Michael Craig & Philip Pickett

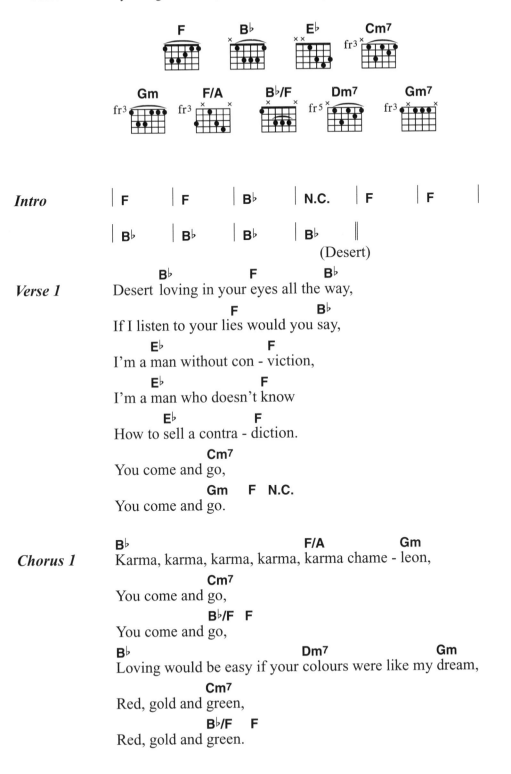

Intro

| F | F | B♭ | N.C. | F | F | |

| B♭ | B♭ | B♭ | B♭ ||

(Desert)

Verse 1

       B♭   F   B♭
Desert loving in your eyes all the way,

                  F   B♭
If I listen to your lies would you say,

     E♭   F
I'm a man without con - viction,

     E♭   F
I'm a man who doesn't know

     E♭   F
How to sell a contra - diction.

              Cm7
You come and go,

             Gm   F N.C.
You come and go.

Chorus 1

  B♭   F/A   Gm
Karma, karma, karma, karma, karma chame - leon,

             Cm7
You come and go,

            B♭/F F
You come and go,

  B♭   Dm7   Gm
Loving would be easy if your colours were like my dream,

             Cm7
Red, gold and green,

            B♭/F F
Red, gold and green.

Verse 2

        B♭   **F**   **B♭**
Didn't hear your wicked words every day,

                      F   **B♭**   **B♭**
And you used to be so sweet, I heard you say

        E♭   **F**
That my love was an ad - diction,

        E♭   **F**
When we cling our love is strong,

        E♭   **F**
When you go you're gone for - ever.

           Cm7
You string a - long,

           Gm **F**
You string a - long.

Chorus 2   As Chorus 1

Bridge 2

E♭   **Dm7**
Every day is like sur - vival,

Cm7   **Gm7**
You're my lover not my rival.

E♭   **Dm7**
Every day is like sur - vival,

Cm7   **Gm** **F**
You're my lover not my ri - val.

Harmonica solo

| B♭ | F | B♭ | B♭ | |
| B♭ | F | B♭ | B♭ | ‖ |

                                   (I'm a)

Verse 3

      E♭   F
I'm a man without con - viction,

      E♭   F
I'm a man who doesn't know,

       E♭   F
How to sell a contra - dication.

           Cm7
You come and go,

           Gm F
You come and go.

Chorus 3

    B♭   F/A   Gm
‖: Karma, karma, karma, karma, karma chamel - eon,

           Cm7
You come and go,

           B♭/F F
You come and go.

    B♭   Dm7   Gm
Loving would be easy if your colours were like my dream

           Cm7
Red, gold and green,

           B♭/F   F
Red, gold and green.   :‖ *Repeat 4 times and fade*

Like A Prayer

Words & Music by Madonna & Pat Leonard

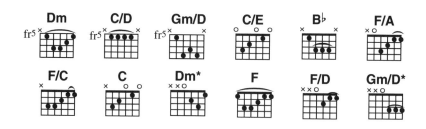

Intro

God?

Dm C/D Gm/D
Ooh,————————

Dm C/D Gm/D
Ooh,————————

Dm C/D Gm/D
Ooh,————————

F/A B♭ F/C C
Ooh.————————

Dm   C/D   Gm/D Dm
Life is a mys - te - ry,

           C/D   Gm/D   Dm
Everyone must stand a - lone,

        C/E B♭ F/A
I hear you call my name,

B♭   F/C   C   Dm*
And it feels like home.——

Link | **Dm*** | **Dm*** | **Dm*** | **Dm*** |

Chorus 1

F   **C**
When you call my name   it's like a little prayer,

B♭   **F/A**   **F/D Gm/D* F**
I'm down on my knees,   I wanna take you   there.

                 C
In the midnight hour   I can feel your power,

B♭   **F/A**   **F/D Gm/D* (B♭)**
Just like a prayer   you know I'll take you   there.

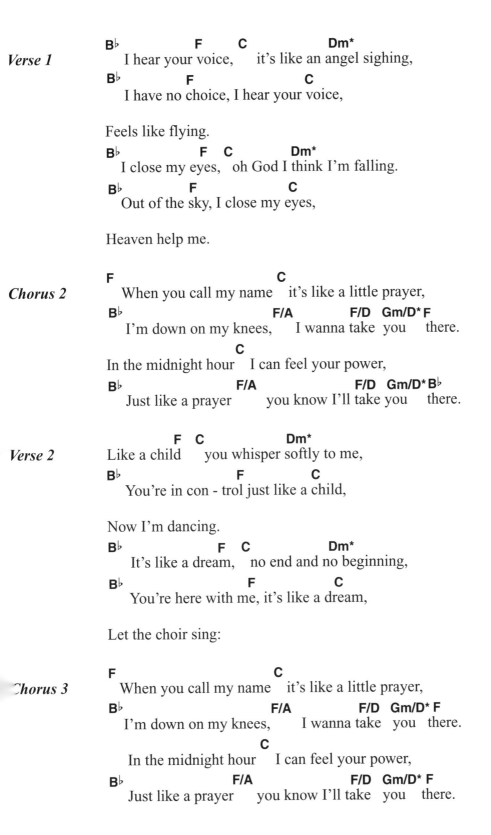

Verse 1

```
         Bb            F      C              Dm*
         I hear your voice,      it's like an angel sighing,
         Bb           F                  C
         I have no choice, I hear your voice,

         Feels like flying.
         Bb            F    C         Dm*
         I close my eyes,   oh God I think I'm falling.
         Bb           F                C
         Out of the sky, I close my eyes,

         Heaven help me.
```

Chorus 2

```
         F                         C
         When you call my name    it's like a little prayer,
         Bb                        F/A        F/D  Gm/D* F
         I'm down on my knees,     I wanna take you     there.
                             C
         In the midnight hour    I can feel your power,
         Bb                F/A               F/D  Gm/D* Bb
         Just like a prayer      you know I'll take you    there.
```

Verse 2

```
                    F  C          Dm*
         Like a child    you whisper softly to me,
         Bb                  F           C
         You're in con - trol just like a child,

         Now I'm dancing.
         Bb              F  C         Dm*
         It's like a dream,   no end and no beginning,
         Bb                  F              C
         You're here with me, it's like a dream,

         Let the choir sing:
```

Chorus 3

```
         F                         C
         When you call my name    it's like a little prayer,
         Bb                        F/A        F/D  Gm/D* F
         I'm down on my knees,     I wanna take  you   there.
                             C
         In the midnight hour    I can feel your power,
         Bb                F/A               F/D  Gm/D* F
         Just like a prayer      you know I'll take  you    there.
```

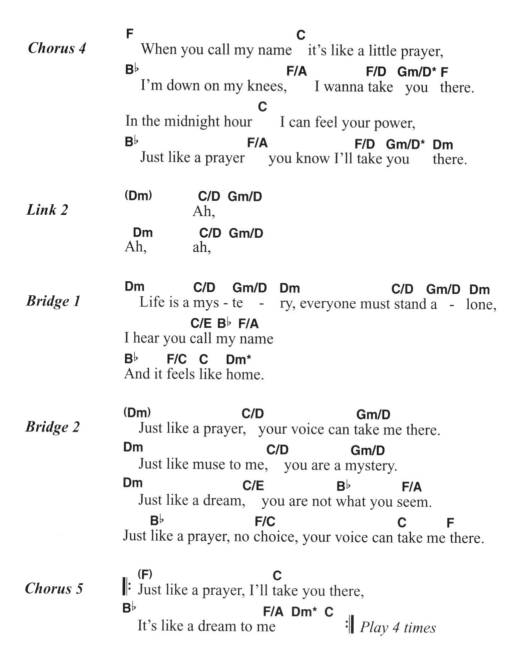

Chorus 4

F   C
When you call my name it's like a little prayer,
B♭   F/A   F/D Gm/D* F
I'm down on my knees, I wanna take you there.

           C
In the midnight hour I can feel your power,
B♭   F/A   F/D Gm/D* Dm
Just like a prayer you know I'll take you there.

Link 2

(Dm)   C/D Gm/D
     Ah,
  Dm   C/D Gm/D
Ah,   ah,

Bridge 1

Dm C/D Gm/D Dm   C/D Gm/D Dm
 Life is a mys - te - ry, everyone must stand a - lone,
      C/E B♭ F/A
I hear you call my name
B♭ F/C C Dm*
And it feels like home.

Bridge 2

(Dm)   C/D   Gm/D
 Just like a prayer, your voice can take me there.
Dm   C/D   Gm/D
 Just like muse to me, you are a mystery.
Dm   C/E   B♭   F/A
 Just like a dream, you are not what you seem.
  B♭   F/C   C F
Just like a prayer, no choice, your voice can take me there.

Chorus 5

  (F)   C
‖: Just like a prayer, I'll take you there,
B♭   F/A Dm* C
 It's like a dream to me   :‖ *Play 4 times*

Interlude

‖: N.C. | N.C. | N.C. | N.C. :‖

| Dm* | Dm* | Dm* | Dm* |

| Dm* | C/E B♭ | F/A B♭ | F/C C ‖

Bridge 3

Dm   C/D   Gm/D
Just like a prayer,   your voice can take me there.

Dm   C/D   Gm/D
Just like muse to me,   you are a mystery.

Dm   C/E   B♭   F/A
Just like a dream,   you are not what you seem.

   B♭   F/C   C   F
Just like a prayer, no choice, your voice can take me there.

Chorus 6

  (F)   C   B♭
‖: Just like a prayer, I'll take you there,

                    F/A Dm* C
It's like a dream to me.   :‖ *Repeat to fade*

Little Lies

Words & Music by Christine McVie & Eddy Quintela

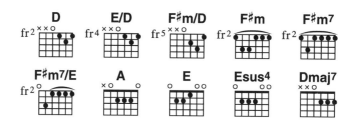

Intro | D E/D | F#m/D E/D | D E/D | F#m/D E/D |

| D E/D | F#m/D E/D | D E/D | F#m/D ‖

Verse 1

F#m   F#m7
If I could turn the page

F#m   F#m7/E   D   E/D
In time then I'd rearrange just a day or two,

F#m/D   E/D   D   E/D   A
    (Close my, close my, close my eyes.)

F#m   F#m7
But I couldn't find a way,

F#m   F#m7/E   D   E/D
So I'll settle for one day to bel - ieve in you,

F#m/D   E/D   D   E/D   A
    (Tell me, tell me, tell me lies.)

Chorus 1

F#m   A
Tell me lies, tell me sweet little lies,

D
(Tell me lies)

E
Tell me, tell me lies.

F#m   A
Oh no, no, you can't disguise,

D   E
(You can't dis - guise),

cont.
No you can't disguise,

F♯m   **A**
Tell me lies, tell me sweet little lies.

| **D** | **Esus⁴ E** |

Verse 2

F♯m   **F♯m⁷**
  Although I'm not making plans,
F♯m   **F♯m⁷/E**   **D**   **E/D**
  I hope that you understand there's a reason why,
F♯m/D   **E/D**   **D**   **E/D**   **A**
    (Close your, close your, close your eyes.)
F♯m   **F♯m⁷**
  No more broken hearts,
F♯m   **F♯m⁷/E**   **D**   **E/D**
  We're better off apart, let's give it a try.
F♯m/D   **E/D**   **D**   **E/D**   **A**
    (Tell me, tell me, tell me lies.)

Chorus 2   As Chorus 1

Instrumental | **D** **E** | **Dmaj⁷ E** | **D** **E** | **Dmaj⁷ E** |

             | **D** **E** | **Dmaj⁷ E** | **D** **E** | **Dmaj⁷ E** ‖

Verse 3   As Verse 1

Chorus 3

‖: **F♯m**   **A**
  Tell me lies, tell me sweet little lies,
D
  (Tell me lies)
E
  Tell me, tell me lies.
F♯m   **A**
Oh no, no, you can't disguise,
D   **E**
  (You can't dis - guise),

No you can't disguise. :‖

Repeat to fade

91

Livin' On A Prayer

Words & Music by Jon Bon Jovi, Richie Sambora & Desmond Child

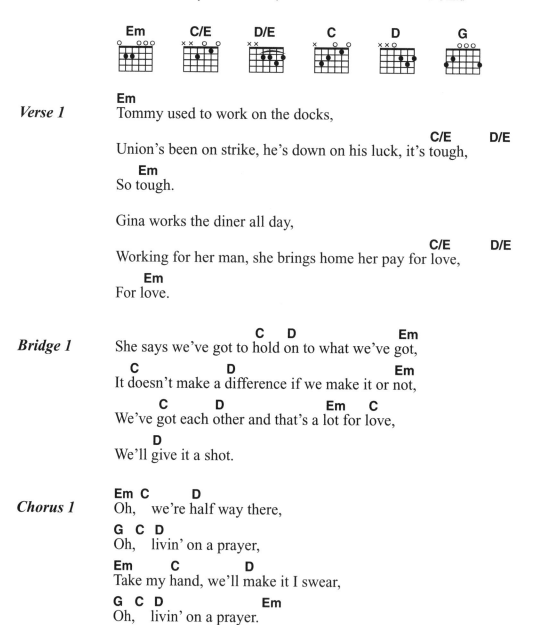

Verse 1

Em
Tommy used to work on the docks,

                                                      C/E   D/E
Union's been on strike, he's down on his luck, it's tough,

Em
So tough.

Gina works the diner all day,

                                            C/E   D/E
Working for her man, she brings home her pay for love,

Em
For love.

Bridge 1

                         C   D   Em
She says we've got to hold on to what we've got,

 C   D   Em
It doesn't make a difference if we make it or not,

          C   D   Em C
We've got each other and that's a lot for love,

     D
We'll give it a shot.

Chorus 1

Em C   D
Oh,   we're half way there,

G C D
Oh,   livin' on a prayer,

Em   C   D
Take my hand, we'll make it I swear,

G C D   Em
Oh,   livin' on a prayer.

Verse 2

Em
Tommy got his six-string in hock,

                                                                    C/E   **D/E**
Now he's holding in when he used to make it talk so tough,

       Em
It's tough.

Gina dreams of running away,

                                                                   C/E   **D/E**
When she cries in the night Tommy whispers "Baby, it's o.k."

        Em
Some day.

Bridge 2   As Bridge 1

Chorus 2

Em C   **D**
Oh,   we're half way there,

G C D
Oh,   livin' on a prayer,

Em   **C**   **D**
Take my hand, we'll make it I swear,

G C D
Oh,   livin' on a prayer,

C
Livin' on a prayer.

Guitar solo | **Em C** | **D** | **G C** | **D** |

                     | **Em C** | **D** | **G C** | **Em** |

Em   **C**   **D**   **Em**
We've got to hold on, ready or not,

       C   **D**
You live for the fight when that's all you've got.

Ad lib. to fade

Lullaby

Words by Robert Smith
Music by Robert Smith, Simon Gallup, Porl Thompson, Boris Williams,
Roger O'Donnell & Laurence Tolhurst

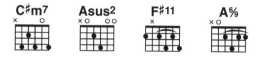

Intro   ‖: C#m7 | C#m7 | Asus2 | Asus2 :‖ *Play 6 times*

Verse 1
     C#m7
On candy stripe legs the spiderman comes
Asus2
Softly through the shadow of the evening sun
C#m7
Stealing past the windows of the blissfully dead
Asus2
Looking for the victim shivering in bed
C#m7
Searching out fear in gathering gloom
     Asus2
And suddenly, a movement in the corner of the room
       C#m7
And there is nothing I can do when I realise with fright
     Asus2
That the spiderman is having me for dinner tonight

Link 1   ‖: C#m7 | C#m7 | Asus2 | Asus2 :‖

Verse 2

C♯m7
Quietly he laughs and shaking his head

    Asus2
Creeps closer now, closer to the foot of the bed

    C♯m7
And softer than shadow and quicker than flies

    Asus2
His arms are all around me and his tongue in my eyes

    C♯m7
Be still be calm be quiet now my precious boy

    Asus2
Don't struggle like that or I will only love you more

    C♯m7
For it's much too late to get away or turn on the light

    Asus2
The spiderman is having you for dinner tonight

Bridg

    F♯11
And I feel like I'm being eaten

                  A%
By a thousand million shivering furry holes

    F♯11
And I know that in the morning

             A%
I will wake up in the shivering cold

And the spiderman is always hungry

Outro   ‖: C♯m7 | C♯m7 | Asus2 | Asus2 :‖ *Play 6 times*

Mad World

Words & Music by Roland Orzabal

F#m   A   E   B   Badd¹¹

Intro   Drums for 4 bars

Verse 1

      F#m   A
     All around me are familiar faces,

E   B
Worn out places, worn out faces.

      F#m   A
     Bright and early for their daily races,

E   B
Going nowhere, going nowhere.

      F#m   A
     And their tears are filling up their glasses,

E   B
No expression, no expression.

      F#m   A
     Hide my head I want to drown my sorrow,

E   B
No tommorow, no tommorow.

Prechorus 1

      F#m   B
     And I find it kind of funny,

               F#m
I find it kind of sad.

                  B
The dreams in which I'm dying

               F#m
Are the best I've ever had.

            B
I find it hard to tell you

               F#m
'Cause I find it hard to take.

            B
When people run in circles

It's a very, very....

Chorus 1

F♯m   B   Badd11
Mad World,

F♯m   B   Badd11
Mad World.

F♯m   B   Badd11
Mad World,

F♯m   B   Badd11
Mad World.

Verse 2

F♯m   A
Children waiting for the day they feel good,

E   B
Happy Birthday, Happy Birthday!

F♯m   A
Made to feel the way that every child should,

E   B
Sit and listen, sit and listen.

F♯m   A
Went to school and I was very nervous,

E   B
No one knew me, no one knew me.

F♯m   A
'Hello teacher, tell me what's my lesson?'

E   B
Look right through me, look right through me.

Prechorus 2   As Prechorus 1

Chorus 2   As Chorus 1

Instrumental | Badd11 | Badd11 |

‖: F♯m | A | E | B :‖

Prechorus 3   As Prechorus 1

Chorus 3   As Chorus 1

Outro   ‖: Badd11 | Badd11 | Badd11 :‖   **Drums for 2 bars**

The Model

Words & Music by Ralf Hutter, Karl Bartos & Emil Schult

Am   Em   C   Bm   G   E

Intro   ‖: Am | Em | Am | Em :‖

Verse 1

|Am| | |Em| Am Em|

Am   Em   Am Em
She's a model and she's looking good
Am   Em   Am Em
I'd like to take her home that's understood
Am   Em   Am Em
She plays hard to get she smiles from time to time
Am   Em   Am Em
It only takes a camera to change her mind

Link 1

| C | Bm | G | G | |
| C | Bm | E | E | ‖

Verse 2

Am   Em   Am Em
She's going out tonight but drinking just champagne
Am   Em   Am Em
And she has been checking nearly all the men
Am   Em   Am Em
She's playing her game and you can hear them say
Am   Em   Am Em
She is looking good, for beauty we will pay

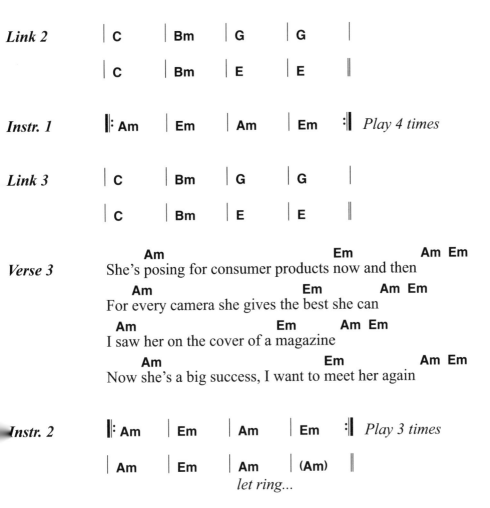

Link 2 | C | Bm | G | G |
| C | Bm | E | E ||

Instr. 1 ‖: Am | Em | Am | Em :‖ *Play 4 times*

Link 3 | C | Bm | G | G |
| C | Bm | E | E ||

Verse 3

       Am   Em   Am Em
She's posing for consumer products now and then
     Am   Em   Am Em
For every camera she gives the best she can
   Am   Em   Am Em
I saw her on the cover of a magazine
      Am   Em   Am Em
Now she's a big success, I want to meet her again

Instr. 2 ‖: Am | Em | Am | Em :‖ *Play 3 times*
| Am | Em | Am | (Am) ||
            let ring...

Living In Another World

Words & Music by Mark Hollis & Tim Friese-Greene

Am   F   G   Bm   A7   Fm   D♭   E♭

Intro   ‖: Am | Am | F | F :‖

Verse 1
Am
Better parted
F   Am F G
I see people cry - ing
Am
Truth gets harder
F   Am F G
There's no sense in ly - ing

Pre-chorus 1
Bm   G   A7 Bm
Help me find a way from this maze
                              G   A7
I can't help my - self

Chorus 1
Fm   D♭ E♭
When I see tenderness before you left
Fm   D♭   E♭
That even breaking up was never meant
Fm   D♭
But only angels look before they tread
                            E♭   Fm
Forget, living in an - other world   to you
                 D♭
Living in another world to you
                 E♭   Am F G
Living in an - other world to you

| Am | Am | F | F ‖

Verse 2

Am
Better parted
F   **G**
I see people hiding

| **Am** | **Am** | **F** | **F** **G** |

Am
Speech gets harder
F   **G**
There's no sense in writing

| **Am** | **Am** | **F** | **F** **G** |

Pre-chorus 2

Bm   **G**   **A⁷** **Bm**
Help me find a way from this maze
                   G   **A⁷**
I can't help my - self

Chorus 2

Fm   **D♭** **E♭**
When I see tenderness before you left
Fm   **D♭** **E♭**
That even breaking up was never meant
Fm   **D♭**
But only angels look before they tread
                   E♭   **Fm**
Forget, living in an - other world   to you
                   D♭
Living in another world to you

Instr

| **Am** | **Am** | **F** | **G** | |

‖: **Am** | **Am** | **Am** | **Am** :‖

‖: **Am** **G** **Am** | **Am** **G** **F** | **F** | **F** **G** :‖ *Play 4 times*

‖: **Bm** | **Bm** | **G** | **G** **A⁷** :‖

Pre-chorus 3
    Bm
Help me find a way from this maze

               A⁷   **Bm**
I'm living in an - other world to you

             G   **A⁷**
I can't help my - self

Chorus 3
    Fm   **D♭** **E♭**
Did I see tenderness where you saw Hell?

    Fm   **D♭**   **E♭**
Did I see angels in the hand I held?

    Fm   **D♭**
God only knows what kind of tale you'd tell

            E♭   **Fm**
Forget, living in an - other world   to you

            D♭
Living in another world   to you

      E♭
Living in an - other world to you

Outro   ‖: **Am** | **Am** | **F** | **F** **G** :‖ *Repeat to fade*

Moonlight Shadow

Words & Music by Mike Oldfield

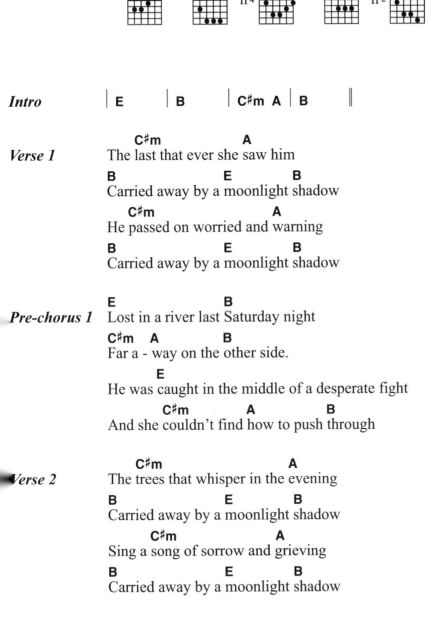

Intro | E | B | C#m A | B ||

Verse 1

      C#m   A
The last that ever she saw him
B   E   B
Carried away by a moonlight shadow
      C#m   A
He passed on worried and warning
B   E   B
Carried away by a moonlight shadow

Pre-chorus 1

E   B
Lost in a river last Saturday night
C#m A   B
Far a - way on the other side.
        E
He was caught in the middle of a desperate fight
          C#m   A   B
And she couldn't find how to push through

Verse 2

      C#m   A
The trees that whisper in the evening
B   E   B
Carried away by a moonlight shadow
      C#m   A
Sing a song of sorrow and grieving
B   E   B
Carried away by a moonlight shadow

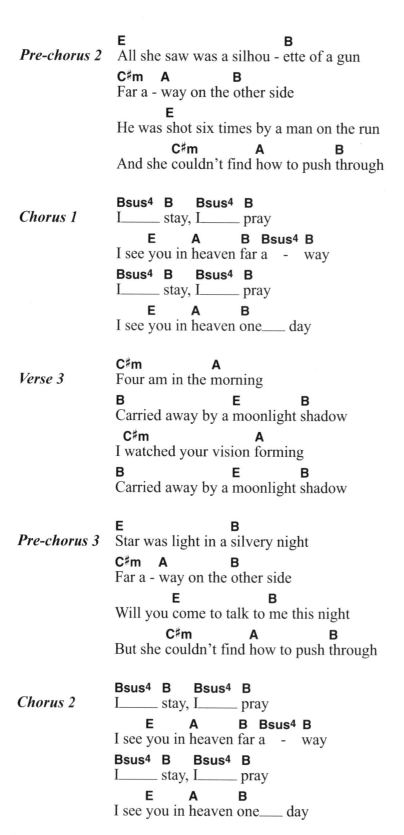

Pre-chorus 2

E   B
All she saw was a silhou - ette of a gun

C#m   A   B
Far a - way on the other side

                    E
He was shot six times by a man on the run

            C#m   A   B
And she couldn't find how to push through

Chorus 1

Bsus4 B   Bsus4 B
I_____ stay, I_____ pray

            E   A   B   Bsus4 B
I see you in heaven far a   -   way

Bsus4 B   Bsus4 B
I_____ stay, I_____ pray

            E   A   B
I see you in heaven one___ day

Verse 3

C#m   A
Four am in the morning

B   E   B
Carried away by a moonlight shadow

 C#m   A
I watched your vision forming

B   E   B
Carried away by a moonlight shadow

Pre-chorus 3

E   B
Star was light in a silvery night

C#m   A   B
Far a - way on the other side

            E   B
Will you come to talk to me this night

            C#m   A   B
But she couldn't find how to push through

Chorus 2

Bsus4 B   Bsus4 B
I_____ stay, I_____ pray

            E   A   B   Bsus4 B
I see you in heaven far a   -   way

Bsus4 B   Bsus4 B
I_____ stay, I_____ pray

            E   A   B
I see you in heaven one___ day

Instr   ‖: C#m │ A │ B │ E B :‖ E │ B ‖

C#m   A   B
Far a - way on the other side

│ E │ B │ C#m A │ B │

‖: C#m │ A │ B │ E B :‖

E   B
Caught in the middle of a hundred and five

│ C#m A │ B │

    E   B
The night was heavy and the air was alive

        C#m   A   B
But she couldn't find how to push through

│ C#m │ A │

B   E   B
Carried away by a moonlight shadow

│ C#m │ A │

B   E   B
Carried away by a moonlight shadow

│ E │ B │

C#m   A
Far a - way on the other side.

│ E │ B │

        C#m   A   B
But she couldn't find how to push through

More Than This

Words & Music by Bryan Ferry

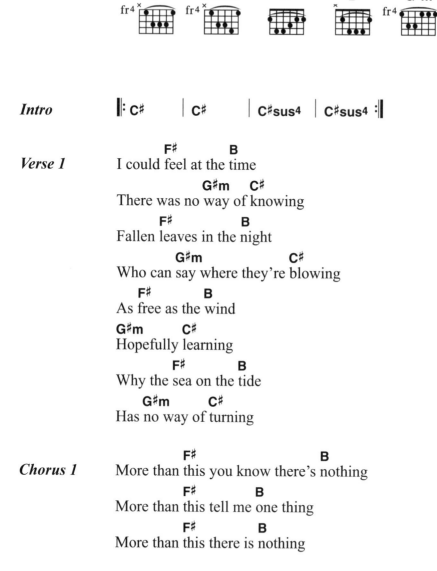

| | C# | C#sus4 | F# | B | G#m |

Intro ‖: C# | C# | C#sus4 | C#sus4 :‖

Verse 1
      F#   B
I could feel at the time
           G#m   C#
There was no way of knowing
      F#   B
Fallen leaves in the night
        G#m   C#
Who can say where they're blowing
      F#   B
As free as the wind
G#m   C#
Hopefully learning
        F#   B
Why the sea on the tide
     G#m   C#
Has no way of turning

Chorus 1
         F#   B
More than this you know there's nothing
         F#   B
More than this tell me one thing
         F#   B
More than this there is nothing

Link 1 | C# | C# | B | B ‖

Verse 2

    F♯   **B**
It was fun for a while

       G♯m   **C♯**
There was no way of knowing

   F♯   **B**
Like dream in the night

      G♯m   **C♯**
Who can say where we're going

   F♯   **B**
No care in the world

G♯m   **C♯**
  Maybe I'm learning

       B
Why the sea on the tide

  G♯m   **C♯**
Has no way of turning

Chorus 2

     F♯   **B**
More than this you know there's nothing

     F♯   **B**
More than this tell me one thing

     F♯   **B**
More than this no there's nothing

Link 2 | **C♯** | **C♯** | **B** | **B**   ‖

Chorus 3

     F♯ **B**
More than this nothing

     F♯ **B**
More than this

     F♯ **B**
More than this nothing

Link 3 | **C♯** | **C♯** | **B** | **B**   ‖

Outro   ‖: **F♯** | **B** | **G♯m** | **C♯** :‖ *Repeat to fade*

My Perfect Cousin

Words & Music by John O'Neil & M.J. Bradley

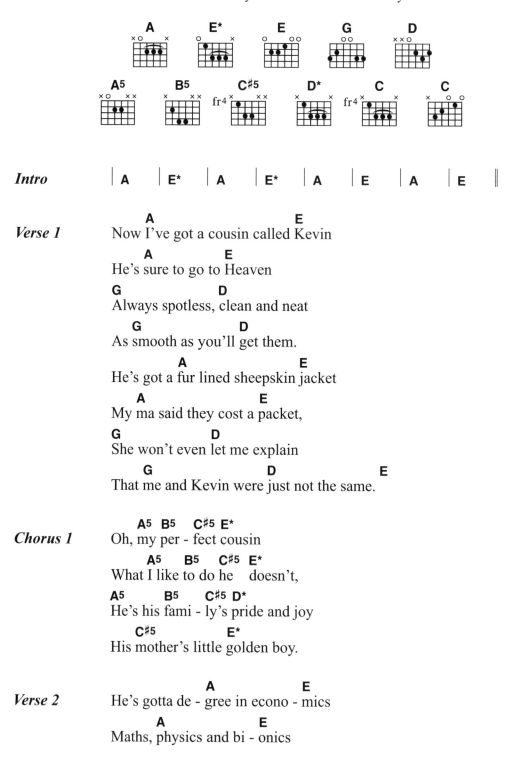

Intro | A | E* | A | E* | A | E | A | E ‖

Verse 1

      A   E
Now I've got a cousin called Kevin

      A   E
He's sure to go to Heaven

 G   D
Always spotless, clean and neat

     G   D
As smooth as you'll get them.

           A   E
He's got a fur lined sheepskin jacket

         A   E
My ma said they cost a packet,

 G   D
She won't even let me explain

     G   D   E
That me and Kevin were just not the same.

Chorus 1

      A5 B5   C♯5 E*
Oh, my per - fect cousin

      A5   B5   C♯5 E*
What I like to do he   doesn't,

 A5   B5   C♯5 D*
He's his fami - ly's pride and joy

    C♯5   E*
His mother's little golden boy.

Verse 2

           A   E
He's gotta de - gree in econo - mics

     A   E
Maths, physics and bi - onics

<pre>
              G   D
cont.   He thinks that I'm a cabbage
               G   D
         'Cause I hate University Challenge
                 A   E
         Even at the age of ten
                     A   E
         Smart boy Kevin was a smart boy then,
               G   D
         He always beat me at Subbuteo
                 G
         'Cause he flicked the kick
             D   E
         And I didn't know.
</pre>

Chorus 2   As Chorus 1

Instrumental | G | D | G | D | C | G |
                  | C | G | D | D | D | D   ‖

<pre>
                   A   E
Verse 3   His mother bought him a synthe - sizer
                     A   E
            Got the Human League in to ad - vise her
            G   D
            Now he's making lots of noise,
            G   D
            Playing along with the art school boys.
            A   E
            Girls try to attract his at - tention,
                 A   E
            But what a shame, it's in vain, total rejection
            G   D
            He will never be left on the shelf
                  G   D   E
            'Cause Kevin, he's in love with himself.
</pre>

Chorus 2   As Chorus 1

Outro | A | E* | A | E* | A   ‖

109

New Sensation

Words & Music by Andrew Farriss & Michael Hutchence

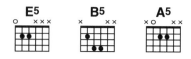

Intro
| E5 | E5 | E5 | E5 ‖

E5
Verse 1
Live baby live now that the day is over

B5
I got a new sensation

A5
In perfect moments

          E5   **riff 2 bars**
Well so im - possible to refuse

E5
Sleep baby sleep now that the night is over

B5
And the sun comes like a god

A5
In - to our room

E5
All perfect light and promises

E5
Chorus 1   Gotta hold on you a new sensation

A new sensation right now

It's going to take you over

A new sensation

A new sensation

Verse 2

E5
Dream baby dream of all that's come and going
         B5
And you will find out in the end
      A5
There really is
              E5   **riff 2 bars**
There really is no difference
E5
Cry baby cry when you got to get it out
       B5
I'll be you shoulder you can tell me all
        A5
Don't keep it in you
        E5
Well that's the reason why I'm here

Chorus 2

E5
  Hey hey! Are you ready for a new sensation

A new sensation right now

Gonna take you over

A new sensation

A new sensation

A new sensation

A new sensation

A new sensation

Verse 3

E5
Hey baby hey well there's nothing left for you

B5
You're only human what can you do

A5
It will soon be over

E5
Don't let your brain take over you

E5
Love baby love its written all over your face

B5
There's nothing better we can do

A5
Then live forever

E5
That's all we've got to do

Chorus 3

E5
Hey now

I'm going to take you over

A new sensation a new sensation

Right now gotta hold on you

A new sensation

A new sensation

A new sensation

A new sensation

A new sensation

Once In A Lifetime

Words & Music by David Byrne, Brian Eno, Jerry Harrison, Tina Weymouth & Christopher Frantz

A7sus4   A7sus4/F♯   D   D/F♯   G   G/A   D/A   C

Intro ‖: A7sus4 | A7sus4/F♯ | A7sus4 | A7sus4/F♯ :‖

Verse 1

A7sus4
And you may find yourself

A7sus4/F♯
 living in a shotgun shack

A7sus4
And you may find yourself

A7sus4/F♯
 In another part of the world

A7sus4
And you may find yourself

A7sus4/F♯   A7sus4
 behind the wheel of a large au - tomobile

            A7sus4/F♯
And you may find yourself in a beautiful house,

A7sus4   A7sus4/F♯
 With a beauti - ful wife

            A7sus4
And you may ask yourself...   well...

A7sus4/F♯   A7sus4
 How did I get here?

Chorus 1

            D   D/F♯   G
Letting the days go by let the water hold me down

G/A   D   D/F♯   G
Letting the days go by water flowing underground

G/A   D   D/F♯   G
Into the blue again after the money's gone

G/A   D   D/F♯   G
Once in a lifetime water flowing underground.

Verse 2

A⁷sus⁴
And you may ask yourself

A⁷sus⁴/F♯
How do I work this?

A⁷sus⁴
And you may ask yourself

A⁷sus⁴/F♯
Where is that large automobile?

A⁷sus⁴
And you may tell yourself

A⁷sus⁴/F♯
This is not my beautiful house!

A⁷sus⁴
And you may tell yourself

A⁷sus⁴/F♯   **A⁷sus⁴**
This is not my beautiful wife!

            D   **D/F♯** **G**
Chorus 2.   Letting the days go by let the water hold me down

G/A   **D**   **D/F♯** **G**
Letting the days go by water flowing underground

G/A   **D**   **D/F♯**   **G**
Into the blue again after the money's gone

G/A   **D**   **D/F♯** **G**
Once in a lifetime water flowing underground.

      ‖: **D/A**   **D/F♯**
Bridge.   Same as it ever was...   same as it ever was... :‖ *Play 4 times*

A⁷sus⁴   **A⁷sus⁴/F♯**
Water dissolving   and water removing

A⁷sus⁴   **A⁷sus⁴/F♯**
There is water at the bottom of the ocean

             A⁷sus⁴
Under the water   carry the water

A⁷sus⁴/F♯   **A⁷sus⁴ A⁷sus⁴/F♯ A⁷s**
Remove the water at the bottom of the ocean!

           D   **D/F♯** **G**
Chorus 3   Letting the days go by let the water hold me down

G/A   **D**   **D/F♯** **G**
Letting the days go by water flowing underground

G/A   **D**   **D/F♯**   **G**
Into the blue again into the silent water

G/A   **D**   **D/F♯** **G**
Under the rocks and stones there is water underground.

G/A   **D**   **D/F♯** **G**
Letting the days go by let the water hold me down.

cont.

    G/A   D   D/F♯ G
Letting the days go by water flowing underground

    G/A   D   D/F♯   G
Into the blue again after the money's gone

    G/A   D   D/F♯ G
Once in a lifetime water flowing underground.

Verse 3

    A⁷sus⁴
    And you may ask yourself

    A⁷sus⁴/F♯
    What is that beautiful house?

    A⁷sus⁴
    And you may ask yourself

    A⁷sus⁴/F♯
    Where does that highway go to?

    A⁷sus⁴
    And you may ask yourself

    A⁷sus⁴/F♯
    Am I right? Am I wrong?

    A⁷sus⁴
    And you may say to yourself

    A⁷sus⁴/F♯   A⁷sus⁴
    My God! What have I done?

Chorus 4

                D   D/F♯ G
Letting the days go by let the water hold me down

    G/A   D   D/F♯ G
Letting the days go by water flowing underground

    G/A   D   D/F♯   G
Into the blue again into the silent water

    G/A   D   D/F♯   G
Under the rocks and stones there is water underground.

    G/A   D   D/F♯ G
Letting the days go by let the water hold me down

    G/A   D   D/F♯ G
Letting the days go by water flowing underground

    G/A   D   D/F♯   G
Into the blue again after the money's gone

    G/A   D   D/F♯ G
Once in a lifetime water flowing underground.

Chorus 4   ‖:   D   C   G
                     Same as it ever was... same as it ever was... :‖ *Repeat to fade*

Panic

Words & Music by Morrissey & Johnny Marr

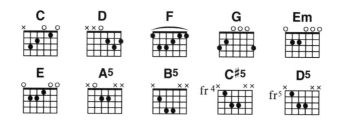

Intro | C | D   F   C |

Verse
    G   Em
Panic on the streets of London,
    G   Em
Panic on the streets of Birmingham,
      C   G   D   F C
I wonder to myself.
    G   Em
Could life ever be sane again?
      G   Em
The Leeds side-streets that you slip down.
      C   G   D   F C
I wonder to myself…
    G   Em
Hopes may rise on the Grasmere,
    G   Em
      But Honey Pie, you're not safe here,
          C   G   D   F C
So you run down to the safety of the town.
          G   Em
But there's Panic on the streets of Carlisle,
    G   Em
Dublin, Dundee, Humberside,
      C   G   D   F C
I wonder to myself…

Instr. | E | E   A5 | B5   C#5 | D5

         | E | E   A5 | B5   C#5 | D5

G   Em
Burn down the disco,
G   Em
Hang the blessed DJ,
            C   G   D
Because the music that they constantly play,
        G   Em
It says nothing to me about my life.
G   Em
Hang the blessed DJ,
            C   G   D
Because the music they constantly play…
F C   G   Em
   On the Leeds side-streets that you slip down,
   G   Em
Provincial towns you jog 'round.
        C   G   D
Hang the DJ, Hang the DJ, Hang the DJ,
        C   G   D
Hang the DJ, Hang the DJ, Hang the DJ.
        C   G   D
Hang the DJ, Hang the DJ, Hang the DJ,
F   C G   Em
Hang the DJ, Hang the DJ,
        G   Em
Hang the DJ, Hang the DJ.
        C   G   D
Hang the DJ, Hang the DJ, Hang the DJ,
F   C G   Em
Hang the DJ, Hang the DJ,
        G   Em
Hang the DJ, Hang the DJ.
        C   G   D
Hang the DJ, Hang the DJ, Hang the DJ,

Hang the DJ, Hang the DJ,
F   C G   Em
Hang the DJ, Hang the DJ.
          G   Em
Hang the DJ, Hang the DJ, Hang the DJ…

ad lib. to fade

Perfect Skin

Words & Music by Lloyd Cole

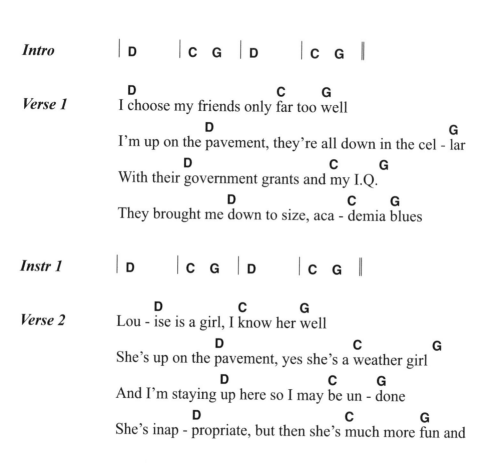

Intro | D | C G | D | C G ||

Verse 1
        D   C   G
I choose my friends only far too well

                D   G
I'm up on the pavement, they're all down in the cel - lar

             D   C   G
With their government grants and my I.Q.

                D   C   G
They brought me down to size, aca - demia blues

Instr 1 | D | C G | D | C G ||

Verse 2
        D   C   G
Lou - ise is a girl, I know her well

                D   C   G
She's up on the pavement, yes she's a weather girl

                D   C   G
And I'm staying up here so I may be un - done

                D   C   G
She's inap - propriate, but then she's much more fun and

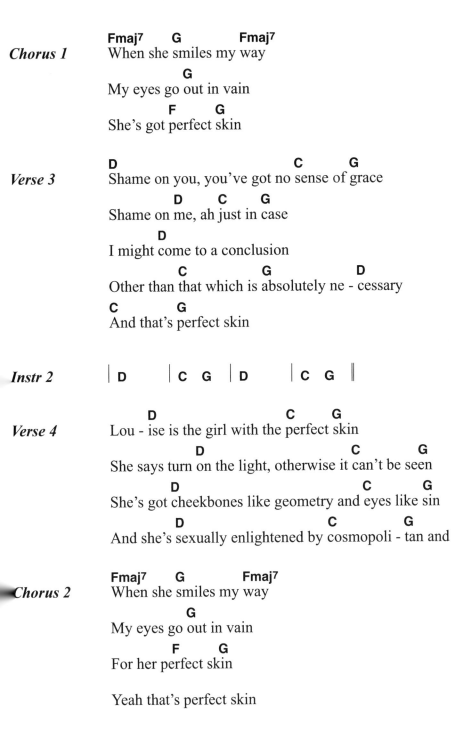

Chorus 1

Fmaj⁷   G   Fmaj⁷
When she smiles my way

            G
My eyes go out in vain

         F   G
She's got perfect skin

Verse 3

D   C   G
Shame on you, you've got no sense of grace

           D   C   G
Shame on me, ah just in case

          D
I might come to a conclusion

        C   G   D
Other than that which is absolutely ne - cessary

C   G
And that's perfect skin

Instr 2 | D | C   G | D | C   G ‖

Verse 4

       D   C   G
Lou - ise is the girl with the perfect skin

           D   C   G
She says turn on the light, otherwise it can't be seen

        D   C   G
She's got cheekbones like geometry and eyes like sin

        D   C   G
And she's sexually enlightened by cosmopoli - tan and

Chorus 2

Fmaj⁷   G   Fmaj⁷
When she smiles my way

            G
My eyes go out in vain

         F   G
For her perfect skin

Yeah that's perfect skin

119

Instr 3 ‖ D | C G | D | C G ‖
‖: E | D A | E | D A :‖

Verse 5

                  D   **C**   **G**
She takes me down to the basement to look at her slides
            D   **C**   **G**
Of her family life, pretty weird at times
         D   **C**   **G**
At the age of ten she looked like Greta Garbo
         D   **C**   **G**
And I loved her then, but how was she to know that?

Chorus 3

Fmaj⁷   **G**   **Fmaj⁷**
When she smiles my way
           G
My eyes go out in vain
          F   **G**
She's got perfect skin

Verse 6

   D   **C**   **G**
Up eighty flights of stairs to a basement flat
           D
Pretty con - fused huh?
               C   **G**
Feeling shaked a - round like that
          D   **C**   **G**
Seems we climbed so high now we're down so low
           D
Strikes me the moral of this song must be
G   **C**   **D**
There never has been one

Pretty In Pink

Words & Music by Richard Butler, John Ashton, Roger Morris,
Tim Butler, Duncan Kilburn & Vince Ely

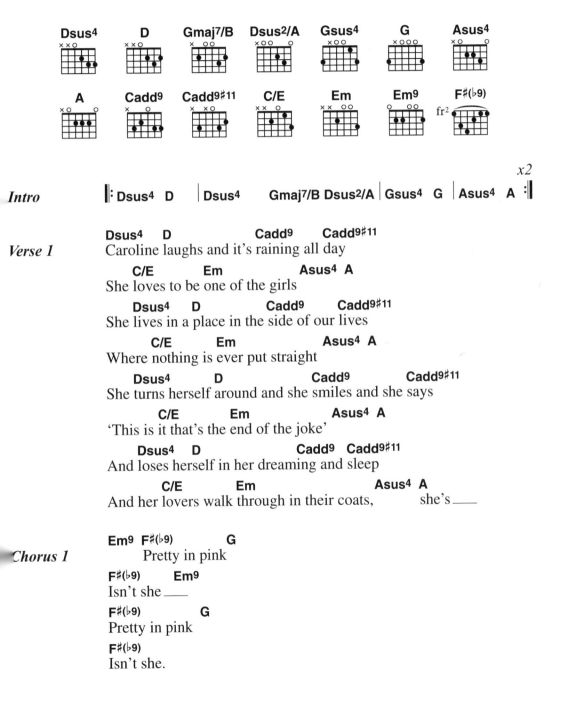

x2

Intro
‖: Dsus⁴ D | Dsus⁴ | Gmaj⁷/B Dsus²/A | Gsus⁴ G | Asus⁴ A :‖

Verse 1

   Dsus⁴   **D**   **Cadd⁹**   **Cadd⁹♯11**
Caroline laughs and it's raining all day

    C/E   **Em**   **Asus⁴ A**
She loves to be one of the girls

    Dsus⁴   **D**   **Cadd⁹**   **Cadd⁹♯11**
She lives in a place in the side of our lives

     C/E   **Em**   **Asus⁴ A**
Where nothing is ever put straight

    Dsus⁴   **D**   **Cadd⁹**   **Cadd⁹♯11**
She turns herself around and she smiles and she says

     C/E   **Em**   **Asus⁴ A**
'This is it that's the end of the joke'

    Dsus⁴   **D**   **Cadd⁹ Cadd⁹♯11**
And loses herself in her dreaming and sleep

     C/E   **Em**   **Asus⁴ A**
And her lovers walk through in their coats,   she's ___

Chorus 1

Em⁹ F♯(♭9)   **G**
    Pretty in pink

F♯(♭9)   **Em⁹**
Isn't she ___

F♯(♭9)   **G**
Pretty in pink

F♯(♭9)
Isn't she.

Verse 2

Dsus4　　D　　　　　Cadd9　　　　Cadd9♯11
All of her lovers all talk of her notes

　　　　C/E　　　　　Em　　　　　　Asus4　A
And the flowers that they never sent

　　　　Dsus4　　　D　Cadd9　　Cadd9♯11　　C/E　　　　Em
And wasn't she ea　　-　　sy_____

Asus4　　A　　　　　　　Dsus4　　　　D
Isn't she pretty in pink.

　　　　Cadd9　　　　Cadd9♯11　　C/E　　　　Em
The one who insists he was first in the line

　　　Asus4　　A　　　　　　　　Dsus4　　D
Is the last to remember her name

　　　　Cadd9　　Cadd9♯11　　　C/E　　　　　Em
He's walking around in this dress that she wore

　　　　Asus4　　　　A　　　　　　Em9
She is gone but the joke's the same._____

Chorus 2

F♯(♭9)　　　　　　G
Pretty in pink

F♯(♭9)　　　Em9
Isn't she,

F♯(♭9)　　　　　　G
Pretty in pink

F♯(♭9)
Isn't she.

Instrumental　　　　　　　　　　　　　　　　　　　　　　　　*x4*

‖: Dsus4　D　│ Dsus4　　　│ Gmaj7/B Dsus2/A │ Gsus4　G │ Asus4　A :‖

Verse 3

Dsus4　　D　　　　　　Cadd9　　　Cadd9♯11
Caroline talks to you softly sometimes

　　　C/E　　　　Em　　　　　　Asus4　A
She says 'I love you' and 'Too much'

　　　Dsus4　　　　D　　　　Cadd9　　　　Cadd9♯11　C/E　　　Em
She doesn't have anything you want to steal,　　well,_____

Asus4　A　　　　　　Dsus4
Nothing you can touch.

D　Cadd9　Cadd9♯11　　C/E　Em
She_____ waves_____

　　　Asus4　　　　　A
She buttons your shirt

　　　Dsus4　　D　　　　　Cadd9
The traffic is waiting outside

　　　　Cadd9♯11　　　C/E　　　Em　　　　　Asus4
She hands you this coat, she gives you her clothes

　　　　A　　　　　　Em9
These cars collide.

122

Chorus 3	**F#(♭9)** **G** Pretty in pink	

F#(♭9)   **Em9**
Isn't she,

F#(♭9)   **G**
Pretty in pink

F#(♭9)
Isn't she.

x8

Outro   ‖: **Dsus4** **D** | **Dsus4**   **Gmaj7/B Dsus2/A** | **Gsus4** **G** | **Asus4** **A** :‖

| **D**   ‖   *ad lib. vocals*

Pride (In The Name Of Love)

Words & Music by U2

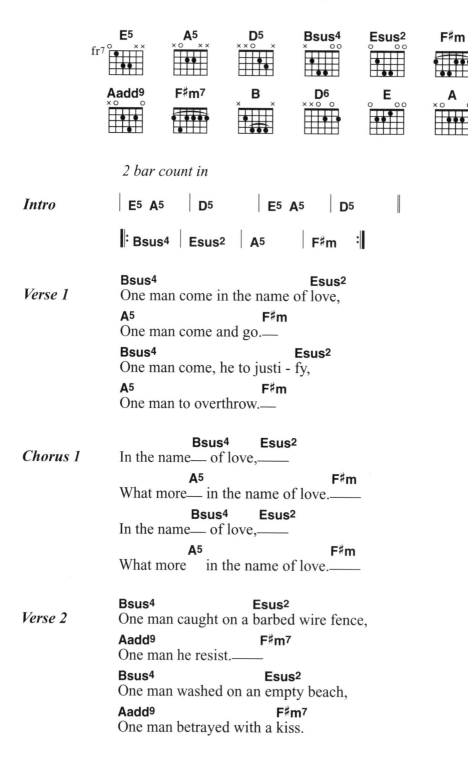

2 bar count in

Intro | E5 A5 | D5 | E5 A5 | D5 ‖

‖: Bsus4 | Esus2 | A5 | F#m :‖

Verse 1

Bsus4   Esus2
One man come in the name of love,

A5   F#m
One man come and go.—

Bsus4   Esus2
One man come, he to justi - fy,

A5   F#m
One man to overthrow.—

Chorus 1

           Bsus4   Esus2
In the name— of love,——

           A5   F#m
What more— in the name of love.——

           Bsus4   Esus2
In the name— of love,——

           A5   F#m
What more   in the name of love.——

Verse 2

Bsus4   Esus2
One man caught on a barbed wire fence,

Aadd9   F#m7
One man he resist.——

Bsus4   Esus2
One man washed on an empty beach,

Aadd9   F#m7
One man betrayed with a kiss.

Chorus 2   As Chorus 1

Instrumental   ‖: **B** | **D6** | **E** | **E** :‖

| **Bsus4** | **Esus2** | **A** | **F♯m7** |

| **Bsus4** | **Esus2** | **A** | **F♯m7** ‖
                                        (Mm,)

| **Bsus4** | **Esus2** | **Aadd9** | **F♯m7** ‖
Mm, mm, mm, mm, mm, mm, mm, mm, mm, mm, mm.

Verse 2
Bsus4   **Esus2**
　　Early morning, April four,
Aadd9   **F♯m7**
Shot rings out in the Memphis sky.
Bsus4   **Esus2**
　　Free at last, they— took your life,
　　Aadd9   **F♯m7**
They could not take your pride.———

Chorus 3
　　　　Bsus4   **Esus2**
In the name— of love,———
　　　　Aadd9   **F♯m7**
What more— in the name of love.———
　　　　Bsus4   **Esus2**
In the name— of love,———
　　　　Aadd9   **F♯m7**
What more　　in the name of love.———

Chorus 4   As Chorus 3

Outro   ‖: **Bsus4** | **Esus2** | **Aadd9** | **F♯m7** :‖ *Play 4 times to fade*
                                                        w/vocal ad lib.

Rapture

Words by Deborah Harry
Music by Chris Stein

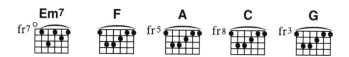

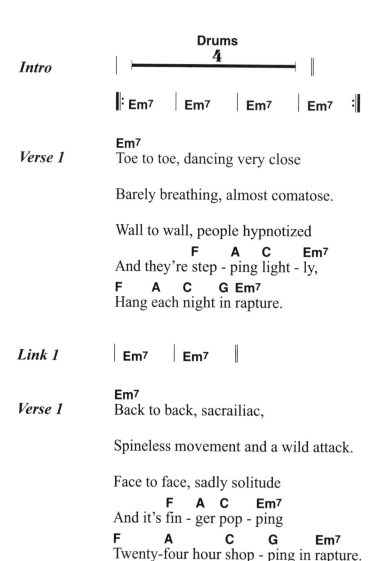

Intro

Verse 1

Em⁷
Toe to toe, dancing very close

Barely breathing, almost comatose.

Wall to wall, people hypnotized
          F   **A**   **C**   **Em⁷**
And they're step - ping light - ly,
F   **A**   **C**   **G Em⁷**
Hang each night in rapture.

Link 1

Verse 1

Em⁷
Back to back, sacrailiac,

Spineless movement and a wild attack.

Face to face, sadly solitude
         F   **A** **C**   **Em⁷**
And it's fin - ger pop - ping
F   **A**   **C**   **G**   **Em⁷**
Twenty-four hour shop - ping in rapture.

Link 2　　　| **Em⁷** | **Em⁷** |‖

Rap 1

Em⁷
Fab Five Freddie told me everybody's fly

DJ's spinning, I said "My, my."

Flash is fast, Flash is cool

Francois, c'est pas flashe et non due

And you don't stop, sure shot

Go out to the parking lot

And you get in your car and you drive real far

And you drive all night and then you see a light

And it comes right down and lands on the ground

And out comes a man from Mars

And you try to run but he's got a gun

And he shoots you dead and he eats your head

And then you're in the man from Mars

You go out at night, eatin' cars

You eat Cadillacs, Lincolns too

Mercurys and Subarus

And you don't stop, you keep on eatin' cars

Then, when there's no more cars

You go out at night and eat up bars where the people meet

Face to face, dance cheek to cheek

One to one, man to man

Dance toe to toe, don't move to slow,

'Cause the man from Mars is through with cars,

He's eatin' bars

Yeah, wall to wall, door to door, hall to hall

He's gonna eat 'em all

Rapture, be pure

Take a tour, through the sewer

Don't strain your brain,

Paint a train

You'll be singin' in the rain

I said don't stop, do punk rock.

Instrumental ‖: Em⁷ | Em⁷ | Em⁷ | Em⁷ :‖

Verse 3
Em⁷
Man to man, body muscular

Seismic decibel by the jugular

Wall to wall technology
       F   A C   Em⁷
And a digi - tal lad - der
F   A   C G   Em⁷
No sign of bad luck in rapture.

| *Link 3* | | Em⁷ | Em⁷ | Em⁷ | Em⁷ | |

| *Rap 2* | **Em⁷** |

Well now you see what you wanna be

Just have your party on TV

'Cause the man from Mars won't eat up bars where the TV's on

And now he's gone back up to space

Where he won't have a hassle with the human race

And you hip-hop, and you don't stop

Just blast off, sure shot

'Cause the man from Mars stopped eatin' cars and eatin' bars

And now he only eats guitars, get up!

| *Outro* | ‖: Em⁷ | Em⁷ | Em⁷ | Em⁷ :‖ | *Repeat to fade* |

Raspberry Beret

Words & Music by Prince

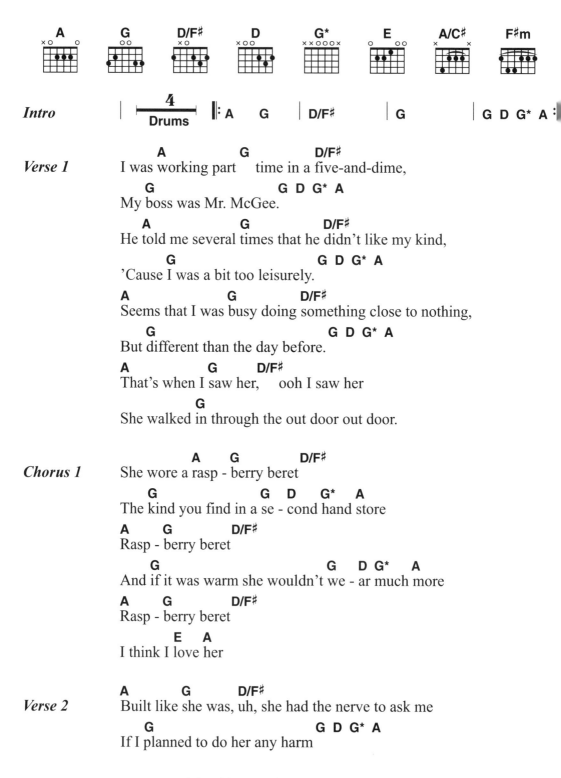

A G D/F♯ D G* E A/C♯ F♯m

Intro | ‖: A G | D/F♯ | G | G D G* A :‖

Verse 1

      A   G   D/F♯
I was working part   time in a five-and-dime,

    G   G D G* A
My boss was Mr. McGee.

      A   G   D/F♯
He told me several times that he didn't like my kind,

     G   G D G* A
'Cause I was a bit too leisurely.

A   G   D/F♯
Seems that I was busy doing something close to nothing,

  G   G D G* A
But different than the day before.

A   G   D/F♯
That's when I saw her,   ooh I saw her

           G
She walked in through the out door out door.

Chorus 1

        A   G   D/F♯
She wore a rasp - berry beret

    G   G D G* A
The kind you find in a se - cond hand store

A   G   D/F♯
Rasp - berry beret

    G   G D G*   A
And if it was warm she wouldn't we - ar much more

A   G   D/F♯
Rasp - berry beret

          E   A
I think I love her

Verse 2

A   G   D/F♯
Built like she was, uh, she had the nerve to ask me

  G   G D G* A
If I planned to do her any harm

               A   **G**   **D/F♯**

So look here,   I put her on the back of my bike and uh, we went riding

        G   **G D G* A**

Down by old man Johnson's farm

        A   **G**   **D/F♯**

I said now, overcast days never turned me on

   G   **G D G* A**

But something about the clouds and her mixed

A **G**   **D/F♯**

She   wasn't too bright but I could tell

G

When she kissed me

She knew how to get her kicks

Chorus 2   As Chorus 1

     D   **A/C♯**   **D**   **A/C♯**

Bridge 1   The rain sounds cool   when it hits the barn roof,

     D   **A/C♯**   **D A/C♯**

    And the horses wonder who you are.

     D   **A/C♯**   **D**   **A/C♯**

Thunder drowns out what the lightning sees

       D   **A/C♯**   **D A/C♯**

You feel like a movie star

        G   **F♯m**   **E**

Listen,   they say the first time   ain't the greatest

           D   **A/C♯**   **D**   **A/C♯**

But I tell ya,   if I had the chance to do it all a - gain

   G   **F♯m**

I wouldn't change a stroke 'cause baby I'm the most,

     E

With a girl as fine as she was then.

          A   **G**   **D/F♯**

Chorus 3   ‖: She wore a rasp - berry beret

        G   **G D** **G***   **A**

The kind you find in a se - cond hand store

A   **G**   **D/F♯**

Rasp - berry beret

     G   **G**   **D G***   **A**

And if it was warm she wouldn't we - ar much more

A   **G**   **D/F♯**

Rasp - berry beret

E   **A**

   I think I, I think I,   I think I love her :‖ *Repeat to fade*   **131**

Relax

Words & Music by Peter Gill, Holly Johnson & Mark O'Toole

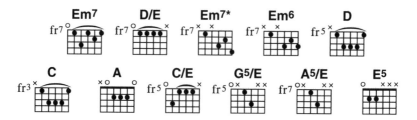

Intro

       Em⁷
       My——

Give it to me one time now.
  D/E
Well,——

  Em⁷
Woah,——

  D/E
Well,——

Now.——

Chorus 1

      Em⁷
Re - lax, don't do it when you want to go to it,
    D/E
Re - lax, don't do it when you want to come.
    Em⁷
Re - lax, don't do it when you want to suck to it,
    D/E
Re - lax don't do it,
             Em⁷   **Em⁷*** **Em⁶** **Em⁷**
When you want to come,
             Em⁷* **Em⁶** **Em⁷**
When you want to come.

Chorus 2

Em7
Re - lax, don't do it when you want to go to it,

D/E
Re - lax, don't do it when you want to come.

Em7
Re - lax, don't do it when you want to suck to it,

D/E
Re - lax, don't do it,

Em7
When you want to come.

Link 1

Em7* Em6 Em7
Ah———— come.

Em7* Em6 Em7 Em6 Em7
Woah.——————

Bridge

Em7
But shoot it in the right direction,

D
Make making it your intention.

C
Live those dreams,

Scheme those schemes,

A
Got to hit me,

Hit me,

Hit me with those laser beams.

Link 2

Em7 Em7* Em6

      Aw aw aw

Em7 Em7* Em6

      Laser beams

Em7 Em7* Em6

      Ah ah ah

Em7 Em7* Em6

      One, Two.

Chorus 3

    Em7   D/E

Re - lax,

Don't do it,

    C/E   D/E

Re - lax,

            Em7

When you want to come.

Come.

Link 3

Em7 Em7* Em6

    Woo,

Em7 Em7* Em6

    Ah, ah, ah, ah, ah, ah, ah,

Em7 Em7* Em6

  I'm coming, I'm coming, hey, hey, hey, hey, hey.

Em7 Em7* Em6

    Hah, hah, hah.

Chorus 4

   Em7

Re - lax don't do it when you want to go to it,

   D/E

Re - lax don't do it when you want to come,

   Em7

Re - lax don't do it when you want to suck to it,

   D/E

Re - lax don't do it,

        G5/E   A5/E   E5

When you want to come,

        G5/E   A5/E   E5

When you want to come,

        G5/E   A5/E   E5

When you want to come.

E5

Come.

N.C.

Huh!

Instrumental | **Em7** | **Em7** | **Em7* Em6** | **Em7** |

 | **Em7* Em6** | **Em7** | **Em7* Em6** | **Em7** ‖

Chorus 5 **Em7**
Re - lax, don't do it when you want to go to it,
 D/E
Re - lax, don't do it.
 Em7
Re - lax, don't do it when you want to suck to it,
 D/E
Re - lax, don't do it.

Em7
(Synth and FX outro)

Rent

Words & Music by Neil Tennant & Chris Lowe

C   F/C   Bm   E7   F   G   Am   Em

Intro | C | F/C | Bm | E7 | F | G |

‖: Am | F | G | Em   :‖

Verse 1

Am   F
You dress me up,   I'm your puppet,
G   Em
You buy me things,   I love it.
Am   F
You bring me food,   I need it,
G   Em
You give me love,   I feed it
Am   F   G
And look at the two of us in sympathy,
        Em   Am
With everything we see.
                F   G
I never want anything, it's easy,
        Em   C
You buy whatever I need.

Chorus 1

                   F/C   Bm
But look at my hopes, look at my dreams
        E7   F
The currency we've spent,
               G   Am
I love you,   you pay my rent.
F   G   Am
    I love you,   you pay my (rent.)

Link 1 | Am | F | G | Em | Am | F | G | Em ‖
           rent.

Verse 2

Am   F
You phone me in the evening

  G   Em
On hearsay, and bought me caviar.

                   F   G
You took me to a restaurant off Broadway

  Em   C
To tell me who you are.

Chorus 2

             F/C   Bm
We never ever argue, we never calculate

   E7   F
The currency we've spent,

        G   Am
I love you,   you pay my rent.

F   G   Am
 I love you,   you pay my rent.

F   G Em Am   F G Em
 I'm your puppet,   I love it.

Verse 3

Am   F   G
 And look at the two of us in sympathy,

  Em   Am
And sometimes ecsta - sy,

          F   G
Words mean so little and money less,

       Em   C
When you're lying next to me.

Chorus 3

             F/C   Bm
But look at my hopes, look at my dreams

   E7   F
The currency we've spent,

        G   Am
I love you,   you pay my rent.

F   G   Am
Oh, I love you,   you pay my (rent.)

Link 1

| Am | F | G | Em ‖
rent.

Chorus 4

   C   F/C   Bm
     But look at my hopes, look at my dreams

     E⁷   F
The currency we've spent,

        G   Am
I love you,   you pay the rent.

Outro

F   G   Am
  I love you,   you pay the rent *(It's easy, it's so easy)*

F   G   Am
  I love you,   you pay the rent *(It's easy, it's so easy)*

F   G   Am
    You pay the rent *(It's easy, it's so easy)* *Fade out*

Rock The Casbah

Words & Music by The Clash

Dm   Am   G   Em   C   F

Intro

‖: Dm | Am G | Em F | Em C :‖

Verse 1

          Am   Em
Now the king told the boogie men,
                G   Dm
You have to let that raga drop.
          Am   Em
The oil down the desert way,
                G   Dm
Has been shaken to the top.
          Am   Em
The sheik he drove his Cadillac,
                G   Dm
He went a-cruisin' down the ville.
          Am   Em
The muezzin was a-standing.
           F   N.C.   F N.C.
On the radia - tor grille.

Chorus 1

           Dm | Am G |
The shariff don't like it,
Em   F   Em   C
Rockin' the Casbah, rock the Casbah.
           Dm | Am G |
The shariff don't like it,
Em   F   Em   C
Rockin' the Casbah, rock the Casbah

Verse 2

     Am   **Em**
By order of the prophet,

  G   **Dm**
We ban that boogie sound.

      Am   **Em**
De - generate the faithful,

       G   **Dm**
With that crazy Casbah sound.

       Am   **Em**
But the Bedouin they brought out, the electric camel drum.

   G   **Dm**
The local guitar picker, got his guitar picking thumb.

   Am   **Em**
As soon as the sheriff, had cleared the square.

F   **N.C.**   **F N.C.**
They be - gan to wail.___

Chorus 2   As Chorus 1

Verse 3

     Am   **N.C.**
Now over at the temple,

     Am   **N.C.**
Oh, They really pack 'em in.

     Am   **N.C.**
The in crowd say it's cool.

       Am   **N.C.**
To dig this chanting thing.

       F   **N.C.**
But as the wind changed direction,

       F   **N.C.** **G**
The temple band took five.

     Am   **N.C.**
The crowd caught a whiff,

     Am   **N.C.**
Of that crazy Casbah jive.

As Chorus 1

Verse 4

          Am   **Em**
The king called up his jet fighters,

               G   **Dm**
He said you better earn your pay.

              Am   **Em**
Drop your bombs between the minarets,

              G   **Dm**
Down the Casbah way.

      Am   **Em**
As soon as the shariff was chauffeured outta there,

      G   **Dm**
The jet pilots tuned to the cockpit radio blare.

      Am   **Em**
As soon as the shariff was outta their hair.

        F   **N.C.**   **F N.C.**
The jet pi - lots wailed.__

Chorus 4

          Dm | **Am G** |
‖: The shariff don't like it,

Em   **F**   **Em**   **C**
Rockin' the Casbah, rock the Casbah.

     Dm | **Am G** |
The shariff don't like it,

Em   **F**   **Em**   **C**
Rockin' the Casbah, rock the Casbah :‖   *Repeat to fade*

Rock This Town

Words & Music by Brian Setzer

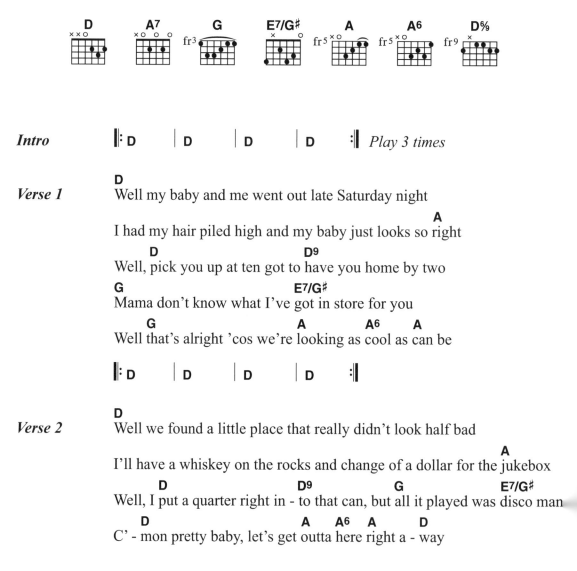

Intro   ‖: D | D | D | D :‖ *Play 3 times*

Verse 1

D
Well my baby and me went out late Saturday night

                                                      A
I had my hair piled high and my baby just looks so right

        D   D9
Well, pick you up at ten got to have you home by two

G   E7/G♯
Mama don't know what I've got in store for you

        G   A   A6   A
Well that's alright 'cos we're looking as cool as can be

‖: D | D | D | D :‖

Verse 2

D
Well we found a little place that really didn't look half bad

                                                        A
I'll have a whiskey on the rocks and change of a dollar for the jukebox

        D   D9   G   E7/G♯
Well, I put a quarter right in - to that can, but all it played was disco man

        D   A   A6 A   D
C' - mon pretty baby, let's get outta here right a - way

Chorus 1

We're gonna rock this town, rock it inside out

                                           A7

We're gonna rock this town, make 'em scream and shout

   D   **D9**

Let's rock, rock, rock man rock

        G   **E7/G♯**

We're gonna rock 'til we pop, We're gonna rock 'til we drop

           D   **A**   **A6** **A**   **D**

We're gonna rock this town, rock it in - side out

Instr

| D | D | D | D |

| D | D9 | G | E7/G♯ ‖

‖: D | D | D | D :‖

Verse 3

Well we're having a ball just bopping on the big dance floor

                                           A7

Well there's a real square cat he looks nineteen seventy four

       D   **D9**

Well, you look at me once, you look at me twice

   G   **E7/G♯**

You look at me again there's gonna be a fight

     D   **A**   **A6** **A**   **D**

We're gonna rock this town, we're gonna rip this place apart

Chorus 2

We're gonna rock this town, rock it inside out

                                           A7

We're gonna rock this town, make 'em scream and shout

   D   **D9**

Let's rock, rock, rock man rock

        G   **E7/G♯**

We're gonna rock 'til we pop, We're gonna rock 'til we drop

           D   **A**   **A6** **A**   **D**

‖: We're gonna rock this town, rock it in - side out

                          A   **A6** **A**   **D**

We're gonna rock this town, rock it in - side out___ :‖

| D%9 ‖

Sharp Dressed Man

Words & Music by Billy Gibbons, Dusty Hill & Frank Beard

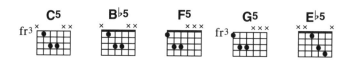

Intro   ‖: C5 | C5 | C5 | C5 :‖ *Play 3 times*

Verse 1

C5
Clean shirt, new shoes

B♭5   F5
And I don't know where I am going to

C5
Silk suit, black tie

B♭5   F5
I don't need a reason why

Chorus 1

G5
They come running just as fast as they can

       C5   E♭   B♭
'Cos every girl crazy 'bout a sharp dressed man

| C5 | C5 | C5 | C5 | ‖

Verse 2

C5
Gold watch, diamond ring

B♭5   F5
I ain't missing not a single thing

C5
And cufflinks, stick pin

B♭5   F5
When I step out I'm gonna do you in

	G5				
Chorus 2	They come running just as fast as they can				
	C5			**E♭**	**B♭**
	'Cos every girl crazy 'bout a sharp dressed man				

Instr 1	‖: C5	| C5	| C5	| C5	:‖ *Play 4 times*
	| C5	| C5	| C5	| C5 B♭5 G5	|
	| F5	| F5	| C5	| B♭5 G5	|
	‖: C5	| C5	| C5	| C5	:‖

	C5
Verse 3	A top coat, top hat
	B♭5 **F5**
	And I don't worry 'cos my wallet's fat
	C5
	Black shades, white gloves
	B♭5
	Lookin' sharp and looking for love

	G5				
Chorus 3	They come running just as fast as they can				
	C5			**E♭**	**B♭**
	'Cos every girl crazy 'bout a sharp dressed man				

Instr 2	‖: C5	| C5	| C5	| C5	:‖ *Play 5 times*
	‖: F5	| F5	| F5	| F5	|
	| C5	| C5	| C5	| C5	:‖ *Repeat to fade*

Sign Your Name

Words & Music by Terence Trent D'Arby

Em · Asus2 · D · B7 · B · Am · C · G

Capo second fret

Intro   ‖: Em | Em | Asus2 | Asus2 :‖ D | B7 ‖

Verse 1

B   Am B7
Fortunately you   have got

Em
Someone who relies on you

  B   Am
We started out as friends

B7   Em
    But the thought of you just caves me in

  B   Am
The symptoms are so deep

B7   Em
    It is much too late to turn away

  B   Am   B7
We started out as friends

Chorus 1

Em
Sign your name across my heart

  Asus2
I want you to be my baby

Em
Sign your name across my heart

  Asus2   D B7
I want you to be my lady

Verse 2

B   Am
Time I'm sure will bring

B7   Em
    Disap - pointments in so many things

  B   Am
It seems to be the way

B7   Em
    When your gambling cards on love you play

  B   Am B7   Em
I'd rather be in Hell   with you baby

146

Verse 2   Than in cool heaven

  B   **Am**   **B7**
  It seems to be the way

Chorus 2 As Chorus 1

            C   **G**   **B7**
Bridge 1   Birds never look into the sun

                  Em
            Before the day is gone

            C   **G**
              But oh the light shines brighter

                  B7
            On a peaceful day

            C   **G**   **B7**
              Stranger blue leave us a - lone

                  Em
            We don't want to deal with you

            C   **G**
              We'll shed our stains showering

            B7
            In the room that makes the rain

Instr.   ‖: **Em** | **Em** | **Asus2** | **Asus2** :‖ **D** | **B7**   ‖

            B   **Am**
Verse 3   All alone with you

            B7   **Em**
              Makes the butterflies in me arise

            B   **Am**
            Slowly we make love

            B7   **Em**
              And the Earth rotates to our dictates

            B   **Am B7** | **N.C.** | **N.C.** | **N.C.** | **N.C.** |
            Slowly we make love

            Em
Chorus 3 ‖: Sign yur name across my heart

            Asus2
            I want you to be my baby

            Em
            Sign yur name across my heart

              Asus2
            I want you to be my lady :‖ *Repeat to fade*   147

Self Control

Words by Stephen Piccolo
Music by Giancarlo Bigazzi & Raffaele Riefolo

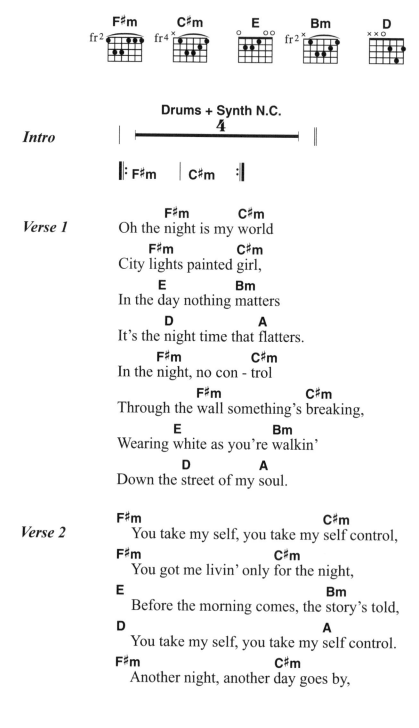

Intro

Drums + Synth N.C.
4

‖: F#m | C#m :‖

Verse 1

F#m   C#m
Oh the night is my world

F#m   C#m
City lights painted girl,

E   Bm
In the day nothing matters

D   A
It's the night time that flatters.

F#m   C#m
In the night, no con - trol

F#m   C#m
Through the wall something's breaking,

E   Bm
Wearing white as you're walkin'

D   A
Down the street of my soul.

Verse 2

F#m   C#m
You take my self, you take my self control,

F#m   C#m
You got me livin' only for the night,

E   Bm
Before the morning comes, the story's told,

D   A
You take my self, you take my self control.

F#m   C#m
Another night, another day goes by,

    F♯m   **C♯m**
    I never stop myself to wonder why,

    E   **Bm**
    You help me to forget to play my role,

    D   **A**
    You take my self, you take my self control.

Chorus 2

    F♯m **C♯m**   **F♯m**
    I, I live among the creatures of the night,

    C♯m   **E**
    I haven't got the will to try and fight,

    Bm   **D**
    A - gainst a new tomorrow, so I guess I'll just believe it

        A
    That to - morrow never comes.

       F♯m   **C♯m**   **F♯m**
    A safe night, I'm living in the forest of my dream,

    C♯m   **E**
    I know the night is not as it would seem,

    Bm   **D**
    I must believe in something, so I'll make myself believe it,

       A
    That this night will never go.

Link 1

         F♯m
    Oh-oh-oh,

         C♯m
    Oh-oh-oh,

         F♯m
    Oh-oh-oh,

         C♯m
    Oh-oh-oh

    N.C.
    Oh-oh-oh, oh-oh-oh, oh-oh-oh, oh-oh-oh

Verse 3

        F♯m   **C♯m**
    Oh the night is my world

        F♯m   **C♯m**
    City lights painted girl

        E   **Bm**
    In the day nothing matters

        D   **A**
    It's the night time that flatters.

Chorus 2

F♯m C♯m   F♯m
I, I live among the creatures of the night
  C♯m   E
I haven't got the will to try and fight
  Bm   D
A - gainst a new tomorrow, so I guess I'll just believe it
        A
That to - morrow never knows.
     F♯m   C♯m   F♯m
A safe night, I'm living in the forest of a dream
  C♯m   E
I know the night is not as it would seem
  Bm   D
I must believe in something, so I'll make myself believe it
      A
That this night will never go.

Link 2

        F♯m
Oh-oh-oh,
        C♯m
Oh-oh-oh,
        F♯m
Oh-oh-oh,
        C♯m
Oh-oh-oh,

Oh-oh-oh___

Outro

  F♯m   C♯m
‖:   You take my self, you take my self control
F♯m   C♯m
  You take my self, you take my self control
F♯m   C♯m
  You take my self, you take my self control.___ :‖ *Repeat to fade*

150

So Lonely

Words & Music by Sting

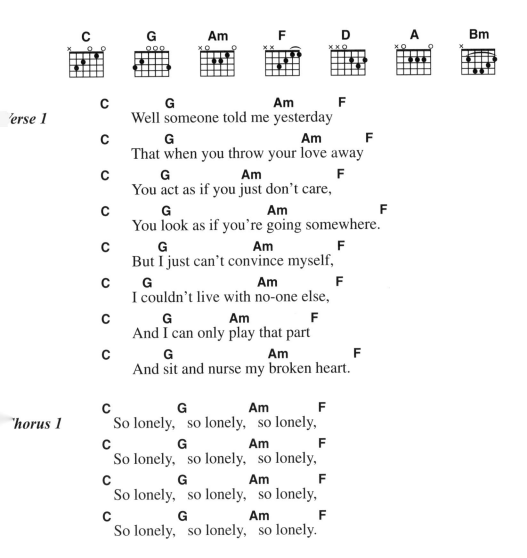

Verse 1

    C   G   Am   F
Well someone told me yesterday

    C   G   Am   F
That when you throw your love away

    C   G   Am   F
You act as if you just don't care,

    C   G   Am   F
You look as if you're going somewhere.

    C   G   Am   F
But I just can't convince myself,

    C   G   Am   F
I couldn't live with no-one else,

    C   G   Am   F
And I can only play that part

    C   G   Am   F
And sit and nurse my broken heart.

Chorus 1

    C   G   Am   F
So lonely,   so lonely,   so lonely,

    C   G   Am   F
So lonely,   so lonely,   so lonely,

    C   G   Am   F
So lonely,   so lonely,   so lonely,

    C   G   Am   F
So lonely,   so lonely,   so lonely.

Verse 2

    C   G   Am   F
Now no-one's knocked upon my door

    C   G   Am   F
For a thousand years or more.

    C   G   Am   F
All made up and nowhere to go,

    C   G   Am   F
Welcome to this one man show.

    C   G   Am   F
Just take a seat, they're always free,

    C   G   Am   F
No surprise, no mystery.

    C   G   Am   F
In this theatre that I call my soul,

    C   G   Am   F
I always play the starring role.

Chorus 2

    C   G   Am   F
So lonely, so lonely, so lonely,

    C   G   Am   F
So lonely, so lonely, so lonely,

    C   G   Am   F
So lonely, so lonely, so lonely,

    C   G   Am   F
So lonely, so lonely, so lonely.

Instrumental ‖: D | A | Bm | G   :‖ *Play 7 times*

            | D | A | Bm | G   ‖

                              So lonely,

Outro ‖: D   A   Bm   G
so lonely, so lonely, so lonely.   :‖ *Repeat to fade*

cont.   But you can sell your soul,

And the closest thing to Heaven is to rock and roll.

Guitar solo | F | F | C | C |

| F | F | E | E   ‖

F
Chorus 3   Somewhere in my heart
                  E
There is a star that shines for you,
F
Silver splits the blue,
C
Love will see it through.
        F
And somewhere in my heart
                E
There is the will to set you free,
F   Fm   C
All you've got to be is true.
F
Somewhere in my heart
                E
There is a star that shines for you,
F
Silver splits the blue,
C
Love will see it through.
        F
And somewhere in my heart
                E
There is the will to set you free,
F   Fm   C
All you've got to be is true.

Outro | F | F | E | E |

| F | F | C | C |

| F | F | E | E |

| F | Fm | C | C | ‖ *To fade*

Sometimes

Words & Music by Vince Clarke & Andy Bell

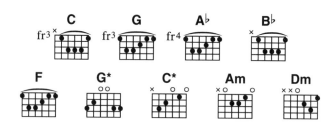

Intro

Freely

| A♭ | B♭ | |

In tempo

| C | G | A♭ | B♭ | |

| C | G | B♭ | F | ‖

Verse 1

G*
It's not the way you lead me by the hand into the bedroom.   F   C*

G*   F   C*
O-o-oh, o-o-oh, o-o-oh, o-o-oh

G*
It's not the way you throw your clothes up - on the bathroom floor.   F   C*

G*   F   C*
O-o-oh, o-o-oh, o-o-oh, o-o-oh.

Pre-chorus

Am   Dm
    Been thinking about you, I just couldn't wait to see

B♭   F   G*
Fling my arms a - round you as we fall in ecstasy.

Chorus 1

C   G
Ooh, sometimes,

    A♭   B♭
The truth is harder than the pain inside,   yeah.

C   G
Ooh, sometimes,

B♭   F
It's the broken heart that decides.

154

Verse 2

  G*   F   C*
It's not the way that you caress and toy with my af - fection.

  G*   F C*
O-o-oh, o-o-oh, o-o-oh, o-o-oh

  G*   F   C*
It's not my sense of emptiness you fill with your de - sire.

  G*   F C*
O-o-oh, o-o-oh, o-o-oh, o-o-oh

Pre-chorus 2

Am   Dm
Climb in bed beside me, we can lock the world outside.

B♭   F   G*
Touch me, satis - fy me, warm your body next to mine.

Chorus 2

C G
Ooh, sometimes,

  A♭   B♭
The truth is harder than the pain inside, yeah.

C G
Ooh, sometimes,

B♭   F
It's the broken heart that decides.

Instrumental

‖: G* | F C* |

| G* | F C* :‖

(O-o-oh, o-o-oh, o-o-oh, o-o-oh.)

| Am | Dm | B♭ F | G* |

| C | G | A♭ | B♭ ‖

Chorus 3

C G
Ooh, sometimes,

  A♭   B♭
The truth is harder than the pain inside, yeah.

C G
Ooh, sometimes,

B♭   F
It's the broken heart that decides.

Repeat Choruses to fade

Somewhere In My Heart

Words & Music by Roddy Frame

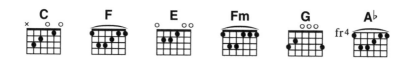

Intro   *Brass section intro.— N.C.*

Verse 1
C
Summer in the city where the air is still,

A baby being born to the overkill.
F
  Who cares what people say?

We walk down love's motorway.
      C
Am - bition and love wearing boxing gloves,

And singing hearts and flowers.

Chorus 1
      F
But somewhere in my heart
          E
There is a star that shines for you,
F
Silver splits the blue,
C
Love will see it through.
        F
And somewhere in my heart
          E
There is the will to set you free,
F   Fm   C
All you've got to be is true.

Verse 2

C
A star above the city in the northern chill,

A baby being born to the overkill,

F
  No say, no place to go,

A T.V. and a radio.

     C
Am - bition and love wearing boxing gloves

And singing hearts and flowers.

     F
Chorus 2   But somewhere in my heart

       E
There is a star that shines for you,

F
Silver splits the blue,

C
Love will see it through.

     F
And somewhere in my heart

       E
There is the will to set you free,

F   **Fm** **C**
All you've got to be is true.

     G
Bridge   Who could heal

What's never been as one?

      Fm
And our hearts have been torn

Since the day we were born

      E
Just like   anyone.

A♭
  From Westwood to Hollywood

The one thing that's understood

       G
Is that you can't buy time

Summer Of '69

Words & Music by Bryan Adams & Jim Vallance

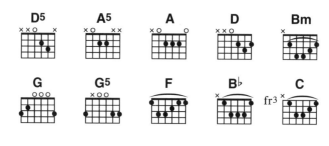

Intro | D5 | D5 ‖

Verse 1

   D5   A5
I got my first real six-string, bought it at the five-and-dime.
   D5   A
Played it 'til my fingers bled, it was the summer of sixty-nine.

Verse 2

      D   A
Me and some guys from school had a band and we tried real hard.
      D
Jimmy quit and Jody got married,
      A
I should've known we'd never get far.

Chorus 1

     Bm   A
Oh, when I look back now,
     D   G
That summer seemed to last forever,
     Bm   A
And if I had the choice
     D   G
Yeah, I'd always wanna be there.
     Bm   A   D(riff)   A
Those were the best days of my life.

Verse 3

     D   A
Ain't no use in complainin' when you got a job to do.
     D
Spent my evenings down at the drive-in,
     A
And that's when I met you, yeah!

Chorus 2

Bm   A
Standin' on your Mama's porch,
D   G
You told me that you'd wait forever.
Bm   A
Oh, and when you held my hand
D   G
I knew that it was now or never.
Bm   A   D(riff)   A
Those were the best days of my life, oh yeah
                            D(riff)   A
Back in the summer of sixty-nine.

Bridge

F   B♭   C
Man, we were killin' time, we were young and restless,
   B♭
We needed to unwind.
F   B♭   C
I guess nothin' can last forever, forever, no.

| D(riff) | D(riff) | A | A | D(riff) | D(riff) | A | A | ‖ |

Verse 4

D
And now the times are changin',
A
Look at everything that's come and gone.
D
Sometimes when I play that old six-string
A
I think about you, wonder what went wrong.

Chorus 3

Bm   A
Standin' on your Mama's porch,
D   G
You told me it would last forever.
Bm   A
Oh, and when you held my hand,
D   G
I knew that it was now or never.
Bm   A   D(riff)   A
Those were the best days of my life, oh yeah
                            D(riff)   A
Back in the summer of sixty-nine.

Coda

| D | D | A | A | ‖ |

Play riff with vocal to fade ad lib.

The Sun Always Shines On TV

Words & Music by Pal Waaktaar

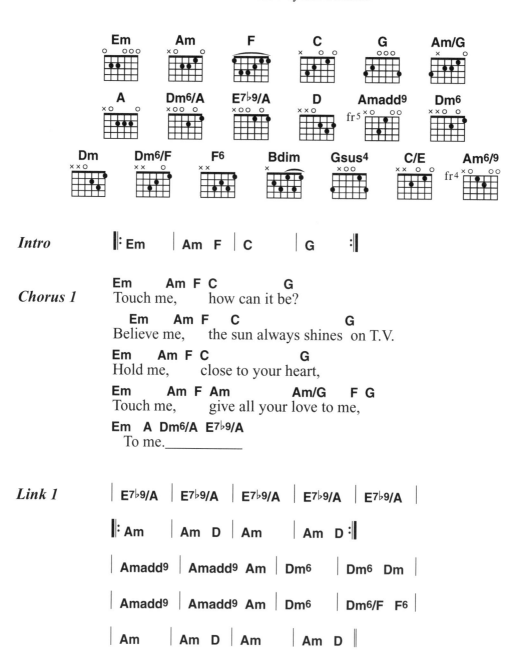

Intro
‖: Em | Am F | C | G :‖

Chorus 1

Em   Am F C   G
Touch me,   how can it be?

    Em   Am F   C   G
Believe me,   the sun always shines on T.V.

Em   Am F C   G
Hold me,   close to your heart,

Em   Am F Am   Am/G   F G
Touch me,   give all your love to me,

Em   A Dm6/A E7♭9/A
To me._____

Link 1
| E7♭9/A | E7♭9/A | E7♭9/A | E7♭9/A | E7♭9/A |

‖: Am | Am D | Am | Am D :‖

| Amadd9 | Amadd9 Am | Dm6 | Dm6 Dm |

| Amadd9 | Amadd9 Am | Dm6 | Dm6/F F6 |

| Am | Am D | Am | Am D ‖

Verse 1

Am   **Bdim**

 I reached inside myself

   Dm   **Gsus4**

And found nothing there

  G **C/E**

To ease the pressure off

   Am **Am/G** **F6** **D** **F**

My ever worrying mind, oh.__

 Am   **Bdim** **Dm**

 All my powers waste away,

     Gsus4 **G** **C/E**

I fear the crazed and lonely looks

      Am   **Am/G** **F6** **D** **F**

The mirror's sending me these days, oh.__

 Em **Am** **F** **C**   **G**

Chorus 2 Touch me, how can it be?

   Em **Am** **F** **C**   **G**

Believe me, the sun always shines on T.V.

Em **Am** **F** **C**   **G**

Hold me,   close to your heart,

Em **Am** **F** **Am**   **Am/G** **F** **G**

Touch me, give all your love to me.__

Link 2 | **Am** | **Am** **D** | **Dm6** | **Dm6/F** **F6** ‖

 Am   **Bdim** **Dm**

Verse 2 Please don't ask me to   defend

      Gsus4

The shameful lowlands

  G **C/E**

Of the way I'm drifting

Am **Am/G** **F6** **D** **F**

Gloomily through time, oh.__

Am   **Bdim** **Dm**

 I reached inside myself today

      Gsus4 **G** **C/E**

Thinking there's got to be some way

     Am **Am/G** **F** **Dm**

To keep my troubles distant.

Chorus 3

Em   Am F C   G
Touch me,   how can it be?

    Em   Am F   C   G
Believe me,   the sun always shines on T.V.

Em   Am F C   G
Hold me,   close to your heart,

Em   Am F Am   Am/G   F G
Touch me,   give all your love to me.__

Link 3

| Amadd9 | Amadd9 | Am | Am | |

| Am6/9 | Am6/9 | Am6/9 | Am | ‖

Instrumental ‖: Em | Am F | C | G :‖

Chorus 4

Em   Am F C   G
Hold me,   close to your heart,

Em   Am F Am   Am/G   F G
Touch me,   give all your love to me,__

Em D   Amadd9 D Amadd9 D
    To me._____

| Amadd9 | Amadd9 D | Am | ‖

162

Super Trouper

Words & Music by Benny Andersson & Bjorn Ulvaeus

Intro

C   Csus4   C
Super Trouper beams are gonna blind me

Csus4   C   G
But I won't feel blue

Dm   G
Like I always do,

                                 C   Csus2
'Cause somewhere in the crowd there's you.

| C Csus2 | Am Asus2 | Am Asus2 |
| Dm Dsus2 | Dm Dsus2 | G Gsus2 | G Gsus2 ‖

Verse 1

C   Em
I was sick and tired of everything

           Dm   G6 G
When I called you last night from Glasgow.

C   Em
All I do is eat and sleep and sing,

           Dm   G6 G
Wishing ev'ry show was the last show.

F   C/E
   So imagine I was glad to hear you're coming,

F   C/E
   Suddenly I feel alright

F   C
   And it's gonna be so different

                  Gsus4 G
When I'm on the stage to - night.

Chorus 1

                   C   **Csus4** **C**
Tonight the Super Trouper lights are gonna find me,
Csus4 **C**   **G**
Shining like the sun,
Dm   **G**
Smiling, having fun,
                      C
Feeling like a number one.
               Csus4 **C**
Tonight the Super Trouper beams are gonna blind me,
Csus4 **C**   **G**
But I won't feel blue
Dm   **G**
Like I always do,
                        C   **Csus2**
'Cause somewhere in the crowd there's you.

Link

| C   Csus2 | Am Asus2 | Am Asus2 |

| Dm Dsus2 | Dm Dsus2 | G Gsus2 | G Gsus2 ‖

Verse 2

C   **Em**
Facing twenty thousand of your friends,
                Dm   **G6** **G**
How can anyone be so lonely?
C   **Em**
Part of a success that never ends,
                Dm   **G6** **G**
Still I'm thinking about you on - ly.
F   **C/E**
  There are moments when I think I'm going crazy,
F   **C/E**
  But it's gonna be alright,
F   **C**
  Ev'rything will be so different
                    Gsus4 **G**
When I'm on the stage to - night.

Chorus 2   As Chorus 1

     F   Am
So I'll be there when you arrive,
      Dm   G   C
The sight of you will prove to me I'm still alive,
          G   F
And when you take me in your arms
      Dm   A7/E
And hold me tight,
  Dm   G
I know it's gonna mean so much tonight.

Chorus 3

        C   Csus4 C
‖: Tonight the Super Trouper lights are gonna find me,
Csus4 C   G
Shining like the sun,
Dm   G
Smiling, having fun,
          C
Feeling like a number one.
        Csus4 C
Tonight the Super Trouper beams are gonna blind me,
Csus4 C   G
But I won't feel blue
Dm   G
Like I always do,
             C Csus2
'Cause somewhere in the crowd there's you. :‖ *Repeat to fade*

Too Much Too Young

Words & Music by Toby Jepson & Andy Paul

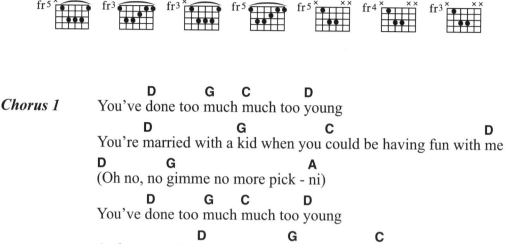

Chorus 1

      D   G   C   D
You've done too much much too young

      D   G   C   D
You're married with a kid when you could be having fun with me

D   G   A
(Oh no, no gimme no more pick - ni)

      D   G   C   D
You've done too much much too young

           D   G   C
And now you're married with a son when you should be having fun with

     D   G   A
(We don't want, we don't want we don't want no more pick - ni)

Verse 1

D5   C#5   C5 C#5 D5 C#5 C5 C#5
Ain't he   cute,   no he   ain't

        D5   C#5   C5   C#5   D5   C#5 C5   C#5
He's just an - other burden on the wel - fare state

Chorus 2

      D   G   C   D
You've done too much much too young

      D   G   C   D
You're married with a kid when you could be having fun with me

     D   G   A
(no gimme, no gimme, no gimme no more pick - ni)

Verse 2

D5   C#5   C5 C#5 D5 C#5 C5 C#5
Call me imma - ture,   call me a po - ser

D5 C#5   C5 C#5   D5 C#5 C5 C#5
I'll spread ma - nure in your bed of   ro - ses

D5   C#5   C5 C#5 D5   C#5   C5 C#5
Don't wanna be rich don't wanna be famous

D5   C#5 C5   C#5   D5 C#5 C5   C#5
But I'd really hate to have the same   name as you

You silly moo

Gtr. solo   ‖: D | D | D | D   :‖

Chorus 3

          D   **G**   **C**   **D**
You've done too much much too young
           D   **G**   **C**   **D**
You're married with a kid when you could be having fun with me
D   **G**   **A**
(Gi we de birth con - trol, we no want no pick - ni)
          D   **G**   **C**   **D**
You've done too much much too young
D   **G**   **C**   **D**
And now you're chained to the cooker making currant buns for tea
D   **G**   **A**
(Oh no, no gimme no more pick - ni)

Verse 3

D5   **C#5 C5**   **C#5** **D5**   **C#5 C5** **C#5**
Ain't you heard of the starv - ing   mil - lions
D5   **C#5 C5**   **C#5 D5**   **C#5 C5**   **C#5**
Ain't you heard of   con - tra - cep - tion
         D5   **C#5**   **C5**   **C#5**   **D5**   **C#5 C5** **C#5**
Do you really want a pro - gram of steri - li - sa - tion
D5   **C#5**   **C5 C#5**   **D5**   **C#5 C5** **C#5 D**
Take con - trol of the po - pu - la - tion boom

Outro

    D
  It's in your living room

Keep a generation gap

Try wearing a cap

Town Called Malice

Words & Music by Paul Weller

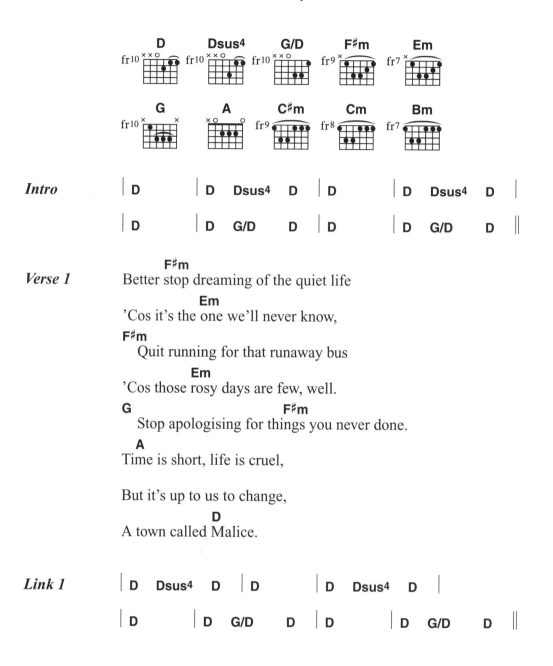

Intro

| D | D Dsus4 D | D | D Dsus4 D |

| D | D G/D D | D | D G/D D |

Verse 1

        F♯m
Better stop dreaming of the quiet life

           Em
'Cos it's the one we'll never know,

F♯m
    Quit running for that runaway bus

          Em
'Cos those rosy days are few, well.

G   F♯m
    Stop apologising for things you never done.

    A
Time is short, life is cruel,

But it's up to us to change,

            D
A town called Malice.

Link 1

| D Dsus4 D | D | D Dsus4 D |

| D | D G/D D | D | D G/D D |

Verse 2

F♯m
Rows and rows of disused milk floats

    Em
Stand dying in the dairy yard.

    F♯m
And a hundred lonely housewives

    Em
Clutch empty milk bottles to their hearts.

G
  Hanging out their old love letters

F♯m
On the line to dry.

   A
It's enough to make you stop believing

But tears come fast and furious,

     D
In a town called Malice.

Link 2

| D Dsus4 D | D | | D Dsus4 D | |

| D | D G/D D | D | | D G/D D ||

Verse 3

F♯m
Ba ba ba ba ba da ba,

Em
Ba ba ba da ba, woah!

F♯m
  Ba ba ba ba ba da ba,

Em
Ba ba ba da ba.

G
  Struggle after struggle,

F♯m
  Year after year.

   A
The atmosphere's a fine blend of ice,

I'm almost stone cold dead,

     D   Dsus4 D
A town called Malice,   oo, — oo, yeah.

Link 3

| D Dsus4 D | D | |

| D G/D D | D | | D G/D D ||

169

Middle

C♯m
A whole street's belief

Cm Bm
In   Sunday's roast beef

Cm   C♯m   **Cm   Bm**
Gets dashed against the   Co-op.

             A
To either cut down on beer

Or the kids new gear,

                                              D
It's a big decision in a town called Malice.
Dsus4   D | **D   Dsus4   D** |
      Oo, __ oo, yeah.

‖: **(D)** | **(D)** | **(D)**   :‖
Finger clicks

Ooh, __ oo.

Verse 4

F♯m
      The ghost of a steam train

Em
Echoes down my track.

F♯m
      It's at the moment bound for nowhere,

Em
Just going round and round.

G
      Playground kids and creaking swings,

F♯m
      Lost laughter in the breeze.

A
I could go on for hours

And I probably will,

But I'd sooner put some joy back

                    D   **Dsus4   D   Dsus4   D**
In this town called Malice,   yeah.

          Dsus4   D   **Dsus4   D**
‖: Ooh, _____   :‖   *Repeat to fade*

170

True Faith

Words & Music by Peter Hook, Stephen Hague, Bernard Sumner, Gillian Gilbert & Stephen Morris

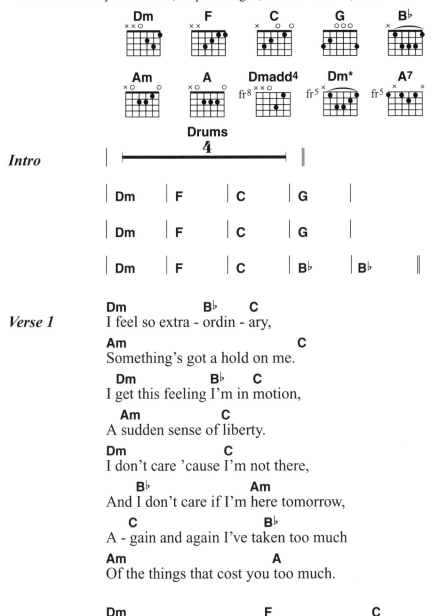

Intro

Dm	F	C	G	
Dm	F	C	G	
Dm	F	C	B♭	B♭	

Verse 1

Dm   B♭   C
I feel so extra - ordin - ary,
Am   C
Something's got a hold on me.
   Dm   B♭   C
I get this feeling I'm in motion,
    Am   C
A sudden sense of liberty.
Dm   C
I don't care 'cause I'm not there,
    B♭   Am
And I don't care if I'm here tomorrow,
     C   B♭
A - gain and again I've taken too much
Am   A
Of the things that cost you too much.

Chorus 1

Dm   F   C
   I used to think that the day would never come,
                 G   Dm
I'd see delight in the shade of the morning sun,
                F   C
My morning sun is the drug that brings me near
         G
To the childhood I lost, replaced by fear.

cont.

```
     Dm                          F              C
     I used to think that the day would never come,
                           Bb                | Bb      | Bb          |
     That my life would de - pend on the morning sun.__
```

Verse 2

```
     Dm            Bb   C
     When I was a very small boy,
     Am                       C
     Very small boys talked to me.
     Dm                    Bb      C
     Now that we've grown up to - gether
     Am            C
     They're afraid of what they see
     Dm                     C
     That's the price that we all pay
       Bb              Am
     Our valued destiny comes to nothing
     C           Bb
     I can't tell you where we're going
       Am                          A
     I guess there's just no way of knowing.
```

Chorus 2

```
     Dm                          F              C
     I used to think that the day would never come,
                         G                Dm
     I'd see delight in the shade of the morning sun,
                           F                  C
     My morning sun is the drug that brings me near
                       G
     To the childhood I lost, replaced by fear.
     Dm                          F              C
     I used to think that the day would never come,
                           Bb                | Bb   | Bb   | Bb
     That my life would de - pend on the morning sun.__
```

Instrumental

```
| Dm(add4) | Dm* | Dm(add4) | Dm* |          |
| Dm(add4) | Dm* | Dm(add4) | A7  |         ||
| Dm    | F    | C    | G    |          |
| Dm    | F    | C    | G    |          |
| Dm    | F    | C    | Bb   | Bb      ||
```

172

Verse 3

Dm   B♭ C
I feel so extra - ordin - ary,

Am   C
Something's got a hold on me.

Dm   B♭ C
I get this feeling I'm in motion,

 Am   C
A sudden sense of liberty.

   Dm   C
The chances are we've gone too far,

   B♭   Am
You took my time and you took my money.

C   B♭
Now I fear you've left me standing

Am   A
In a world that's so de - manding.

Chorus 3

Dm   F   C
 I used to think that the day would never come,

         G   Dm
I'd see delight in the shade of the morning sun,

         F   C
My morning sun is the drug that brings me near

        G
To the childhood I lost, replaced by fear.

Dm   F   C
 I used to think that the day would never come

        B♭
That my life would de - pend on the morning sun__

Dm   F   C
 I used to think that the day would never come,

         G   Dm
I'd see delight in the shade of the morning sun,

         F   C
My morning sun is the drug that brings me near

        G
To the childhood I lost, replaced by fear.

Dm   F   C
 I used to think that the day would never come

        B♭
That my life would de - pend on the morning sun__

Outro ‖: Dm* | Dm* | Dm* | Dm* :‖ *Repeat ad lib. to fade*

Uncertain Smile

Words & Music by Matt Johnson

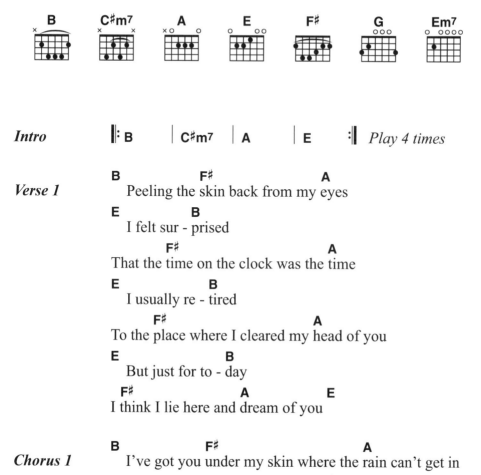

Intro ‖: B | C#m7 | A | E :‖ *Play 4 times*

Verse 1

      B   F#   A
Peeling the skin back from my eyes

  E   B
I felt sur - prised

          F#   A
That the time on the clock was the time

  E   B
I usually re - tired

          F#   A
To the place where I cleared my head of you

  E   B
But just for to - day

         F#   A   E
I think I lie here and dream of you

Chorus 1

      B   F#   A
I've got you under my skin where the rain can't get in

  E   B   F#
But if the sweat pours out, just shout

  A   E
I'll try to swim and pull you out

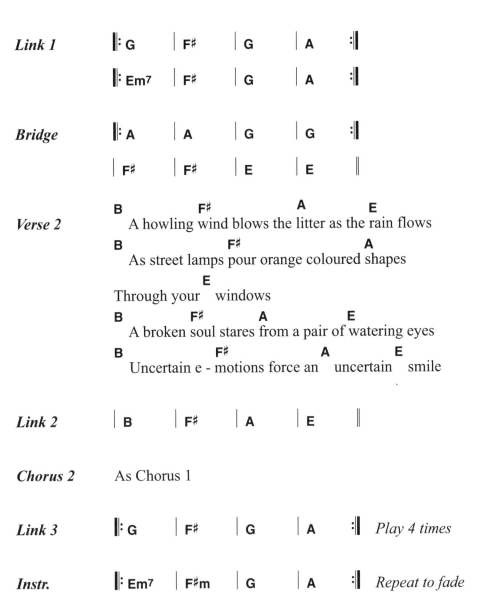

Link 1 ‖: G | F♯ | G | A :‖

‖: Em7 | F♯ | G | A :‖

Bridge ‖: A | A | G | G :‖

| F♯ | F♯ | E | E ‖

Verse 2

B   F♯   A   E
A howling wind blows the litter as the rain flows
B   F♯   A
As street lamps pour orange coloured shapes
        E
Through your   windows
B   F♯   A   E
A broken soul stares from a pair of watering eyes
B   F♯   A   E
Uncertain e - motions force an   uncertain   smile

Link 2 | B | F♯ | A | E ‖

Chorus 2 As Chorus 1

Link 3 ‖: G | F♯ | G | A :‖ *Play 4 times*

Instr. ‖: Em7 | F♯m | G | A :‖ *Repeat to fade*

Under Pressure

Words & Music by David Bowie, Freddie Mercury, Roger Taylor, John Deacon & Brian May

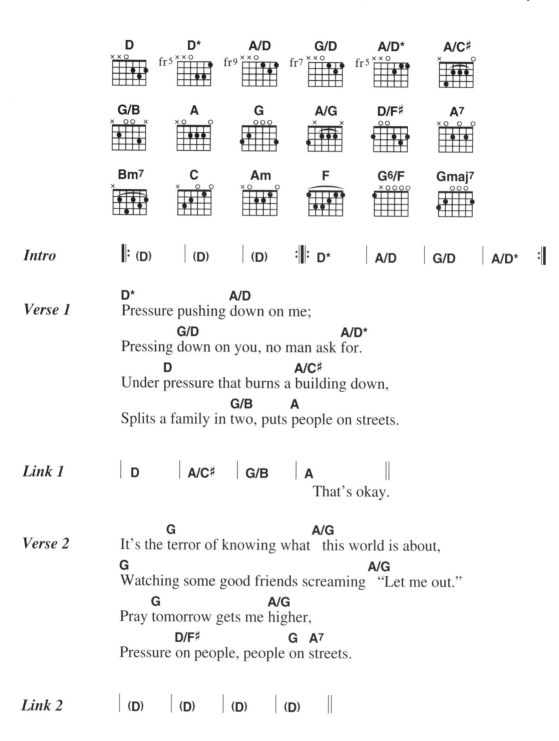

Intro   ‖: (D) | (D) | (D)   :‖: D* | A/D | G/D | A/D*   :‖

Verse 1
       D*   **A/D**
Pressure pushing down on me;
             G/D   **A/D***
Pressing down on you, no man ask for.
           D   **A/C♯**
Under pressure that burns a building down,
              G/B   **A**
Splits a family in two, puts people on streets.

Link 1 | D | A/C♯ | G/B | A   ‖
                                       That's okay.

Verse 2
            G   **A/G**
It's the terror of knowing what   this world is about,
G   **A/G**
Watching some good friends screaming   "Let me out."
          G   **A/G**
Pray tomorrow gets me higher,
          D/F♯   **G A7**
Pressure on people, people on streets.

Link 2 | (D) | (D) | (D) | (D)   ‖

Verse 3

D*
  Chipping around,

A/D
  Kick my brains around the floor,

G/D
  These are the days

A/D*
  It never rains but it (pours).

Link 3

| D | A/C♯ | G/B | A |
pours   That's okay.

D   A/C♯
People on streets,

Bm7   A
People on streets.

Verse 4

            G   A/G
It's the terror of knowing what   this world is about,

G   A/G
Watching some good friends screaming   "Let me out."

G   A/G
  Tomorrow takes me higher. ____

       D/F♯   G A7
Pressure on people, people on streets.

Bridge

       G
Turned away from it all,

     C
Like a blind man;

G   C
  Sat on a fence, but it don't work.

     G
Keep coming up with love

       C
But it's so slashed and torn.

       Am
Why, ___ why,

F   G6/F   F G6/F
  Why? _____

A   A7
Love, love, love, love.

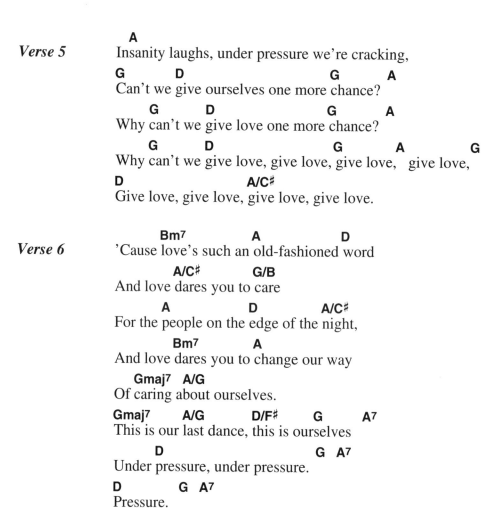

Verse 5

      A
Insanity laughs, under pressure we're cracking,

G   D   G   A
Can't we give ourselves one more chance?

        G   D   G   A
Why can't we give love one more chance?

        G   D   G   A   G
Why can't we give love, give love, give love,   give love,

D   A/C♯
Give love, give love, give love, give love.

Verse 6

        Bm7   A   D
'Cause love's such an old-fashioned word

        A/C♯   G/B
And love dares you to care

      A   D   A/C♯
For the people on the edge of the night,

        Bm7   A
And love dares you to change our way

    Gmaj7 A/G
Of caring about ourselves.

Gmaj7   A/G   D/F♯   G   A7
This is our last dance, this is ourselves

        D   G A7
Under pressure, under pressure.

D   G A7
Pressure.

Upside Down

Words & Music by Bernard Edwards & Nile Rodgers

Gm fr3   **C** fr3   **F**   **B♭**   **B**   **G#m** fr4   **Am** fr5   **A#m7** fr6

Intro | N.C. Gm | C   F | Gm B♭ B | C   F | Gm   ‖

      Gm   **C**
I said upside down you're turning me
     F   **Gm**
You're giving love in - stinctively
     B♭   **B**   **C**   **F Gm**
A - round and round you're turning me

Chorus 1

Gm   **C**   **F**   **Gm**
Upside down boy you turn me
B♭ **B** **C**   **F**   **Gm**
In - side out and   round and round
Gm   **C**   **F**   **Gm**
Upside down boy you turn me
B♭ **B** **C**   **F**   **Gm** **G#m Am**
In - side out and   round and round

Verse 1

     A##m7
In - stinctively you give to me

The love that I need

I cherish the moments with you

Respectfully I say to thee

I'm aware that you're cheating

When no one makes me feel like you do

Chorus 2   As Chorus 1

Verse 2

A♯♯m7
I know you got charm and appeal

You always play the field

I'm crazy to think you are mine

As long as the sun continues to shine

There's a place in my heart for you

That's the bottom line

Chorus 3   As Chorus 1

Verse 3

A♯♯m7
In - stinctively you give to me

The love that I need

I cherish the moments with you

Respectfully I say to thee

I'm aware that you're cheating

But no one makes me feel like you do

Chorus 4

Gm   C   F   Gm
Upside down   boy you turn me
B♭ B   C   F   Gm
In - side out and   round and round
Gm   C   F   Gm
Upside down   boy you turn me
B♭ B   C   F   Gm
In - side out and   round and round
Gm   C   F   Gm
Upside down   boy you turn me
B♭ B   C   F   Gm
In - side out and   round and round
Gm   C   F   Gm
Upside down   boy you turn me
B♭ B   C   F   Gm
In - side out and   round and round

Gm   C
Upside down you're turning me
        F   Gm
You're giving love in - stinctively
     B♭   B   C
A - round and round you're turning me
   F   Gm
I say to thee re - spectfully
Gm   C
Upside down you're turning me
        F   Gm
You're giving love in - stinctively
     B♭   B   C
A - round and round you're turning me
   F   Gm
I say to thee re - spectfully
      Gm   C
I said upside down you're turning me
        F   Gm
You're giving love in - stinctively
     B♭   B   C
A - round and round you're turning me
   F   Gm
I say to thee re - spectfully
Gm   C
Upside down you're turning me
        F   Gm
You're giving love in - stinctively
     B♭   B   C
A - round and round you're turning me
   F   Gm
I say to thee re - spectfully
Gm   C   F
Upside down you're turning me

‖: Gm B♭ B │ C   F │ Gm   │ C   F :‖ *Repeat to fade*

Walk Like An Egyptian

Words & Music by Liam Sternberg

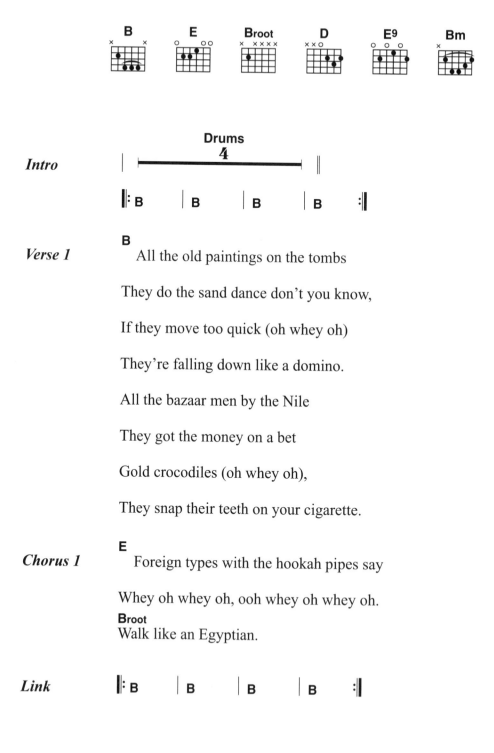

Intro

| Drums |
| 4 |

‖: B | B | B | B :‖

Verse 1

B
    All the old paintings on the tombs

They do the sand dance don't you know,

If they move too quick (oh whey oh)

They're falling down like a domino.

All the bazaar men by the Nile

They got the money on a bet

Gold crocodiles (oh whey oh),

They snap their teeth on your cigarette.

Chorus 1

E
    Foreign types with the hookah pipes say

Whey oh whey oh, ooh whey oh whey oh.

Broot
Walk like an Egyptian.

Link

‖: B | B | B | B :‖

Verse 2

B
The blonde waitresses take their trays

They spin around and they cross the floor,

They've got the moves (o-oh whey oh)

You drop your drink then they bring you more

All the school kids so sick of books

They like the punk and the metal band

When the buzzer rings (oh whey oh)

They're walking like an Egyptian.

Chorus 2

E
All the kids in the marketplace say

Whey oh whey oh, ooh whey oh whey oh
Broot
Walk like an Egyptian.

Instrumental

‖: D | D | D | D |
| B | B | B | B :‖
‖: D | D | D | D :‖
‖: Broot | Broot | Broot | Broot :‖

Verse 3

N.C (drums only)
Slide your feet up the street bend your back

Shift your arm then you pull it back

Life is hard you know (oh whey oh)

So strike a pose on a Cadillac.

B
  If you want to find all the cops

They're hanging out in the donut shop

They sing and dance (oh whey oh),

They spin the club cruise down the block.

All the Japanese with their yen

The party boys call the Kremlin,

And the Chinese know (oh whey oh),

They walk the line like Egyptian.

Chorus 3

E9
  All the cops in the donut shop say

Whey oh whey oh, ooh whey oh whey oh
Broot
  Walk like an Egyptian,

Walk like an Egyptian.

Outro   ‖: B | Bm | B | Bm :‖ *Repeat to fade*

Where The Streets Have No Name

Words & Music by U2

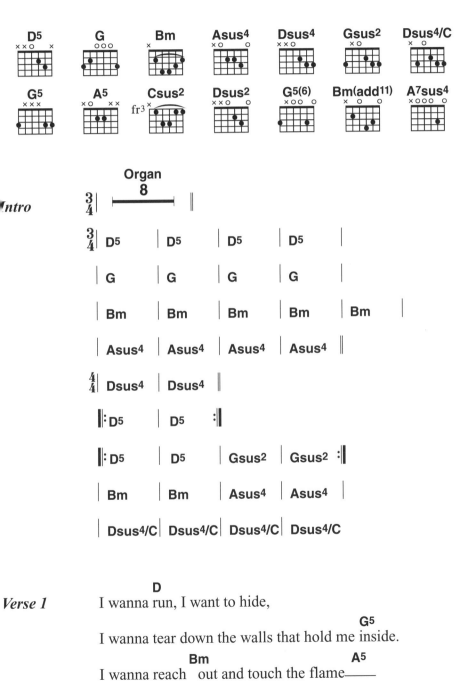

Verse 2

           D
I wanna feel sunlight on my face.

                                      G5
I see the dust-cloud disappear without a   trace.

             Bm   **A5**
I wanna take   shelter from the poison rain—

          Csus2
Where the streets have no name.

Ho.———

Chorus 1

                              Dsus2
Where the streets have no— name,

Where the streets have no name.

                      G5(6)
We're still building and burning down love,

Burning down love.

          Bm(add11)
And when I— go there

          A7sus4
I go there with— you,

          D5*
It's all I can— do.

Verse 3

           D
The city's a flood, and our love turns to rust.

We're beaten and blown by the wind,

          G5
Trampled in dust.

                Bm
I'll show you a   place

              A5
High on a de - sert plain

          Csus2
Where the streets have no name.

Ah.———

Chorus 2

                              Dsus2
Where the streets have no— name,

Where the streets have no name.

                      G5(6)
We're still building and burning down love,

cont.　　　Burning down love.

                 Bm(add¹¹)
And when I— go there,

                  A⁷sus⁴
I go there with— you.

     D⁵*
It's all— I can— do.

     Dsus²
Chorus 3　　Our love turns to rust,

             G⁵⁽⁶⁾
We're beaten and blown by the wind,

Blown by the wind.

          Dsus²
Oh, and I see love,

See our love turn to rust,

             G⁵⁽⁶⁾
We're beaten and blown by the wind,

Blown by the wind.

             Bm(add¹¹)
Oh, when I　go there,

               A⁷sus⁴
I go there with　you.

         (D⁵)
It's all I can do.

Outro　　　$\frac{3}{4}$ | **D⁵**　　| **D⁵**　　| **D⁵**　　| **D⁵**　　‖ *Fade*
           (can do.)

The Whole Of The Moon

Words & Music by Mike Scott

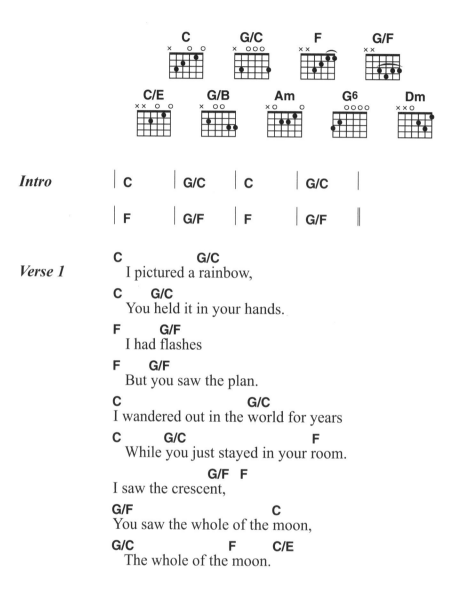

Intro　　|　C　|　G/C　|　C　|　G/C　|

　　　　　　　|　F　|　G/F　|　F　|　G/F　||

Verse 1

C　　　　　　G/C
I pictured a rainbow,

C　　G/C
You held it in your hands.

F　　　G/F
I had flashes

F　　　G/F
But you saw the plan.

C　　　　　　　　　　G/C
I wandered out in the world for years

C　　　G/C　　　　　　　　　F
While you just stayed in your room.

　　　　　　　　G/F　F
I saw the crescent,

G/F　　　　　　　　　C
You saw the whole of the moon,

G/C　　　　　　F　　C/E
The whole of the moon.

                         C
Verse 2   You were there in the turn stiles
                              G/C
                 With the wind at your heels.
                      C
                 You stretched for the stars
                              G/C
                 And you know how it feels to reach
                 F   G/F   F
                 Too high, too far, too soon,
                 G/F   C
                 You saw the whole of the moon.

                              G/C
Verse 3   I was grounded
                 C   G/C
                    While you filled the skies.
                 F   G/F   F
                    I was dumbfounded by truth,
                 G/F
                 You cut through lies.
                 C   G/C   C
                 I saw the rain dirty valley,
                 G/C
                 You saw Brigadoon.
                 F   G/F F
                    I saw the crescent,
                 G/F   C
                 You saw the whole of the moon.

Instrumental | (C) | G/C | C | G/C |

                | F | G/F | F | G/F   ‖

Middle

    C   G/B   Am
I spoke about wings,

G6
You just flew.

    F   **C/E** **Dm**
I wondered, I guessed and I tried,

C/E
You just knew.

   C   **G/C**
I sighed,

C   **G/C**
 And you swooned!

  F   **G/F** **F**
I_ saw the crescent,

G/F   **C**
You saw the whole of the moon,

G/C   **F**   **G/F**
 The whole of the moon.

Verse 4

    C
With a torch in your pocket

      G/C
And the wind at your heels.

   C
You climbed on the ladder

     G/C
And you know how it feels to get

F   **G/F**   **F**
Too high, too far, too soon,

G/F   **C**
You saw the whole of the moon,

G/C   **F**
 The whole of the moon.

    G/F
Hey, yeah!

Verse 5

C
Unicorns and cannonballs,

G/C
Palaces and piers.

C
Trumpets, towers and tenements,

    G/C
Wide oceans full of tears.

F
Flags, rags, ferryboats,

G/F
Scimitars and scarves,

F
Every precious dream and vision

G/F
Underneath the stars.

      C
Yes, you climbed on the ladder

      G/C
With the wind in your sails.

   C
You came like a comet,

G/C
Blazing your trail

F   **G/F**   F
Too high, too far, too soon,

G/F   C   G/C
You saw the whole of the moon.

Outro   ‖: C | C/G :‖ *Play 10 times (vocals ad. lib.)*

           | C | C   ‖

Relative Tuning

The guitar can be tuned with the aid of pitch pipes or dedicated electronic guitar tuners which are available through your local music dealer. If you do not have a tuning device, you can use relative tuning. Estimate the pitch of the 6th string as near as possible to E or at least a comfortable pitch (not too high, as you might break other strings in tuning up). Then, while checking the various positions on the diagram, place a finger from your left hand on the:

5th fret of the E or 6th string and **tune the open A** (or 5th string) to the note (A)

5th fret of the A or 5th string and **tune the open D** (or 4th string) to the note (D)

5th fret of the D or 4th string and **tune the open G** (or 3rd string) to the note (G)

4th fret of the G or 3rd string and **tune the open B** (or 2nd string) to the note (B)

5th fret of the B or 2nd string and **tune the open E** (or 1st string) to the note (E)

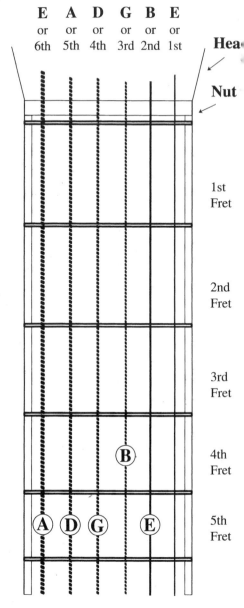

Reading Chord Boxes

Chord boxes are diagrams of the guitar neck viewed head upwards, face on as illustrated. The top horizontal line is the nut, unless a higher fret number is indicate the others are the frets.

The vertical lines are the strings, starting from E (or 6th) on the left to E (or 1st) on the right.

The black dots indicate where to place your fingers.

Strings marked with an O are played open, not fretted. Strings marked with an X should not be played.

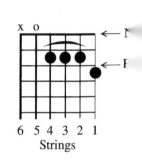

The curved bracket indicates a 'barre' - hold down the strings under the bracket with your first finger, using your other fingers to fret the remaining notes.